逸脱する批評《クリティーク》

寺山修司・埴谷雄高・中井英夫・
吉本隆明たちの傍らで

齋藤愼爾

コールサック社

逸脱する批評《クリティーク》

——寺山修司・埴谷雄高・中井英夫・吉本隆明たちの傍らで

目次

第Ⅰ章　寺山修司・埴谷雄高・中井英夫

第Ⅱ章　吉本隆明・大岡昇平・谷川雁・金田一京助・手塚治虫

第Ⅲ章 山本周五郎・五木寛之・横尾忠則・渡辺京二・宮城谷昌光

逸脱する批評《クリティーク》

――寺山修司・埴谷雄高・中井英夫・吉本隆明たちの傍らで

齋藤愼爾

第Ⅰ章

寺山修司・埴谷雄高・中井英夫

寺山節考（1）

『寺山修司著作集第4巻自叙伝・青春論・幸福論』（クインテッセンス出版）

寺山修司は最後の詩に倣えば、昭和十年（一九三五）十二月十日、「不完全な死体として生まれ」、五十八年（一九八三）五月四日、「完全な死体となる」（「懐かしのわが家」）のである。享年四十七。現代日本の平均寿命（平成十七年調査）は、女性が八十五・五歳、男性が七十八・五歳と、世界の最長寿国である。こうした高齢化社会を背景にしなくてもその死は三十五歳で死んだモーツァルトよりも夭折の感がする。そして冒頭の略歴の一行からも、さまざまな感慨が去来することになるのも、寺山修司なればこそであろう。

感慨の一つは、寺山は結局、「昭和の終焉」を知らずに死んだのだなというものである。むろん寺山には天皇の死によって区切られる「昭和」だの「平成」だのといった時代区分を許容する思念はかけらもなかった。私にしても同じである。そのことを承知の上で、敢えて記しておきたい一事がある。それは寺山がもし存命していたら、天皇より先に死去した自分を許すことが出来ないのではないかというものである。奇妙な設問かもしれないが、いま少し続けてみる。

同じようなことは澁澤龍彦にもいえるのではないか。ことあるごとに「昭和っ子」たることを喧伝していた氏は、バッカスの宴が酣《たけなわ》ともなるときまって「昭和の子供よ、僕たちは」を高唱してみせた。歌は軍歌にかぎられ、この世代に多くみられる寮歌や唱歌を口遊《くちずさ》むことはなかった。サドやバタイユの翻訳で知られる異端の仏文学者・作家の意外な面だが、作家に親しく接すれば、そのことは意外でも何でもなく、軍歌が氏には思想的（！）にも最もよく似合っていることが納得されるのであった。氏はたしかに「昭和っ子」だった。昭和三年（一九二八）に生まれ、六十二年（一九八七）に病歿と、「昭和」を殆どまるごと生きた象徴的な文学者であった。

このような益体《やくたい》も無いことに筆が低徊するのも、〈昭和の終焉〉の前後、大岡昇平、草野心平、金子光晴、秋山清、山本太郎といった文学者・詩人らが、あたかも「天皇の死」の渦に吸い寄せられ、連鎖反応のごとく次々と身罷った事態を、「これは無意識の殉死といえないか」と鋭い指摘をした思想家のいたことを思い出したからである。そこにはタイタニックのような巨船が沈むときは、周辺のものを巻きこんでしまうということ、強靱な自立の精神を持っていないと、死というものにつけ入れられる、という含意があったものと記憶する。それにしても宇野千代や埴谷雄高のように明治・大正・昭和・平成の四代を生きた作家もいれば、正宗白鳥、野上弥生子、西脇順三郎、石川淳のような明治・大正・昭和三代を活躍した作家もいる。昭和に生き、昭和に逝った寺山修司、澁澤龍彦、磯田光一の痛恨の死が悼まれてならないのである。

社会学の用語でいう〈戦後派〉（第二次戦後派、アプレゲール）は、昭和二十年（一九四五）、敗戦の年に十二歳―二十六歳までのものを指すらしいから、当時、九歳の寺山はその世代には入らない。従って国民義勇隊、女子挺身隊、学徒動員、毎月一度の大詔奉戴などの体験を持たない。

寺山より二、三歳上の世代は、天皇の敗戦の詔勅（玉音放送）を「一億玉砕まで戦いぬけ」という命令として、涙を流して聞いたのだから、この年齢差による断絶の意味するものは大きい。にも拘らず寺山修司ほど、〈戦後派〉の相貌を持つ詩人・作家もいないのではないかという実感だけはどうすることも出来ない。たとえば敗戦の日、一九四五年八月十五日を寺山は書いている。

玉音放送がラジオから流れでたときには、焼跡に立っていた。つかまえたばかりの唖蟬《おしぜみ》を、汗ばんだ手でぎゅっとにぎりしめていたが、苦しそうにあえぐ蟬の息づかいが、私の心臓にまでずきずきと、ひびいてきた。あとになってから、「あのとき、蟬をにぎりしめていたのは、右手だったろうか？それとも左手だったろうか？」と、考えてみたこともあったが、それはいかにも曖昧なのだ。

（「玉音放送」）

平岡正明氏が、「目のさめるような高音だ。高音域の解像力とピシリときまる像の明瞭さでは寺山修司は当代一の執筆者ではないかと思う」と賛嘆し、その例証として引用した文である。その「三つの高音振動体の力学的配置」の絶妙さをより鮮明にするために平岡氏は対比的に別の著者の文章を引く。

一九四五年（昭和二〇）八月十五日、歴史の転回を告げる金属質の玉音が、あおあおと晴れあがった真昼の空を流れていった。歴史の歯車がカタリと音をたててまわった。この瞬間から、わたしたちの祖国は、かつてない混乱と激動の季節をむかえた。

（三好行雄『戦後文学の輪郭』）

御覧のように、寺山の一文の前には光彩を失ってしまうことは誰の眼にも明らかであろう。「短歌で鍛えられた表現力が、〝歴史的記述〟に血の気をかよわせている」（平岡）ことを実感するに違いない。国文学の権威、東大教授三好行雄氏こそ受難である。「寺山修司や私は、こうした文章を目にすると、たがいに目くばせしあいながら、チェッ、ラプソディックに吹きやがってさ、大日本帝国軍隊隠匿物質のブリキや飯盒《はんごう》を闇市で蹴とばしただけのくせに、歴史の歯車がカタリとまわったなんて錯覚されてはかなわんや、行こうや……、ということになるだろう。そして寺山修司は内心、笑うにちがいない。八月十五日、九歳のおれの手の中の、鳴かないセミの方が、史的暗喩がいっそう正確だ、いまに表現してやるから見ていろよ！」とだめ押しされるにおいてをやだ。

いまひとり、寺山と同世代の作家を引く。

一九四五年夏、ある山村に、ひとりの痩せた子供がいた。かれはいましがた、天皇が、人間の声でかたるのをきいたばかりだった。暗い土間では、戦争にゆかぬ老人たちと、女たちが、じっと黙りこんで坐り、この夏の日におこったことの意味を了解することはあきらめて、なにものかを、ただ行っていた。子供は、かれのまわりの山や森や畑が、川面の反映さながらに、ゆらゆらゆらめくただなかで、恐ろしい孤独をあじわっていた。

（「おもてを伏せてふりかえる」大江健三郎）

敗戦の日に、一人の少年が四国の山奥の山村で見た光景は、日本の至る所に出現した。ある者は呆然自失、ある者は号泣し、ある者は自決した。隣国で金日成が死去したとき、哀号、哀号と号泣し、地に臥し嘆く人々を、そしていまその息子を偶像化する人々を、私たちは「何たる時代錯誤」と冷笑するが、それはついこの間までの私たちの姿であった。首相の安倍なにがしが、「美しい国」を呼号するとき、かの国は「地上の楽園」を誇っていたのだ。敗戦の日から六十二年が経過したとき、少年大江健三郎は、「戦後民主主義」を信奉する作家となり、先年、ノーベル文学賞を受賞することになる。同年代でも寺山とは上昇志向的生き方においてベクトルを異とする。

本巻は『誰か故郷を想はざる——自叙伝らしくなく』や「家出のすすめ——現代青春論」など、寺山最初期の重要なエッセイが万遺漏なきを期し集成されている。警察官で酒飲みの父と私生児の母の間に出生して以来、家出を敢行し、新宿の酒場を学校とした青春遍歴の時代。だが自叙伝だからといって、記述されていることが「事実」と鵜呑みにしたら誤《あやま》つ。たとえば寺山の文学的出発となった俳句、短歌の世界で、当時、すでに「短歌を私性から解放すべきだ」と主張していることを忘れてはならない。「このジャンルを小市民の信仰的な日常の呟きから、もっと社会性をもつ文学表現にしたいと思いたった（略）ただ冗漫に自己を語りたがることへのはげしいさげすみが、僕に意固地な位に告白癖を戒めさせた。〈私〉性文学の短歌にとっては、無私に近づくほど多くの読者の自発性になりうるからである」と、『空には本』の後書にも記されている。

〈私〉性からの脱出が、次には「われわれは歴史の呪縛から解放されるためには、なによりも先ず、個の記憶から自由にならなければならない」と、階梯を一段上り、「実際に起こらなかったことも歴史の裡である」と飛躍し、さらに「一人の青年の〈記憶の修正の試み〉を通して、彼自身の、同時にわれわれ全体のアイデンティティの在所を追求する」という方法論（虚構造型）に結実する。その徹底性は自分の年譜にまで及んでいる。

本巻の「家出のすすめ（抄）」の初出は寺山が詩歌以外の単行本を初めて出した『現代の青春論』（三一書房）だが、その奥付に掲載されている経歴は寺山による自筆年譜である。「一九五九年、早稲田大学国文科卒業」とある。寺山は早稲田大学中退であり、早稲田大学にはただの国文科という科はない。正確には寺山は昭和二十九年（一九五四）、早稲田大学教育学部国文科に入学、約一年間学び、翌三十年、腎臓の難病、ネフローゼで入院、以後、通学してはいない。大学入学時に提出した「身上調書」の「家計担当者」の欄に、〈寺山秀子〉と母の名が寺山の筆跡で記され、「家業」は〈映画館の事務〉となっている。これも事実は母の戸籍名は〈秀子〉ではなく〈はつ〉である。また母は映画館の事務など手伝ったことはなく、そのとき、九州（福岡県遠賀郡芦屋町）にいて、米軍基地で働いていた。これらの事実を私は『寺山修司その知られざる青春――歌の源流をさぐって』（三一書房刊）の著者、小川太郎氏から直接聞いている。（小川氏の同書は、〝あとがき〟にあるように、私が三一書房、畠山滋社長に持ち込んで出版化したものである）。

「実際に起こらなかったことも歴史の裡である」と寺山が口癖にしていたとおり、その自叙伝には、「実際に起こったこと」と「実際に起こらなかったこと」が錯雑している。『誰か故郷を想はざる』の自筆年譜では、「一九三五（昭和一〇）年一一月一〇日、青森県大三沢市に生まれる」と書いている。事実は青森県弘前市紺屋町で、本籍地は青森県上北郡六戸村（現・三沢市）大字犬落瀬古間木六二八番地である。「弘前生まれ」ということは、修司没後、母はつが発表したので、本人は知らなかったとはいえ、本籍地と混同してか、「青森県大三沢市」（これも大三沢町が正しい）と書いていたのである。「私は一九三五年十二月十日に青森県の北海岸の小駅で生まれた。しかし戸籍上では翌三六年の一月十日に生まれたことになっている。この三十日間のアリバイについて聞き糾すと、私の母は、『おまえは走っている汽車のなかで生まれたから、出生地があいまいなのだ』と冗談めかして言うのだった」の二つの誕生日は、母はつが産後の保養のため、役場に一ヵ月遅れの翌年一月十日生まれとして届けられたというのが事実で、従って寺山の公的な誕生日は一月十日ということになる。

寺山修司が虚構の持っている〈想像力〉の構造に最も自覚的な表現者であったことに異論をはさむものはいないだろう。実人生に依拠した〈私〉やその体験を自然発生的に直叙すればそれでよしという従来の俳句、短歌を否定し、徹底した反〈私〉性の「ロマンとしての俳句、短歌」を標榜した生涯の営為、無限の可能性を帯びた多様な〈私〉の創出のために疾走したことを肯定することは、私とてやぶさかではない。しかし韜晦、自己戯画化、自己神話化はその創作に敷衍するのはよしとしても、自己の年譜まで虚構化する必要があるのだろうか。そうせざるを得なかった内的衝迫、深層意識について私は一つの仮説を用意しているが、それは後に明らかにしたい。

さて寺山修司は、誰もが知っている漫画や映画のキャラクターを対象に、戦後日本の家族像や大衆の意識の変遷を分析することを最も得意としていた。ヒーロー、偶像などに庶民の夢と理想を探り、一篇の目のさめるような大衆文化論に結実させるその試みはすべて成功しているといっても過言ではあるまい。漫画や映画ばかりが対象になるのではむろんない。魂の交友をつづけた友人や知己、特異な競馬哲学を開陳したエッセイに出てくる名馬たち、冒険小説や童話のヒーローなども同様である。『月光仮面』論や『青い山脈』論、『誰が力石を殺したか』『多羅尾伴内はなぜ片眼をかくしたか』『美空ひばり』『逃亡一代キーストン』等々、目からウロコの批評の快楽を味わわされるエッセイをあげていけば、枚挙にいとまがない。名品といってもいいほどのエッセイの珠玉であり、寺山修司以外の誰もが書けぬものである。本巻にはそれらのすべてが収録されている。二、三篇を俎上にいささかの感想を述べてみたい。

『サザエさんの性生活』は、国民的漫画「サザエさん」について書かれた先駆的にして画期的なエッセイである。先駆的というのは、発表されたのが昭和四十五年（一九七〇）の「映画芸術」（十一月号）であったことをいう。その頃、「サザエさん」を対象に、というより漫画を対象に何かを考えるという思考法がなかった。「サザエさん」について蘊蓄《うんちく》の限りを尽くしたといわれ驚異的なベストセラーを記録した『磯野家の謎――「サザエさん」に隠された69の驚き』に先行すること二十九年前に発表されたといえば、先駆性の所以が納得されるだろう。しかも『磯野家』のクイズ的雑知識の羅列に比して、寺山のそれは醇乎たる批評である。まずタイトルからして衝撃的であった。何しろこの漫画は「健全」で「良識的」といわれる朝日新聞に四分の一世紀にわたり連載された漫画である。映画化、アニメ化、ラジオドラマ化、舞台化され幅広い層に親しまれてきた。いつしかジャーナリズムやマスコミの関係者のあいだでさえ、この漫画を批判するのはタブーという意識（自己検閲）が醸成されていったというのも大袈裟な話ではない。連載終了から三十年という歳月を経て、風俗や習慣、天然自然も含めて漫画の背景が大きく様変わりしているのに、平成六年に朝日新聞社が刊行した文庫本全四十巻は息の長いロングセラーを続けている。昭和四十四年（一九六九）十月にフジテレビが放映を開始した『サザエさん』のアニメーションは三十年余、今も常に20パーセント前後の視聴率を誇っている。この「実績」がどれほどのプレッシャーとなって、無意識裡に沈黙の自己規制をしてしまうことになるか、業界人でなくとも推測がつくことだろう。

「マスオが、サザエさんと結婚しながら、ついにその性生活を十年間ものあいだ、暗示だにされないというところに、この漫画の呪術的なおそろしさが感じられる」だの、「サザエさんは月にほんの、一、二回、正常位で性行為をいとなんでタラちゃんを生み、その後は聖書でいましめるように、〝出産を目的としないようなセックスの快楽〟からきっぱりと足を洗い、もっぱら食欲の方に生甲斐を向けるようにした」などと書けば、この日本的湿った風土（折り目正しい秩序感覚や旧弊な家庭観の規範の持ち主、家族制＝血の紐帯幻想に安息している）に、どんな逆白波が立つか想像がつくだろう。寺山修司の想像力は、マスオを性的に解放し、磯野家に象徴される「家」を崩壊させ、家族が権威主義的家庭の抑圧から自由になっていくのを願うあまり、サザエさんが痴漢によって強姦され、性の快楽に目ざめることや、タラちゃんが金属バットを振りまわす家庭内暴力を夢想するまでに飛翔する。寺山は六〇年代に二十一世紀の今日の「家」「家族」の荒廃、崩壊を予言しているのだ。

『逃亡一代キーストン』も、「八頭のサラブレッドが出生するなら、そこには少なくとも八篇の叙情詩が内包されている」という寺山の競馬哲学、美学を全開した一篇である。私は別の箇所で次のように書いた。

逃げ馬キーストンに賭ける李《り》。ダービー当日、彼は警察に追われ、海峡を渡って祖国韓国に密航する。寺山はキーストンの逃げ切りと、李の政治逃亡とを二重写しにする。そこに〈マッチ擦《す》るつかのま海に霧深し身捨つるほどの祖国はありや〉が引かれる絶妙さ。この一代の名吟は、或いはこの箇所に置かれるためにあったのではないかと思わずにはいられないほど据《す》わりがいいのだ。話はつづく。昭和四十二年十二月十七日、キーストンは阪神大賞典で四コーナーを曲がったところで、もんどりうって倒れ、死んでしまう。「それははるか朝鮮海峡のかなたの空に響いた、一発の拳銃の音のこだまであった。キーストンはそのまま倒れ、私の親友の李はプッツリと消息を絶ったのであった」。ここにも幻滅の世代の悲しみが通奏低音のように鳴っている。昭和四十二年といえば、米海兵隊が南ベトナムに初侵攻した年であり、ボリビアでゲバラが逮捕され射殺された年であることを寺山は当然知っていただろう。「馬敗れて草原あり」——寺山は敗れることをこそ、むしろ願っていたように思う。サルトルもいうように、詩とは勝利を失うものであり、真の詩人とは死に至るまで敗北を選ぶものの謂だからだ。

（「坩堝《るつぼ》の時」平成五年）

寺山修司の〈想像力〉の奔放さ、華麗さを誰もが鑽仰《さんぎょう》する。驚嘆し、賞讃し、畏怖することをもって通過儀礼とする。肝心なことがそうして忘却されていく……。私は寺山の〈想像力〉にある哀しさを感知しないわけにはいかない。その根拠を小川太郎、高取英、田中未知氏の「寺山修司」に関する著書に見出す。三人とも寺山の側近中の側近である。三人によって初めて描かれたことが、「母と子」の関係だが、従来、寺山を論ずる人々は何故かこの部分に触れようとしない。触れてもありきたりの「母と子」の物語に美化してしまう。私は痛恨の思いをこめて、その「神話」に触れておこうと思う。『寺山修司——過激な疾走』（高取英）は、寺山の母はつの躾《しつけ》が厳しいもので、体罰も辞さなかったことを明らかにした。「その折檻《せっかん》は、激しいもので、修司が悲鳴を上げる声が近所に聞こえることもあったという」。また転校少年だったので、「〈かくれんぼ〉などしても、いつも〈鬼〉役をやらされ、べソをかいていたという」とも。これらの「事実」は、魂の生成を描いた寺山の自伝『誰か故郷を想はざる』にも、寺山はつ『母の螢』にも、九條今日子『不思議な国のムッシュウ——素顔の寺山修司』にも一行なりとも出てこない。高取氏は現地に行き、寺山の古間木小学校の同級生（下久保作之佑）

と従兄（寺山孝四郎）から直接聞いている。幼児虐待、いじめ――それで私は一挙に理解したのである。愛情に飢える孤独な少年の姿が佇立してくる。「落ち着きがないところがある」と指摘した小学校教師、「おどおどして気が弱い性格は生涯変わらなかった」という友人たち。これは幼い頃に受けた虐待による哀しい後遺症《トラウマ》といえないか。寺山の「母親殺し」（亡き母を歌い、母の売買、姥捨て、母を老婆に醜悪化）の願望を、大凡の評家は「地縁・血縁によって塗り固められた陰湿な母性社会の病理を剔抉《てっけつ》する寺山の独得の創作方法」とし、母性からの自立、近親憎悪、エディプスコンプレックスを指摘して、こと足れりとしてきた。部分的に正しいところがないわけではないが、根柢的な何かを忘れてはいないか。

私は何度も寺山はつに逢っている。著作権料や印税の支払いに訪ねている。だから高取、小川、田中氏の三人が描く「はつ」像が正確だと首肯する。

寺山が九條今日子氏と結婚したとき、母はつは猛反対している。「ふたりが新婚生活を送るアパートを見つけ出し、何度も窓に石を投げに来た挙げ句、寺山が病院で着ていた浴衣に灯油をかけて火をつけ、午前二時に寺山と九條が暮らしていた家のなかに投げ込んでいった。幸いボヤで済んだ」（小川太郎）。「昭和四十五年頃、親しかった演出の前田律子が、疲れたような表情で話しかけてきた。女性劇団員のひとりが、寺山の母に、『あんたはね、あたしを淫売と言いふらしているんだってね。ただじゃ、済まないからね』と激怒されたというのである。その劇団員は、ただ寺山の母が三沢基地で働いていたという話を食事のとき、ちょっとしただけで、なぜ怒られるか分からず、狐につままれたようだと言っていると前田は言った。寺山の母は逆上して、連日寺山を責め立て、ついに寺山は『おふくろは物の道理が分かる人じゃないんです』と音をあげ、その女性劇団員は名簿から消された」（同前）。

私は前田律子氏の『居候としての寺山修司』（深夜叢書社）を編集したから、よく知っているが、彼女の言っていることに偽りはない。寺山修司自身が語ってもいることなのだ。「――（母親は）神聖じゃなかった。『家へおいでよ』という歌の流行った頃でアメリカ兵が入れ代り立ち代り、おふくろのところへやってくる。おふくろはそのたびに、「パパと呼びなさい」というわけだ」（「映画芸術」昭和四十六年三月号での野坂昭如氏との対談）。「おふくろが働きに行った進駐軍の部隊名〝ワイルド・キャッツ〟といいましたが、たまにおふくろは、雇い主がボーイフレンドでしょうが、車で送られて、寺山食堂に帰って来るんです。化粧して、洋服着て、これは古間木の田舎では大変なことなんです。クラスでただひとりアメリカ兵と腕組んで歩く口紅つけた母を持つ子ということは、やはり石をもって追われるようなことですね、当時は……」（寺山が死の五ヵ月前、「週刊女性自身」昭和五十七年十二月九日号で語ったこと）。小川太郎氏は三沢市で、寺山の父・八郎と小学校で同級生だったという男性にも取材しているが、修司の母のことをたずねると、開口一番、「パン助だ」と言い放ったと書いている。寺山と同級生であった長根稔の証言、「真っ白に化粧して、濃く口紅をつけて出かける修司のお母さんは目立ちました。田舎にはそんな人いないので、みんな〝宛て指〟して噂していました。まさに、〝商売女〟という感じでした」に一驚を喫したのも、私がはつ氏に逢っていた昭和五十八年頃から亡くなる平成三年まで、彼女はいつも「真っ白に化粧して、濃く口紅をつけて」いたからである。

寺山と昭和四十一年（一九六六）九月に出逢い、五十八年（一九八三）の寺山の死まで秘書として伴走した田中未知氏は連絡のため母はつに電話をかけ、幾度も「バカヤロー」とガチャンと切られている。寺山の手紙を手渡すと、「人の顔さえ無視して受け取り、手紙を読みもせずに細かく破り捨て、私の顔めがけてふりかける」。はつから寺山宛の手紙には「田中を殺して私も死んでやる」と書かれてあった（「寺山修司と生きて」田中未知）。

平成三年の秋、世田谷区太子堂の寺山はつ氏の自宅を小川太郎は訪れる。小さな鉄製の門と家の入口の間の庭に犬小屋があった。小川のミスは、鉄製の門をよく閉めなかったことだった。はつ氏は、突然犬がいないことに気付く。その取り乱した表情に、小川は全身が凍りつく。「タローがいない、タローがいない、あんた、あたしを殺すのかい。あたしは、タローがいなくなったら、生きていけないんだよ、タロー、タロー」はつ氏は、裸足で表に飛び出した。「捜してきます、必ず捜してきます。待っててください」。必死の思いで附近を三十分捜しまわった。道路の消火栓にタローをつないでくれた人がいた。

「『お母さん、いました。連れてきました』筆者が叫ぶと、はつは家から再び飛び出してきた。『タロー、タロー』と興奮した調子で呼びかけ、筆者の方を向くと、何も言わず、憤怒の表情で、立ち去れという風に手を振った。それから数ヵ月後の平成三年十二月二十六日に、寺山修司の母・はつは他界した。享年七十八歳であった」（小川太郎）。

母はつ氏は、八王子市の高乗寺に修司の墓を建てていた。はつ自身もそこに入った。墓石の下は二層になっていて、上に修司の、下に母の遺骨が安置されている。まるで、松風荘のときのように。渋谷のアパート松風荘は、母は一階、修司は二階と、親子は同じ屋根の下で暮らしていた。母から逃れたい一心で九條と結婚したと、小川太郎に語った寺山は死後も母と一緒である。

小川太郎——昭和十七年、東京生まれ。寺山の愛読者集団・風馬の会を結成し、「寺山修司を語る会」を主宰し寺山を最も尊敬し、寺山に生涯、ひたすら献身した歌人。小学館「女性セブン」記者。歌集『路地裏の怪人』『ドキュメント中城ふみ子——聞かせてよ愛の言葉を』『寺山修司その知られざる青春——歌の源流をさぐって』。平成八年、自殺。老母の介護に疲労困憊したとも伝えられている。訃報に接したとき、私は彼と寺山はつとの葛藤を想起した。

寺山修司と母はつの関係は、アポリネールと母アンジェリックのそれとよく似ている。父の不在と母の専制。気性が激しく、高慢といわれた母。アポリネールは、ある女性に宛てた手紙の中で、「母はとてもスラヴ的な性格の持ち主で、息子を愛しているひとに対しては、嫉妬《やきもち》を焼くのです。彼女は気丈な、手のつけようがないほど気丈なひとです。母は僕を十歳の少年のように扱います。場合によっては平手打ちだってくわせかねません。僕はそれでも我慢しています。なぜって、母に逆らうなんてことは、絶対にしたくないからです」（「思い出のごとく優しく」一九一五年九月二日書翰）。仏文学者の平林和幸氏の『アポリネールとマリ・ローランサンの愛のゆくえ』（講演録）が伝える挿話によれば、ベルギーの山村スタヴロでヴァカンスを過ごしたとき、母アンジェリックは恋人とふたりで近くの賭博場に行き、どういう訳か、そこからアポリネールと弟のアルベールを残したまま、直接パリに帰ってしまったという。置き去りにされた子供たちは宿代すら払えず、なんと母の示唆に従って夜陰に乗じてホテルから逃亡することになる……。

人口に膾炙され何気なく口遊んでいた寺山評論のエッセンスが悲鳴のように思えてくる。曰く「歴史の呪縛から解放されるためには、なによりも先ず、個の記憶から自由にならなければならない」。曰く「一人の青年の〈記憶の修正の試み〉を通して、彼自身の、同時にわれわれ全体のアイデンティティの在所を追求する」等々、すべて出生を呪う寺山自身の魂の呻きではないか。埴谷雄高の「もっとも優れた自殺の方法は、生まれてきたはずがないと、確《かた》く思いこむことだ」との囁きが聞こえる瞬間である。

生命線ひそかに変へむためにわが抽出しにある　一本の釘

自分の運命を変えようと釘で掌を傷つけて血まみれになる……これは殆んど自傷行為といえる。釘は言葉の暗喩ともとれるが、寺山の作品のロマン性の後景に、幼児期の苛酷な体験が刻印されていることを見落としてはならないだろう。

私は或いは〈解説〉を逸脱したかもしれない。寺山に倣って（「自叙伝らしくなく」）敢えて、解説らしくなく叙述を進めた。「一将功成って万骨枯る」などという俚諺は、寺山や私の最も嫌悪するもので、これは天井棧敷という演劇集団にあっても例外ではない。この劇団を通過した団員は二千人を超えるときく。私はこの劇団が好きだった。彼らの青春は私のそれでもあった。無名の役者群像を含め、私は彼ら彼女らの荒ぶる魂を寺山修司のそれと同じく鎮魂したいと思う。

寺山節考（2）――入門から出門へ

『寺山修司の俳句入門』（光文社）

短歌・詩・小説・エッセイ・シナリオ・演劇・映画・写真から競馬、ボクシング評論まで、多彩な分野で時代をリードし、四十七年という〈持ち時間〉を駈け抜けていった寺山修司。この多面的、多層性の表現者の創作活動の出発が俳句であったことは今ではよく知られている。

多面的ということが、ときには負荷とでもいった局面に晒される例が寺山修司に当てはまるのではないか。寺山を真に理解するためには読者もまたさまざまなジャンルに通暁していなくてはならない。多面的な作家は読者を選ぶのである。ところが世の俳人たちは寺山の短歌を読もうとはしない。それどころか、彼らは自分の師匠や結社の仲間の俳句しか読まない。師弟道一筋といえば聞こえはいいが視覚狭窄、寺山に限らず茂吉も迢空も読まない。歌人も同じで寺山の句集を繙こうとはしない。詩や戯曲に至っては見向きもしない。俳人は「あの人は歌の世界の人でしょう」といい、歌人は「俳句のことはよくわからない」と冷ややかに言い放つ。総合的な寺山像を得るためには評論、詩、小説などすべてが読まれなくてはならない。

皆が頑《かたく》なに城塞に閉じ籠もる。それでいて城は外部に門を開いた時が滅び（落城）との危機感だけは無意識裡に知っている。ジャンルの交流など滅相もない……。『寺山修司全集』が、いまなお刊行されないことの理由として、百巻を超すという巻数に名乗りをあげた出版社が恐懼《きょうく》し撤退したとの噂が巷間伝えられているが（それはその通りなのだが）、ほかにここに述べた事情、つまり固定読者の層を想定できないという営業上の理由もあるのだろう。では人気はどうか。不人気か？　これも否だ。

人気でいえば没後二十三年の今日（二〇〇六年）でも衰える傾向はない。没後十年、二十年の節目に全国各地で立ち上げられたイベントの数々、フィーバーにしても、マスコミ主導型のそれではなく、一般の読者から突き上げるようにして盛り上がっていったもので、その主役が寺山作品をリアルタイムで読んだ団塊の世代ばかりか、生前の寺山を知らず、小学校や中学、高校の教科書でその俳句や短歌に出会ったという若い世代であるという特色がある。寺山の活動範囲が広かっただけに、あらゆるジャンルの人がファンになっているのだ。ほかにこうした作家はいない（憂国忌＝三島由紀夫も菜の花忌＝司馬遼太郎も限られた層の読者が集まる）。

生前、「週刊朝日」（昭和四十五年十一月二十一日号）の特集「いま頼られている日本の〝ココロのボス〟十人」（日本人に頼られている心の指導者）には、松下幸之助、池田大作、三島由紀夫、小田実、吉本隆明、羽仁五郎、大江健三郎、司馬遼太郎、加藤諦三、それに寺山修司が挙げられている。栄枯盛衰の激しい思想、文学界における人気調査だが、寺山人気に翳りが生じたことはない。その葬儀と告別式には三千数百人の参列者があり、「大勢の若い男女が目を真っ赤にして泣いている光景は見たことがない」

（長部日出雄）とまでいわれた。没後十年時に刊行が始まった初の文庫版による文学全集『ちくま日本文学全集・寺山修司』（筑摩書房）は初版を一ヵ月で完売、版を重ね、二年で九万部を記録している。漱石や芥川、川端の〝定番〟文豪、さらには寺山が「昭和の啄木たらむ」とめざした啄木や唯一ライバル視していた三島由紀夫など全五十巻五十人の作家を抑えてのトップであった。寺山のブームが恒常的といわれる所以である。

寺山が生前、自ら編んだ句集、句稿類は、①「われに五月を」（昭和三十二年、作品社）が短歌、詩、俳句等からなる第一作品集　②『わが金枝篇』（昭和四十八年、湯川書房）は事実上の第一句集　③『花粉航海』（昭和五十年、深夜叢書社）は定本句集。「わが金枝篇」の作品をもとに百余句を増補　④句稿「わが高校時代の犯罪」（「別冊新評　寺山修司の世界」昭和五十五年、新評社）が未発表作品等三十句収録。いずれも句作を止めてから二十年を経ての刊行である。没後、この四冊に収録されていない中学・高校時代の俳句会報や「暖鳥」「牧羊神」などに発表した作品を年代順に集成したのが「寺山修司俳句全集」（全一巻、昭和六十一年、新書館）で、総句数七五四句。このとき初めて「寺山俳句論集」として初期のエッセイ、合評なども収録されている。

平成十一年五月に刊行された『寺山修司俳句全集・増補改訂版』（全一巻、あんず堂）はいわば決定版でもあり、編者「後書」に「本書は昭和六十一年十月五日初版発行の『寺山修司俳句全集・全一巻』（新書館）を底本とし、これに〔句集未収録〕篇に九十五句の増補をおこない、〔俳句論〕篇に十編の増補をおこなって改訂したものである。〔句集未収録〕篇は新谷ひろし氏、〔俳句論〕篇は齋藤愼爾氏の渉猟《しょうりょう》により発表された作品を収録した」とある。補足すると、私の渉猟した俳句論は「雷帝」（創刊終刊号、平成五年十二月、深夜叢書社）に「単行本未収録作品」として掲載された十篇のエッセイを指す。十篇から除外した定本句集『花粉航海』巻末の「手稿」もこの機会に収載したい。「ここに収めた句は、『愚者の船』をのぞく大半が私の高校生時代のものである。十五歳から十八歳までの三年間、私は俳句少年であり、他のどんな文学形式よりも十七音の俳句に熱中していた。いま、こうしてまとめてふりかえってみると、いかにも顔赤らむ思いだが、〈深夜叢書〉齋藤愼爾のすすめを断りきれずに、公刊することになった。当時の青森高校の句会記録や、十代の俳句誌「牧羊神」をひっくりかえし、中から句を拾いだし、選んで、まとめた。湯川書房『わが金枝篇』〈句集〉を底本にし、さらに未公刊のものを一〇〇句近く加えたのだが、読むに耐える句が何句あるかさえ、おぼつかないありさまである。今にして思えば、せめてボルヘスの小説の一行分位でも凝縮した句がほしかった。こうなってみると、歌ばかりではなく、句のわかれもすみやかに果してしまいたい、というのが私の希望である。〈何もかも、捨ててしまいたい。書くことによって、読むことによって〉だ。」（寺山修司）

今度、オリジナル版として刊行される本書（『寺山修司の俳句入門』光文社文庫）は、従来、寺山の俳論として流布していた初期の十篇にみたない短文の評論（「光への意志」「雉子ノート」や作品評、合評記録）から、後年、俳句と訣別はしたものの総合誌の依頼で執筆した本格的な俳論（「実存とギャング」「前衛俳句批判」）、その間のインタビューや自伝『誰か故郷を想はざる』などのエッセイ集から俳句に言及した言葉までを集成している。寺山修司の俳句についての関わりとか考え方を知る文章は断簡零墨、ほぼすべて本文庫に集成したといっても過言ではない。

「断片　寺山修司への懸橋」（京武久美、「俳壇」平成十八年五月号）は、学生俳句研究誌「光冠」（第二号、昭和二十九年八月刊）が誌上で行なった「あなたが俳句を始めた動機は、どのようなことからですか」というアンケートに対する寺山の答え（「間接的には、橋本多佳子の句集『紅絲』によって俳句の魅力を知ったことやクラスメイト京武久美の作句熱にうたれたこと。直接的には『なんだって為ればできるさ』という意地の濃い性格がジャンルの全制覇を目ざしたこと」）を紹介している。京武氏が保存している『山彦俳句会定例句会の記録書（句会報）』は「寺山がガリを切ったもので（略）互《ご》選記録のほかに、今週のメモａｎｄ句会会況欄があり、会の動静とあわせて寺山がこの欄を、毎週担当していた」とある。「第二十六回定例句会報」（昭和二十八年五月七日発行）に、寺山が「即興で書いた興味ぶかい詩がある」として紹介された詩の最終行を抄出する。「俳句は石の上にすわっても／松島の佳景へ行っても／できません／ゆめの中の恋のように／プラトニックに頭が制作スルのです」というもの。三つ子の魂百までといおうか。

また本文中には収録しなかったが、寺山修司第一歌集『空には本』（一九五八年刊）巻末の「僕のノオト」は、寺山論を書く論者によりしばしば引用される重要なエッセイなので全文を収録しておきたい。読者は不条理の子、寺山の精神と定型詩に関する全的表現をこの文章から読み取ることが出来るだろう。

僕のノオト

「われわれは、古くなり酸敗したのではない。ゼロから出発するのだ。われわれは廃墟の中で生れた。しかし崩れ去った周囲の建物は、われわれに属していたわけではない。生れた時すでに黄金は瓦石に変っていたのである。」Ｐ・Ｖ・Ｄ・ボッシュが『われら不條理の子』のなかでそう自分に呼びかけているように、僕もまた戦争が終ったときに十歳だった者のひとりである。

僕たちが自分の周囲になにか新しいものを求めようとしたとしても一体何が僕たちに残されていただろうか。

見わたすかぎり、そここここには「あまりに多くのものが死に絶えて」しまっていて、僕らの友人たちは手あたりしだいに拾っては、これではない、これは僕のもとめていたものではない、と芽ぐみはじめた森のなかを猟りあっていた。

しかし新しいものがありすぎる以上、捨てられた瓦石がありすぎる以上、僕もまた「今少しばかりのこっているもの」を粗末にすることができなかった。のびすぎた僕の身長がシャツのなかへかくれたがるように、若さが僕に様式という枷を必要とした。

定型詩はこうして僕のなかのドアをノックしたのである。

縄目なしには自由の恩恵はわかりがたいように、定型という枷が僕に言語の自由をもたらした。僕が俳句のなかに十代の日日の大半を賭けたことは、今かえりみてなつかしい微笑のように思われる。

僕が仲間と高校に俳句会をつくったときには言葉の美しさが僕の思想をよろこばすような仕方で

しかなかった。「青い森」グループは六日おきにあつまっては作品の交換とデスカッションを行い、プリントした会誌を配っていたのである。老人の玩具から、不条理な小市民たちの信仰にかわりつつあった俳句に若さの権利を主張した僕らは一九五三年に『牧羊神』を（全国の十代の俳句作者をあつめて）創刊し、僕と京武久美がその編集にあたった。この運動は十号でもって第一次を終刊として僕らは俳句とははなれたが第二次、第三次の『牧羊神』をはじめ、『青年俳句』『黒鳥』『涙痕』『荒土地帯』その他となって今も俳句運動はひきつがれている。

短歌をはじめてからの僕は、このジャンルを小市民の信仰的な呟きから、もっと社会性をもつ文学表現にしたいと思いたった。作意の回復と様式の再認識が必要なのだ。僕はどんなイデオロギーのためにも「役立つ短歌」は作るまいと思った。われわれに興味があるのは思想ではなくて思想をもった人間なのであるから。

また作意をもった人たちがたやすく定型を捨てたがることにも自分をいましめた。

この定型詩にあっては本質としては三十一音の様式があるにすぎない。様式はいわゆるウェイドレーの「天才の個人的創造でもなく、多数の合成的努力の最後の結果でもない、それはある深いひとつの共同性、諸々の魂のある永続なひとつの同胞性の外面的な現われにほかならないから」である。

しかしそれよりも何の作意をもたない人たちをはげしく侮蔑した。ただ冗漫に自己を語りたがることへのはげしいさげすみが、僕に意固地な位に告白性を戒めさせた。

「私」性文学の短歌にとっては無私に近づくほど多くの読者の自発性になりうるからである。

ロマンとしての短歌、歌われるものとしての短歌の二様な方法で僕はつくりつづけてきた。そしてこれからあとの新しい方法としてのこの二つのものの和合による、短歌で構成した交声曲などを考えているのである。　一九五八年五月

寺山が死を目前にして俳句同人誌を計画し、その最初に相談を受けた宗田安正氏（新書館版『寺山修司俳句全集』の〈解説〉を担当）は「寺山修司と俳句——その俳論を中心に」（「雷帝」創刊終刊号）のなかで、「寺山は俳句を五・七・五の定型、つまり自己の全存在をかけるに足る純粋な表現形式としてとらえていた。いわば文学として俳句に対していたと言ってもいい。創造者としてかかわっていたと言いかえてもよい。もしも俳壇がこうした寺山俳句及び寺山俳論と真摯に対峙していたら、〈俳〉という既成概念、しかも擬似的な概念を弄んでステレオタイプな作品を繰り返す現今の俳壇俳句の不毛も、日常生活の切り抜きに終始しているエリート若手俳人の俳句も、もう少し異なったものになっていたのではと残念でならない。そうした点では、寺山俳句も寺山俳論も今なお厳然たる批評性を失ってはいない。そればかりか寺山俳句について言えば、私性を超えた唯一の近代青春俳句の典型として、芭蕉や山頭火のように、多くの一般読者の間に浸透しつつあると言ってよかろう」と述べている。

集成した文章群を通例の「俳句入門」書式に構成しなおし、『寺山修司の俳句入門』の書名を得た。寺山の愛したイタリアの映画監督フェリーニに『フェリーニのアマルコルド』『フェリーニの道化師』

の先例があるが、実用的な「俳句入門」書的な内容があることと、寺山俳句を知るための入門書という二重の意図が籠められている。初心者から俳壇で活躍されている俳人まで多層的読者の詞藻を満たす異色の俳句ハンドブックである。十代から三十代までに書かれたエッセイだが、いま、これだけの水準のそれを俳壇人の誰がよく書き得ようか。いま書かれたように新鮮で衝撃的である。

思えば寺山修司にとっての最初の文庫本は角川文庫『寺山修司青春歌集』（昭和四十七年一月刊解説は中井英夫）であった。寺山は「後書」で、「はじめての文庫本が出ることになった。少年時代に、文庫本の『石川啄木歌集』をポケットにいれて川のほとりを散策したことを思い出し、感懐にとらわれている。私のくやみは、私の本が部数が少ないために、いつも高価で、学生諸君の手に簡単に手に入らないということであったが、この本に限っては、映画一本観るよりも安く手に入れることができ、しかも私のほとんど全部の歌がおさめられていることになるわけだ。気やすく、『書を捨てよ、町へ出よう』ということもできるし、読み捨ててくれということもできるわけだ」と書いている。この『寺山修司の俳句入門』を手にした未知の読者へ、このメッセージをそのまま伝えたい。

俳論の掲載誌の発行者、主宰者等は次の通り。

「山彦俳句会」（青森高校山彦俳句会の定例句会記録）、「牧羊神」（寺山修司ら主宰の全国十代俳句誌）、「パン句会」（牧羊神メンバーによる月例句会記録）、「暖鳥」（昭和二十一年二月、青森俳句会の機関誌として創刊。同人誌形態をとりつつ各派を包含した超結社誌として歴史を刻む。吹田孤蓬のあと新谷ひろしが代表。平成十八年、終刊）、「寂光」（高松玉麗主宰の俳句誌）、「俳句」（俳句総合誌。昭和二十七年六月、角川書店から創刊）、

「俳句研究」（俳句総合誌。昭和九年三月、改造社から創刊。目黒書店、俳句研究社、俳句研究新社と発行所を変えつつ、昭和六十一年一月号より富士見書房が継承、現在に至る）

昭和二十五年から三十年は、寺山修司の十四歳から十九歳にあたり、その間の学歴は昭和二十六年三月、青森市立野脇中学校卒業（二十三年、三沢の古間木中学校に入学、二年時に転校）。同年四月、青森県立青森高等学校入学。二十九年三月、同校卒業。同年四月、早稲田大学教育学部文学科入学。

オリジナル文庫版の刊行にあたり、実にさまざまな人たちのご好意とご助力を得ることが出来た。「牧羊神」の京武久美、野呂田稔、丸谷タキ子、大沢清次、金子黎子、宮村宏子、山形健次郎、林俊博、吉野かず子、松井牧歌、田辺未知男、近藤昭一の各氏。半世紀（五十六年）も前のことで、連絡の取れない方もありましたが、ここに名を附し、お礼を申し上げます。北溟社の小島哲夫、あんず堂の安藤和男、劇作家の堂本正樹の各氏。とりわけ九條今日子、新谷ひろし、宗田安正、白石征氏らのご協力に感謝申し上げます。

寺山修司の俳句、そして〈テラヤマワールド〉

汗牛充棟ただならぬ「寺山修司論」——私などが過去に綴った十篇ほどの文章もその中に埋もれているのだが、それらに屋上屋を架すること以上の何が出来るだろうか。〈解題〉を書く機にいま一度整理し、再考してみたいと考えた矢先、偶々《たまたま》、寺山に関する新刊（後述するが高取英『寺山修司——過激なる疾走』）を得た。そしてそのことはかならずも私にリルケの書簡を想起せしめる結果をも招来させることになった。寺山とリルケ、別に奇をてらったわけではない。寺山の「リルケ論」（『さかさま世界史・英雄伝』）に、「一人息子と派手好きな母親。この関係がリルケの文学の土台である」とあるのは象徴的である。

「あなたが書かずにいられない根拠を深くさぐって下さい。それがあなたの心の最も奥深いところに根を張っているかどうかをしらべてごらんなさい。もしもあなたが書くことを止められたら、死ななければならないかどうか、自分自身に告白して下さい。何よりもまず、あなたの夜の最もしずかな時刻に、自分自身に尋ねてごらんなさい。私は書かなければならないかと」（「ある詩人への手紙」）。詩人志望の二十歳まえの青年に対して返信したリルケの苛酷な忠告。その衝撃的な意味を青年が理解することが出来たとは思えない。そのことは措く。しかし弱年にして「もしも書かなければ死ななければならぬ」というような強い衝迫《しょうはく》にうながされて、その衝迫を持続して生涯を表現者で貫徹したのが寺山修司であったことを痛感したのである。

寺山修司は虚構の持っている〈想像力〉の構造に最も自覚的な表現者であった。そのことは俳人や歌人たちの「ただ冗漫に自己を語りたがることへのはげしいさげすみが、僕に意固地な位に告白性を戒めさせ」、実人生に依拠した〈私〉やその体験を自然発生的に直叙すればよしという従来の俳句、短歌を否定、徹底した反〈私〉性の〈ロマンとしての俳句、短歌〉を標榜した生涯の営為を挙げることで足る。「〈私〉性文学の短歌にとっては無私に近づくほど多くの読者の自発性になりうるから」と、無限の可能性を帯びた多様な〈私〉の創出に疾走したことを知らぬ人はまずいまい。

韜晦《とうかい》、自己戯画化は重層的になり、自筆の年譜までが虚構化される。「私は一九三五年十二月十日に青森県の北海岸の小駅で生まれた。しかし戸籍上では翌三六年の一月十日に生まれたことになっている。この三十日間のアリバイについて聞き糺《ただ》すと、私の母は、『おまえは走っている汽車のなかで生まれたから、出生地があいまいなのだ』と冗談めかして言うのだった」(『誰か故郷を想はざる』)という自伝的記述を自筆年譜でみると、「一九三五(昭和一〇)年一二月一〇日、青森県大三沢市に生まれる」と書いている。事実は青森県弘前市紺屋町で本籍地は青森県上北郡六戸村(現・三沢市)大字犬落瀬古間木六二八番地である。「弘前生まれ」ということは、母はつが修司没後、発表したので本人は知らなかったとはいえ、本籍地と混同してか、「青森県大三沢市」(これも大三沢町が正しい)と書いていたのである。二つの誕生日は、母はつが産後の保養のため、役場に一ヵ月遅れの翌年一月十日生まれとして届けられたというのが事実で、従って寺山の公的な誕生日は一月十日ということになる。この原初的な出生体験は後年、自分が「一所不住の思想にとり憑《つ》かれている」のは「何しろ、おれの故郷は汽車の中だからな」というふうに自己神話化へと増幅される。

さて先に述べた高取英氏の新著「寺山修司――過激なる疾走」(平凡社新書、〇六年七月十日刊)に触れなければならない。高取氏は寺山のスタッフを経て劇作家となり、現在、月蝕歌劇団を主宰する。寺山の側近中の側近が描く寺山修司像の記述で思わず目を剥《む》いた箇所がある。母はつの躾《しつけ》は厳しく、体罰も辞さなかったというものである。「その折檻《せっかん》は、激しいもので、修司が悲鳴を上げる声が近所に聞こえることもあったという」。また転校少年だったので、「〈かくれんぼ〉などしても、いつも〈鬼〉役をやらされ、ベソをかいていたという」とも。これらは魂の生成発展を描いた自伝『誰か故郷を想はざる』からも母はつからも聞こえてくるものではなかった。高取氏自身が現地に行き、寺山の古間木小学校の同級生（下久保作之佑氏）と従兄（寺山孝四郎氏）から直接聞いたことである。幼児虐待、いじめ――それで一挙に氷解したのである。愛情に飢える孤独な少年の姿が佇立《ちょりつ》してくる。「落ち着きがないところがある」と指摘した小学校教師、「おどおどして気が弱い性格は生涯変わらなかった」という友人たち。これは幼い頃にうけた虐待による哀しい後遺症《トラウマ》といえないか。

新谷ひろし氏は「暖鳥」俳句会での或るエピソードを記している。合評が終わった後で、「吹田孤蓬が突然真顔になって寺山に対して悔やみを述べたのである。高校生であった寺山はもじもじしながら口ごもっていた。私たちは一瞬、孤蓬と寺山の顔をみた。一呼吸おいて孤蓬は言った。〈何だ、フィクションか〉と」（『寺山修司の俳句』）。俳句で母を殺した寺山の虚構に気付かず、孤蓬は真正直に受け取り、悔やみの口上を述べたのであった。寺山の「母親殺し」（亡き母を歌い、母の売買、姥捨て、母を老婆に醜悪化）の願望＝思想は俳句・短歌・詩から演劇へと全面展開されていく。それは、大凡の評家によって地縁・血縁によって塗り固められた陰湿な母性社会の病理を剔抉《てっけつ》する寺山の独特な創作方法とされてきた。母性からの自立、近親憎悪、エディプスコンプレックスが指摘された。こうして根柢的な何かが確実に看過されていったのである。

「一年たてど母死なず　二年たてども　母死なぬ　三年たてども　母死なず　四年たてども　母死な

ぬ—（略）—万年たてど　母死なぬ　ねんねんころり　ねんころり　ねんねんころころ　みな殺し」（『長歌　修羅、わが愛』）

執拗な母への悪罵、嘲笑。寺山は母はつが女学生になったとき、クラスで一番人気の女生徒にいきなりストーブの焼き火箸をあてて火傷させるという事件を起こしたことまでを自伝的エッセイに綴っている。「盗癖を責められることもあったが、『他人のものが欲しかったのではなく、欲しいものが何でも手に入るような人がにくらしかった』のである。女学校を出たハツ（はつ）を秀子に変えたのは、彼女がそんな少女時代から脱け出すためだったとも言えるし、自分自身の出生に復讐するためだったとも言えるだろう」（『誰か故郷を想はざる』）。死を待たれる者として自伝にも書かれる母。虚構とはいえ一つ屋根の下に暮らす母はここまで子によって晒されねばならぬのか。これは寺山の記述だから真偽は不明だが憎悪のエネルギーには圧倒される。これをしも「憎むほどにも母を愛す」というべきか。

人口に膾炙《かいしゃ》され何気なく口遊《くちずさ》んできた寺山評論のエッセンスが悲鳴のように思えてくる。曰く「われわれは歴史の呪縛から解放されるためには、なによりも先ず、個の記憶から自由にならなければならない」。曰く「一人の青年の〈記憶の修正の試み〉を通して、彼自身の、同時にわれわれ全体のアイデンティティの在所を追求する」など、すべて出生を呪う寺山自身の魂の呻きではないか。埴谷雄高の「もっとも優れた自殺の方法は、生まれてきたはずがないと、確《かた》く思いこむこと」との囁きが聞こえる瞬間である。

　　生命線ひそかに変へむためにわが抽出しにある　一本の釘

自分の運命を変えようと釘で掌を傷つけて血まみれになる……これは殆んど自傷行為といえないか。むろん〈釘〉を言葉の暗喩ととることも可能だが、寺山の俳句や短歌におけるロマン性の後景に、陰惨な幼児期の苛酷な体験が刻印されていることを見落としてはならないだろう。「どんな鳥だって想像力より高く飛ぶことはできない」という寺山のエスプリには自己の生の一切を賭けた現実への抗議がある。「もしもあなたが書くことを止められたら、死ななければならないかどうか」と苛酷に問うリルケに対する答えのように思われる。苛酷といえば、自殺した岸上大作に対して、寺山は「きみの私について書いたエッセイのなかで五度も出てくる〈現実社会との格闘の苦渋〉ということばは、何より生きることからしかはじまらないのである。夭折ということばが亡んでからすでに日が久しい。私は夭生しているのだ。そして現実社会にあっては〈夭生〉して現実社会を変革するものだけが、戦いについて語る資格をもつものである」（「黄金時代」）と一蹴したことがそうであった。幼年にして身捨つるほどのものを失った寺山の痛いまでの哀しさがある。

　人を表現の世界へと促すものは、この現実に対する異和感である。書くという世界は、この現実から疎外された観念の世界の別名の謂にほかならない。だから現実を生きずして非現実の、幻想の世界に生きることは出来ない。吉本隆明だったら、「わたしはこの世界と激突するよりほかに幻想の世界が住みつく場所を見つけることはできなかった」（「なぜ書くか」）とか、「幻想と観念を表現したい衝動のおそろしさに目覚めることだけが、思想的になにごとかである。生まれ、婚姻し、子を生み、老いて死ぬという繰返しのおそろしさに目覚めることだけが生活にとってなにごとかであるように」

（『カール・マルクス』）と答えるところであろう。

「この現実の日常生活は、そこで本来的に生きようとする者だけを抑圧するような構造を持っていて、わたしが本来的に生きようとすれば、わたしは抑圧された分量に見合った〈自由〉を、〈書く〉という幻想の領域で交換しなければならない仕組みになっているらしい」（「この執着はなぜ」近藤功）。「私の墓は、私のことば」と言い、死の直前まで「書く」ことに執着した寺山の表現者としての衝迫もまたそのようなものであった。

寺山俳句について急いで二、三付記しておこう。昭和俳句史の驍将《ぎょうしょう》石田波郷は寺山の俳句を添削している（「学燈」昭和二十八年十一月号）

花売車いづこへ押すも母貧し　　修司

菊売車いづこへ押すも母貧し　　波郷

単に「花」では季節が曖昧になるから「菊」としたというが改悪であろう。寺山が意図したのは、菊という既成の季語が規制する具体性ではなく、ファンタジー、メルヘンの世界、ルドンやノヴァーリスの描く青い花、情念の花園に咲く百花繚乱であったかも知れないという「読み」は波郷にはない。寺山が故郷青森を詠うとき、必ずしも地図上に実在する青森を意味しない。それは幻想的に屹立する地上の寂しい地の象徴としての青森、ドストエフスキーが、「この地球上のありとあらゆる都市のなかで最も抽象的な都会ペテルブルグ」といった意味における青森である。寺山本人は故郷青森の下北半島と津軽半島が、ラスコーリニコフの持つ振りあげた斧と、脳天をくだかれた老婆の形に見えるとし、しかも地図上では加害者と被害者がともに地続きであり、季節がくると同じく青い麦をみのらせる……と発言している。

その卓抜な比喩に内心舌を巻きながら、私は青森出身の友人から、市の観光課の職員が、「寺山さんが青森のことを作品で取り上げて宣伝してくれるのは有難いけど、頻出するのは捨子、間引き、老婆、巫子、おしらさま、私生児、地獄などで、青森が累代にわたる飢餓と因習の後進県と思われる」と嘆いていているという話を聞かされたことを思い出す。青森へ旅すれば、「前近代の暗黒」「おどろおどろした民俗」あるいは逆に「カーニバル的な祝祭空間」に出会えると人々が素朴に信じこむほどに、「幻想としての青森」を描く寺山の虚構化は徹底していた。といって全くの虚構といってしまえば虚偽になる。宮澤賢治が〈イーハトーブ〉と呼んだ岩手県が、凶作と飢饉に苦しめられた風土であったように、〈テラヤマ・ワールド〉も津軽藩が遭遇した天明三年の大飢饉に連綿と続く悲しみの地である。寺山が『田園に死す』を発表したころ、同じく近代の深層を穿《うが》つ作品として深沢七郎の『楢山節考』が文壇を震撼させていた。不思議な暗合である。深沢作品を三島由紀夫は「母胎の暗い中に引き込まれるような小説、日本に生まれたことがいやになる」と評したが、寺山作品を読んでいたら、どうだったであろうか。

寺山の言葉への連鎖反応の例

燭の灯を煙草火としてチエホフ忌　　中村草田男

母は息もて竈《かまど》火創るチエホフ忌　修司
流燈を灯して抱くかりそめに　橋本多佳子
流すべき流灯われの胸照らす　修司
若者の頭が走る麦熟れゆく　西東三鬼
麦熟るる帽子のみ見え走る子に　修司

私が初学時代、寺山俳句を〈模倣《ミミイク》〉した例
螢火で読みしは戸籍抄本のみ　修司
白萩の余白に読みし戸籍かな　愼爾
狐火に読みしは常陸風土記のみ　愼爾
ランボーを五行とびこす恋猫や　修司
ランボーを五行翳らす狐火や　愼爾
出奔す母の白髪を地平とし　修司
椿落つ母の白髪こそ地平　愼爾

「螢火抄」の「私は螢を母に見せるのをあきらめ、自分の部屋に持ち帰り、それを机の抽出しに閉じこめてしまった（略）その夜、火事があって私の家は全焼した。だから、私は今でも、〃あの火事は机の引出に閉じこめておいた螢の火が原因なのだ〃と思っているのである」というドラマツルギーのきわだつ文章に触発されて、「抽斗に螢しまいし夜の火事」などといった句を作ったことがある。ことほどさように寺山俳句は刺激的であったのである。

寺山と同郷の作家太宰治の『津軽』の本編冒頭に「ね、なぜ旅に出るの?」「苦しいからさ」「あなたの（苦しい）は、おきまりで、ちっとも信用できません」「正岡子規三十六、尾崎紅葉三十七、斎藤緑雨三十八、国木田独歩三十八、長塚節三十七、芥川龍之介三十六、嘉村礒多三十七」「それは、何の事なの?」「あいつらの死んだとしさ。ばたばた死んでいる（略）」とある。

私がその続きを書こう。「梶井基次郎三十一、宮澤賢治三十七、中原中也三十、富永太郎二十四、太宰治三十九、寺山修司四十七」。そういえば女寺山修司と異名をとった劇作家岸田理生さんも夭逝した才媛だった。「赤い鳥渉猟——岸田理生ノート」という寺山修司の序文を附したエッセイ集『幻想遊戯』（而立書房）のなかで、彼女は「目つむりていても吾《あ》を統《す》ぶ五月の鷹」を長いこと「吾が統ぶ」と思い込んでいたと告白する。最初は「吾を統ぶ」と覚えていて、身の裡に鷹をすまわせることのできる少年という種族に妬心をさえ感じたのだったが、いつのまにか「吾を統ぶ」は、「吾が統ぶ」に変わって行き……と。これだけでも才気がうかがえる理生さんの寺山論は「生命発死行の汽車に乗って、私たちは毎日人生という名の旅をしている」と書き出される。まことに一所不住の精神が失われて久しいといわねばならない。

途轍もない歩行者

寺山修司詩歌選『ロング・グッドバイ』（講談社）

寺山修司詩歌選『ロング・グッドバイ』は、第一作品集「われに五月を」の巻頭に置かれた詩「五月の詩」の、無垢の青春の讃歌に始まり、その狭間に初期詩篇、流行歌、短歌、俳句、物語、散文詩の珠玉を織り込み、凄絶な永別の詩「懐かしのわが家」で閉じられるという構成になっている。この一冊で四十七年の生の急勾配を閃光のごとく駈け抜けた寺山が遺した短詩型文学の精髄をタイム・トリップして、肉声を耳にするごとくたどることが可能である。寺山の文庫本は数多く出版されてきたが、ジャンルを横断した作品を一巻に集成したのは、この文庫をもって嚆矢とする。

「五月の詩」と題された序詞には、「二十才　僕は五月に誕生した」という行が二度繰り返される。その章句から、第一作品集の書名『われに五月を』が導かれたと推測されるが、ここにはいままさに未知の世界に出立せんとする詩人の不退転の決意、心の昂りといったものが躍動している。五月は満目さみどりに包まれる季節だ。若葉が生い茂って、青々とした生気をみなぎらす。寺山が生まれ育った青森は春の訪れが遅い。太宰治が「ここは本州の袋小路だ。そこに於いて諸君の路は全く尽きるのである」（『津軽』）と記した風土だけに、五月の到来は狂おしいほど渇望される。『われに五月を』というマニフェストには、因習や義理に呪縛された世界に背を向け、ものみな芽吹く大地の生命にしかに触れていこうとする生命の讃歌がある。

「僕は五月に誕生した」という寺山修司の宣言は、短詩型文学にとっての輝かしい青春の告知をも意味した。わが国のあらゆるジャンルのなかでも、もっとも古い千数百年の歴史を持ち、そして複雑な伝統を負う短歌は、寺山の誕生（登場）以降、新たな現代の詩としての歴史を刻みはじめることになる。私たちは時代の青春と個の青春の交点に佇立する稀有の詩人として寺山修司を見ることができるであろう。

それにしても寺山修司とはそもそも何者であったか。寺山作品を読むたびに脳裏をかすめる疑問である。これがわずか四十七年の歳月を生きた人間の手によって成ったものなのか。おおかたの憫笑を買うことを承知でいえば、いま私の心情にもっとも近いのは、『ランボオ』論を以下のごとく書き出した小林秀雄の内的衝迫である。「この孛星《はいせい》が、不思議な人間厭嫌の光を放ってフランス文学の大空を掠《かす》めたのは、一八七〇年より七三年まで、十六歳で、既に天才の表現を獲得してから、十九歳で、自らその美神を絞殺するに至るまで、僅かに三年の期間である」というもので、寺山は必ずしも「人間厭嫌の光」を放ちはしなかったが、その発光の描いた軌跡はまさに日本文学の大空を掠めた、としかいいようがないほど鮮烈なものであった。

「途轍《とてつ》もない通行者」（マラルメ）ということでは、両者は相似であろう。

寺山は青森――四十七都道府県のうち色彩の入っている唯一の県に生まれ、育った。青森という風土が作家の精神や感情の後背地に如何なる陰翳を落としたか。寺山本人は故郷の下北半島がラスコーリニコフの持つ振りあげた斧と、脳天をくだかれた老婆の形にみえるとし、しかも地図上では加害者と被害者がともに地続きであり、季節がくると同じく青い麦をみのらせる、と発言している。

青森県の輪郭を地図でなぞりながら、その卓抜な比喩に内心舌を巻きながら、そこを生涯の生活圏と諦観した生活人には辛いイメージだろうなと思ったこともある。実際に私は青森出身の友人から、市の観光課の職員が、「寺山さんが青森のことを作品で取り上げて宣伝してくれるのは有難いけど、頻出するのは捨子、間引き、老婆、巫子、おしらさま、私生児、賽の河原、地獄、恐山などで、青森が累代にわたる飢餓と因習の後進県と思われる」と嘆いているという挿話を聞かされている。青森へ旅すれば、「前近代の暗黒」「おどろおどろした民俗」あるいは逆に「カーニバル的な祝祭空間」に遭遇できると人々が素朴に信じこむほどに、寺山の「幻想としての青森」を描く虚構化は徹底していた。しかしそれはいま世界の何処へ行こうが、「秘境」に逢着できぬように、寺山の「青森」は、寺山の内なるイメージの王国〈テラヤマ・ワールド〉にのみ存在する虚構の幻郷である。

だからといって、寺山の描く故郷が全くの虚構といってしまえば、それは虚偽になる。青森は昔から飢餓の風土であった。享保の大飢饉までは遡らずとも、天明三年（一七八三）の大飢饉において、津軽藩では連作凶作、天候不順、大洪水で全く米の流通が停止し、町方在方を問わず食物は尽き、牛馬、犬猫はもとより、人肉まで喰うほど酸鼻を極めたことを記録は伝えている。餓死疫死十三万人余、逃散二万、空屋絶家三万五千余、一村すべて荒蕪無人の地となったところも少なくない。寺山修司の描く〈テラヤマ・ワールド〉は、これら陰惨な歴史の現実を背景にして成立したイメージであることを忘れてはならないだろう。ちょうど宮澤賢治が〈イーハトーブ〉と呼んだ岩手県が、実は凶作に苦しめられる飢餓の風土であったように――。さきの太平洋戦争の最末期、青森市は大空襲にあい、三万人の死者を出してもいる。寺山修司の眼には、青い森が「飢餓」の連綿と続く哀しみの地に映っていたという私の推測はそう誤ってはいまい。

寺山が自分の資質を、そうした風土や家族の血縁と結びつけて考えていたことを、第三歌集『田園に死す』に収録した「わが一家族の歴史『恐山和讃』」は端的に表わしている。

「これはこの世のことならず、死出の山路のすそ野なる、さいの河原の物語、十にも足らぬ幼な児が、さいの河原に集まりて、峰の嵐の音すれば、父かと思ひよぢのぼり、谷の流れをきくときは、母かと思ひはせ下り、手足は血潮に染みながら、川原の石をとり集め、これにて回向の塔をつむ、一つつんでは父のため、二つつんでは母のため、兄弟わが身と回向して、昼はひとりで遊べども、日も入りあひのその頃に、地獄の鬼があらはれて、つみたる塔をおしくづす」

ここには生存の深淵から吹きつけてくるさみしい風の所在が感じられる。近代の深層を穿つ作品として深沢七郎の『楢山節考』が戦後文学を震撼させたほぼ同じ時代に、寺山もまた日本の民俗の根源を衝く作品を呪文のように呟いていたのである。

間引かれしゆゑに一生欠席する学校地獄のおとうとの椅子

暗闇のわれに家系を問ふなかれ漬物樽の中の亡霊
亡き母の真赤な櫛で梳きやれば山鳩の羽毛抜けやまぬなり
新しき仏壇買ひに行きしまま行方不明のおとうとと鳥
たった一つの嫁入道具の仏壇を義眼のうつるまで磨くなり
死児埋めしままの田地を買ひて行く土地買人に　子無し

寺山修司を発掘した伯楽、中井英夫は寺山作品を「美酒の雫の一たらし」に譬えている。これはむろんヴァレリイの『失はれた美酒』（堀口大學訳）を含意した上でのことであろう。「一《ひ》と日《ひ》われ海を旅して／（いづこの空の下なりけん、今は覚えず）／美酒少し海へ流しぬ／『虚無』に捧ぐる供物にと」「つかのまに薔薇いろの煙たちしが／たちまちに常の如すきとほり／清らかに海はのこりぬ……。」――寺山作品の一滴がしたたり落ちるが早いか、海はたちまち薔薇いろにけぶり立ち、波は酩酊し、きらめき砕けながら「いと深きものの姿」を現前させる……。大海が雫の一たらしで薔薇いろにけぶり立つという秘蹟を寺山は詩歌の世界において現出させてみせたのである。

先きに寺山をランボオに倣って「途轍もない歩行者」に譬えたが、俳人寺山にとっては、しごく当り前の譬えであろう。俳人は「人に非ず」と書く。人でなしであり、俳諧の始原は徘徊する者である。柳田国男が「常人ならざる漂泊者」と呼び、折口信夫が「まれびと」と規定したところのものと別ではない。俳人は周縁的な存在として、共同体に混沌の力をもたらし、活性化する。秩序を構成する真・善・美に対して異端・狂という位相に立つ。演劇に向かっても寺山率いる「天井桟敷」は、都市の異物として、爛熟した都市の空間のなかに巣食い、そこで繁殖し、内から毒気をもって都市を腐蝕させていこうと、グロテスクにしてスキャンダラスなドラマを展開している。

周知のように寺山がその創作活動の最初の出発に選択したのは俳句であった。俳歴は中学時代に始まるが、個性を現わすのは青森高校時代においてである。「中学から高校へかけて、私の自己形成にもっとも大きい比重を占めていたのは、俳句であった。この亡びゆく詩形式に、私はひどく魅かれていた。俳句そのものにも、反近代的で悪霊的な魅力はあったが、それにもまして俳句結社のもつ、フリーメースン的な雰囲気が私をとらえたのだった」(『誰か故郷を想はざる』)。

眼帯に死蝶かくして山河越ゆ

法医学・桜・暗黒・父・自瀆

心中を見にゆく髪に椿挿し

発想、表現ともに寺山修司調(寺山節)という以外に言いようのないユニークな俳句であろう。「眼帯」の句の峠を行く旅人の寂寥。折口信夫は蝶を神または悪魔の仕女、さらには死者の霊魂とみたが、寺山はその死蝶の眼を借りて山を越えようとする。眼帯の中に蝶が隠されているというより、眼球に死蝶が貼りついているといった官能的な肉感をイメージさせる。「法医学」の句もアナロジーで結ばれた語彙を口遊むことで、読者は各自それぞれの暗黒物語を紡ぐことができよう。「桜」には梶井基次郎の「桜の樹の下には屍体が埋まつてゐる」や坂口安吾の『桜の森の満開の下』が、「父」には萩原朔太郎の永遠に悲愴なるものとしての父の孤独が投影されていよう。

蛍火で読みしは戸籍抄本のみ

蛍火と戸籍抄本とのモンタージュが、呪術的な雰囲気を醸成する。一個の人間にとっての最大の謎、出生の秘密が記録されている戸籍抄本を読むには、蛍火こそがふさわしい。一句に籠められた私たちの生が蛍火のごとく一瞬のまたたきにすぎないという暗示も見逃せない。抄本を蛍火で燃してしまったなら、私たちはこの地上で不在ということになるのだろうか。

どくだみや畳一枚あれば死ねる

どくだみ（十薬）の葉は心臓形でまばらに互生し、暗緑色だ。「畳一枚あれば死ねる」は、私たちの屍体は一枚の畳に横たえればたりるということだ。死は畳一枚の質量感に象徴され、その存在感はどくだみの色彩感とせめぎあう。畳には封建制の基底をなした農村の家族共同体のイメージが附着している。畳が家長の座、姑の座、嫁の座を暗示し、不如意に耐え、畳一枚にちぢこまって生きる生活者の哀歓が横溢している。

母の蛍捨てにゆく顔照らされて

幻の故郷で演じられた黙劇の一シーンであろう。母の蛍を捨てることの罪障感、心の葛藤を哀しく自照している。母の蛍を捨てる、つまり「母殺し」を強行することによってしか、子というものは母の呪縛から逃れて、自己のアイデンティティを獲得することはできないというメッセージがこめられている。

秋風やひとさし指は誰の墓

寺山俳句のベスト3を挙げよといわれたら、私がまず選ぶ一句である。奇怪であり、不気味であり、しんとして寂しい。一読したら生涯忘れられない句となるのではあるまいか。ひとさし指が墓標であるという認識に、「誰の墓か?」と指をさして訊ねる仕種を重ねる、そのレトリックの冴えも見逃せない。

秋まつり子消し人形川に捨て

愛らしい玩具も寺山にかかると、土俗的で情念的な色彩を帯び、寺山的神話の世界の構成分子となる。こけし(小芥子)を寺山は「子消し」と表記する。わが国ではある時期、口べらしのために生まれてくる子を間引く嬰児殺しがあった。下北地方のイタコによる口寄せは、それら水子への鎮魂の儀礼である。寺山自身も少年時代に、川を人形をのせた筵包みが流れてゆく光景を見たと書いている。彼は玩具にも人間の心の闇、そして残酷な歴史の暗部を透視するのである。

木の葉髪書けば書くほど失えり
枯野ゆく棺のわれふと目覚めずや

木の葉髪は冬近い頃の脱け毛を落葉に譬えていう季語だ。太宰治は「一作、失ヒシモノノ深サヲ計レ」といったが、書くこととは(生きることとは)年輪を増すことではなく、次々と何かを剥奪され、失っていくことではないか。自分の作品に生命と同じ比重をかけ、〈死〉と引き換えに言葉の美質を確保しようとする俳人なら、書くということが失うことであることを熟知しているに違いない。「枯野」の句は二度の推敲を経て定着した。初案とその改作は「枯野ゆく棺の友ふと目覚めずや」「枯野ゆく棺のひとふと目覚めずや」であった。棺の中の死者が「友」もしくは「ひと」であるというのは事実そのものの描写である。「われ」となって、一挙に虚構の世界となった。枯野をゆく葬列に作者は自己の死を想像し、ある甘美な想念にひたるのである。激しく生きようとする生命力の過剰が、ときに死を憧憬させる――これが青春の逆説であろう。

さて、寺山がしばしば取りあげるのが、「かくれんぼ」というテーマである。本文庫所収の俳句、短歌。物語でも秀作がみられる。

かくれんぼ三つかぞえて冬となる

かくれんぼの鬼とかれざるまま老いて誰をさがしにくる村祭

かくれんぼ（隠れん坊）遊びでは、鬼になった者は目を閉じ、十まで数えたのちに目をあけ、隠れた仲間を探しに行く。目をあけた時にどっと入ってくる光量に世界が一変したような驚きをかつて誰もが経験しているだろう。わずかに「三つ」数えただけなのに、外部の季節は巡り、冬になっていたという意外性。G・ロダーリの指摘によれば、かくれんぼという遊戯的経験の芯に映っているものは、「迷い子の経験」であり、自分独りだけが隔離された孤独の経験、社会から追放された流刑の経験ということになる。寺山が好んで「かくれんぼ」を詠むことに固執した深層には、「隠れる」を「籠る」つまり幽閉、眠り、死の比喩とみて、ひそかに死を味わっていたのではないかとの推測もできる。

物語『浪曲新宿お七』は、傑作である。堀口大學の「お七の火」から発想を得ているというのが、私の判断である。ちなみに大學詩のなかで、私の最も好きなのが、この「お七の火」だ。

八百屋お七が火をつけた
お小姓吉三に逢ひたさに
われとわが家に火をつけた

あれは大事な気持です
忘れてならない気持です

寺山修司が彗星の如く登場したのが、斎藤茂吉、釈迢空（折口信夫）という二巨匠の死の翌年であったということを単に歴史の偶然としてやり過ごしてよいものか。私などはやはりこれは冥界で茂吉と迢空が相談して、自分たちの火の継走者として寺山を地上に派遣したと考える以外、納得するわけにはいかないのである。そして火の継走はみごと果たされた。その全方位的な継走は疾走につぐ疾走で、とどまるところをしらぬものであったといっても過言ではない。この文庫には一九八三年五月四日、彼が疾走の果てに息をひきとる直前まで綴ったエッセイと詩が収録されている。「私の墓は、私のことばであれば、充分」と言っていた寺山の、いわば墓碑銘とも紙碑とも称すべき一巻が本書である。モーツァルトの曲を「疾走する哀しみ」と呼んだのはゲオンだったか。モーツァルトは三十五歳で死んだが、四十七歳で疾走を止めた寺山の死のほうが夭折の匂いがしてならない。その稀有な精神の束の間の光芒によって生み出された境涯の詩は私たちにいまも屹立する一首とともに力強く囁き続ける。「そして　私は　知った／ふるさとは　断じて環境ではなく／ふるさとは　思想であることを」
（『ふるさと』竹内てるよ）

マッチ擦るつかのま海に霧ふかし身捨つるほどの祖国はありや

涙を馬のたてがみに

寺山修司の競馬哲学&美学『勇者の故郷』（角川春樹事務所）

「馬券で当てるのは、人の心を当てるより、むずかしいじゃありませんか。あなたは索引のついている人の心さえ当ててみようとなさらない呑気な方だのに」（『三四郎』夏目漱石）

寺山修司は短歌、俳句、詩、小説、戯曲、シナリオ、映画、評論……と、さまざまなジャンルを果敢に横断し、そのいずれにも司祭役を担《にな》ったアンファン・テリブル（恐るべき子供）であった。しかしこれで一驚していてはならない。評論をとってみても、文学論、美術論、俳論、歌論、詩論からボクシング、相撲、野球、競輪、闘犬、競馬論まで多岐にわたり、征《ゆ》きて可ならざるなき健筆ぶりを発揮したのである。

寺山が夭折《ようせつ》したあと、ゆかりのある複数の出版社の編集者が『寺山修司全集』の企画をたてたものの、いずれもほどなく断念したとの噂を耳にしたことがある。どうやら百巻を越えるというデーターが出たことに各社とも怖《お》じ気《け》づいたらしいのだ。さもありなんと思う。没後十七年になろうとするのに、今もって全集の企画が緒につかないとすれば、理由は膨大なその巻数以外に考えられない。私は初期からのファンだったから、寺山作品はほぼリアルタイムで読み、叮寧《ていねい》にスクラップもしてきた。寺山作品なら断簡零墨《だんかんれいぼく》に至るまでこれ蒐集《しゅうしゅう》につとめている寺山オタクよりも珍しい資料（著作目録にも記載のない）を持っているかもしれない。この資料の量からみても、『寺山修司全集』が百巻ぐらいでおさまるとは到底思えないのである。

寺山は職業を訊《き》かれると、「寺山修司です」と当意即妙に答えたが、彼の行動、否、存在自体が詩という感があった。一挙手一投足が詩そのものなのである。先例を索《もと》めれば、さしずめランボーで、私は十九歳で美神と訣《わか》れ、砂漠に商人として赴《おもむ》いたこともランボーの詩的行為と考えている。寺山の軌跡を百巻の『全集』に収めるなどという〈編集作業〉は誰にとっても手にあまるのではないか。「永遠に未完の寺山修司全集」こそが、ガウディーのサグラダ・ファミリア教会のように、寺山にはふさわしい。ガウディーは百年後の完成を期し、寺山は「百年経ったら戻ってくる」と告知している。百年後の読者を恃《たの》むというところに、寺山の矜持《きょうじ》とその前衛精神はあったというべきだろう。

ところでこれまで最も多く論じられ、書かれてもしてきた「寺山修司論」は、おそらく歌人としてのそれ、次いで劇作家ということになろう。これは寺山をどのジャンルにおいて評価するかという論者の位相を逆照射しているようにもみえる。「寺山作品では後世、何が残るか」という週刊誌のアンケートに、一ジャンルに限定することの無謀と無意味さを承知しつつ、私自身、「短歌」だろうと答えたことがある。寺山の最良の理解者である塚本邦雄も同様に答えていたことを覚えている。逆に従来まともに論じられることがなかったのが、ボクシングや競馬評論家としての寺山である。これはスポーツジャーナリストの怠慢と論者たちの競馬についての不案内ということが複合して生じた偏向かもしれないが、寺山のためには残念なことである。

予《あらかじ》め断わっておくと、私もまた競馬に関しては無知である。友人に都内の場外馬券売場に拉致《らち》されて馬券を買ったことが二、三度。何とも貧しい体験である。競馬場に行ったことが一度もないという体たらくだ。馬の名もハイセイコーとシンザンの二頭しか知らない。これで競馬ノンフィクションについての文庫「解説」を執筆するとは太い神経だと指弾されかねないが、マルクスが『資本論』を書くために土方をしたという話も聞かない。ドストエフスキーの『罪と罰』を理解するために斧《おの》で老婆の頭蓋《ずがい》を叩き割ってみることもあるまい。私は寺山の競馬論に横溢《おういつ》する特異な競馬哲学、華麗な競馬美学を愛惜している。それで十分ではないか。

「八頭のサラブレッドが出走するならば、そこには少なくとも八篇の叙事詩が内包されている」という言葉に端的に示されているように、寺山は競馬批評を文学・思想の境位にまで高めたと思う。彼以外にそんなことをやったのは山野浩一、虫明亜呂無《むしあけあろむ》、山口瞳ぐらいなものであろう。寺山の競馬仲間の萩元晴彦の証言などを聞くと、この推断、それほど外れていないことがわかる。萩元は「日本の競馬が見事なイメージ・チェンジをやってのけた想像力の源泉は寺山に発している」といい、「JRAは寺山の銅像を建てる義務がある」とまで迫っている。『競馬論』という対談集を虫明と共著で出版しているように、寺山は、虫明亜呂無の才能をいち早く認めている。巷間、虫明の最初の発見者は三島由紀夫とされているが、寺山の方が先行した。虫明の人生を競馬にたとえた小説風のエッセイ「野を駆ける光、競馬について」の論評、「戦後の競馬論の中でも、もっとも感動的なものだろうと思われる。一つのレースを見ているうちに意識の中を駆けめぐっていく、少年時代から戦争を経て戦後に至るまでの、さまざまなイリュージョン（幻想）を書いた詩のごとき珠玉篇である」云々は、寺山が自らの競馬論を吐露しているとみても過《あやま》つまい。

それにしても寺山は競馬の何に魅了されて、それほどまでにのめり込んでいくことになったのか。『競馬への望郷』とか『馬敗れて草原あり』といった懐郷のメロディーを基調低音にした書名が暗示している。数十万の競馬無宿が集まり、〈故郷喪失〉を反芻《はんすう》している競馬場——そこに寺山は自身の帰るべき〈家〉を、自身の心のなかの空洞を見い出しているのだ。マッチ擦るつかのまに生涯を賭ける「時の賭博師」たる騎手。生き急ぐものの栄光と悲惨（「生くることにもこころ急ぎ、感ずることも急《いそ》がるる」プーシキン&太宰治）。明日死ぬとすれば、今日何を為すべきかという自問を持たずには生きられない、「死」を職業とする騎手（流離の貴種）への共感であろうか。

レース中に騎手が心臓麻痺で死に、馬はそれを知らずに死体を乗せたまま他馬とデッドヒートを演じたという京都の事件を引き、寺山は、「『死』に手綱《たづな》をとられた馬が芝生を走ってゆくさまは、まさに象徴的な現代の叙事詩だったのではないだろうか」とコメントしている。私がこれに加えるとすれば、第七の封印を解かれ、蒼ざめた馬に乗って天翔ける死の司祭を描く黙示録の章句である。

第一部『勇者の故郷』は、競馬をテーマにした寺山にしか書けない空前そして絶後であろう長編叙事詩だ。ここには寺山修司の全てが凝縮して投入されている。偏愛したキイワードが頻出する。荒野、ギター、生贄、地獄、刺青、万引き、不具者、オカマ。登場人物すらここではドラマを構成している。少女桔梗、少年謙作、馬丁の大山デブ吉、江梨子。作中唄われる『誰か故郷を想はざる』の友情・友愛の故郷憧憬の歌が、ここでは陰惨な復讐と裏切りと不条理の呪歌へと暗転し、近代の闇を浮上させる。一九六七年（三十二歳時）の作品というが、冒頭の「どこまでもどこまでも荒野だった／牧童たちはさみしいときには／汽笛の音を口で真似た／そうすると、どこか遠くへ行けるような気がしたのだ」は、それから十五年後、四十七歳で早逝する前年の九月、朝日新聞紙上に発表した絶唱『懐かしのわが家』の最終連に照応する。「子供の頃、ぼくは／汽車の口真似が上手かった／ぼくは／世界の涯てが／自分自身の夢のなかにしかなかったことを／知っていたのだ」

第二部『ロング・グッドバイ』のなかの一篇「おさらばという名の黒馬」では、「人気のロンサムダンサーは四枠をひいたので四は（死）につながるということで、縁起をかついで喪服を着てくるものもいた。四、五、九と入れば地獄（ジゴク）と読める。四、二と入れば死人（シニン）。四、三と入れば死産（シサン）である」と寺山節を全開させる。「電話をひけば一五六四《ひとごろし》　隣りへゆけば八八五六四《ははごろし》」「つばくらめさへ　九二五一四《くにこいし》」（「恐山」）のヴァリエーションである。

第三部『サラトガ、わが愛』は「勇者の故郷」と対になる。「名馬サラトガが生まれた夜は父の通夜だった」という挿話には、ドストエフスキーと農夫に殺害された彼の父の関係の暗示があり、主人公と同棲した女が稚拙な短歌を作るシークエンスは、今村昌平の映画『日本昆虫記』のパロディーであろう。

私が寺山の競馬エッセイのベストワンとするのは、「逃亡一代キーストン」という一文である。幸いにも本書にはその全文を引用した別のエッセイ「夕陽よ、急ぐな――走りながら死んだ馬」が収められている。逃げ馬キーストンに賭ける李《り》。彼は警察に追われ、海峡を渡って祖国韓国へ密航する。寺山はキーストンの逃げ切りと、李の政治逃亡とを二重写しにする。そこに「マッチ擦るつかのま海に霧深し身捨つるほどの祖国はありや」が引かれる絶妙さ。この一代の名吟はこの箇所に置かれるためにあったのではないかと思わずにはいられないほど、坐《すわ》りがいいのだ。話はつづく。昭和四十二年十二月十七日、キーストンは阪神大賞典で四コーナーを曲がったところで、もんどりうって倒れて死んでしまう。「それははるか朝鮮海峡のかなたの空に響いた、一発の拳銃の音のこだまであった。キーストンはそのまま倒れ、私の親友の李はブッツリと消息を絶ったのであった」

ここには幻滅の世代の悲しみが主調音のように鳴っている。昭和四十二年といえば、米海兵隊が南ベトナムに侵攻した年であり、ボリビアでゲバラが逮捕され射殺された年であることを寺山は当然知っていただろう。

寺山修司が訊かれるたびに、「愚劣な質問」と内心怒っていたという「質問」を私もまたしている。「寺山さん、トータルすると儲かっていますか？　損していますか？」。間髪を入れず寺山は答えたものである。「君は君の人生をトータルすると幸せですか？　不幸ですか？」(この答えは相手によってヴァリエーションがある。「自分の人生がトータルにプラスかマイナスかなんて言えるものなのか？」とか「あんたの人生は、平均すると、笑ってますか、泣いてますか？」とか「人生も競馬も平均するもんじゃない」等々)

寺山は「逃げ馬」を一貫して支持し、「俺は逃げ馬だ。十八歳の時、短歌でデビューして以来、逃げまくっている」というのを口癖とした。山野浩一は寺山が「逃げ」を「逃亡」と誤解しているとして、「普通『逃げ馬』は先制攻撃をかけているわけで、これはむしろ最も積極的な闘争というべきであろう」と糺《ただ》している。これは山野のいう通りであろう。だが寺山はそのことを知った上で、実は「逃亡極まれば、逆攻なるか」と呟《つぶや》きたかったのではないかというのが私の憶測である。

〈寺山修司〉を記録しようと多くのカメラマンが彼を追ったが、競馬場での肖像が最も生彩がある。殊《こと》に細江英公撮影の一枚は全肖像の中のモニュマンであろう。マルセル・カルネの映画『天井桟敷の人々』から劇団名を天井桟敷とした寺山にとって競馬場は人生という名のドラマの舞台であった。パドックは桟敷であった。馬を一頭買い、「ユリシーズ」と命名した。ホーマーのオデッセイアではなく、ジョイスの『ユリシーズ』からの出典というところが寺山らしい。愛馬に下町の友情のなかで、反権力的な成熟をとげていったジョイスの主人公を重ねたのである。私は「奥の細道」の冒頭、「月日は百代の過客にして、行きかふ年もまた旅人なり、舟の上に生涯をうかべ、馬の口とらへて老をむかふるものは、日々旅にして、旅を栖《すみか》とす」を読むと、俳人の連想もあって、きまって寺山を思いうかべる。ユリシーズの口をとらえて地方の草競馬場へ、その見えない魂の地平線の彼方、いまだ行ったことのない遥かな大草原をめざして流転する姿がぼんやりと映るのだ。深夜、意識の底のまどろみのなかに、蹄《ひづめ》の音を聞くことがあり、そんなとき、寺山修司はすぐ傍にいる。

〈存在〉顛覆の詩想

埴谷雄高『幻視の詩学　わたしのなかの詩と詩人』（思潮社）

埴谷雄高は一九六〇年安保世代の〈教祖〉的存在として、吉本隆明、谷川雁らと並列して論じられることが多いが、先行する埴谷と同世代の「近代文学」の人々――武田泰淳、平野謙、本多秋五らにとっても、戦後日本の文学・思想・哲学全領域に屹立する鮮烈な突出として映っていたのである。むしろ六〇年代は、時代（所謂「政治の季節」）が、埴谷に追いついたというべきだったろう。戦中派世代にしても事情は同じであった。

「ぼくたちの世代で文学や思想や政治に関心のあった者たちの殆んどが、あの名状しがたい埴谷雄高神話の世界をなまなましく体験しているに違いない。つまり昭和二十年代において埴谷雄高は、ぼくたちの潜在的不可能を代表する未知の偶像であったのだ」（奥野健男）。「埴谷雄高という名は、戦後、わたしが日本の同時代文学などみむきもしなかったころから、一種の畏怖の表情で語りつたえられた伝説的存在であった。そういう表情を人から人へはこんでいくものに、どんな作品をかいている人なの、とたずねると、かれらはまた一種名状しがたい表情をうかべて『死霊』とこたえるのであった」

（吉本隆明）。

埴谷雄高といえば『死霊』と同義反覆された時代の雰囲気が濃厚に漂うが、このとき『死霊』は未だ「序曲」的部分の第一、二、三章が書かれたにすぎなかった。にも拘らずこの作品は、二十一世紀の世界文学へ架橋する記念碑として埴谷雄高の名辞と一体化し、埴谷のジャーナリズムでの肩書きは以後、常に〈作家・評論家〉である。その認知に疑問を持つものはいなかった。埴谷の讃仰者ほどそうであった。いまそういう読者に、『幻視の詩学――わたしのなかの詩と詩人』が呈上されることは、何を意味するであろうか。まず言えることは、現代詩にとっての僥倖という事態であり、〈詩人・詩論家〉埴谷雄高の生誕という〝事件〟である。

埴谷雄高という〈潜在的不可能を代表する未知の偶像〉が語られるのが、政治思想を措いてはいつも『死霊』で、この圧倒的作品の前では、「寂寥」や「隕石」の詩人埴谷雄高は殆んど顧みられることがなかったのではなかったか。埴谷自身、恃《たの》むところのあったことは、「私は、嘗て、詩のつもりで、《不合理ゆえに吾信ず》の諸断片を書いたが、しかし、どうもこれは〝吾国の詩〟の枠のなかにはいらないので、私はそれを敢えてアフオリズムと呼んできている」という、井上光晴と私が編集した『埴谷雄高準詩集』（一九七九年）「あとがき」でも明らかである。

『埴谷雄高全集』（全十九巻）を、アトランダムに開くと、「文学の芯にあるものは詩だ。それがないものは文学とは呼ばない」（「影法師が語る」大庭みな子）とか、〈「すべての人間が詩人になるのでなければ、人間の真の幸福はありません」と埴谷さんはパリで私に語った〉（「埴谷さんの宇宙圏の中で」辻邦生）、さらに「私の嘗ての時代の私達全部の信条は、詩がほかならぬ文学のまぎれもない源泉であり、また同時に窮極でもあるというふうに、〈拭い去りがたく妄信〉していた」といった類の発言に出会う。『文藝』（一九六三年十月号）アンケートで、「好きな詩人は？」と訊かれ、「暁方まで起きているラムボオ」と答えてもいる。

本書には、「ポオの芸術態度は、詩を最高に置き、次に効果をもつ散文、そして写実的な散文を最下位とした」（「黒猫」）という文が見られるが、さきの肩書き一つをみても、詩を軽視してきた文学史の歪みといったものが反映している気がしてならない。吉本隆明が朔太郎に倣い、文学的爵位を詩第一、第二、第三に評論、戯曲と続け、小説を最下位にしたことも、数年前までは奇異に見られたのである。埴谷自ら認めるように、『不合理ゆえに吾信ず』には、『死霊』に展開される諸観念の原型が、殆んど、体系化以前の、想念の山脈その頂上点描というかたちで含まれている。『不合理ゆえに吾信ず』を詩集とするのは、牽強付会ではない。アフォリズムだと謙辞する作者の思惑を超えて、谷川雁が〈初期詩篇〉と呼び、吉本隆明が〈初期作品〉、菅谷規矩雄、高橋和巳が〈一冊の詩集〉〈日本に類まれなメタフイジカル・ポエツトリー〉と呼んでいることはもう少し知られてもいいだろう。

『死霊』の連載が開始された「近代文学」（一九四六年一月号）「同人雑記」に埴谷は次のように書く。

おお　時代　おお道義

O tempora! O mores!

おお　季節　おお館
変節せざる魂ありや！
O saisons, O châteaux!
Quelle âme est sans défaut!

ラテン語科の優等生であったラムボオがキケロから『掠奪』したか否かは知らぬ。この二つの句節を見較べてゐると、人間に対してより冷酷峻烈になってきた近代の幅なるものが、了解されるやうな気がする。精神の原始へ化石したまま、存在へ見開いたラムボオの眼に――私自身化石しようと試みるかのごとくである。

かくして『死霊』が書き始められたことに注目されたい。「埴谷雄高の想念形式は、語のもっとも正しい意味において秀れてまず〈詩人的〉であった」（高橋和巳）し、詩的発想、文体の詩的純化として、その資稟は『死霊』に十分に生かされている。一作に六十年もの歳月をつぎ込み、第九章を書き終えた翌年に埴谷は命終を迎える。「未完のまま完結した作品」ということで、ドストエフスキー『カラマーゾフの兄弟』や夏目漱石『明暗』と同じだが、六十年という奇蹟的な持続力は、笠井潔の算定によれば、ゲーテの『ファウスト』やプルーストの『失われた時を求めて』を凌駕することになる。
『死霊』の〈自序〉に、「私は出来得べくんば一つの巨大な単音、一つの凝集体、一つの発想のみを求める。もしこの宇宙の一切がそれ以上にもそれ以下にも拡がり得ぬ一つの言葉に結晶して、しかもその一語をきっぱりと叫び得たとしたら——そのマラルメ的願望がたとえ一瞬たりとも私に充たされ得たとしたら」とある。この〈自序〉は今一度、笠井潔を借りれば、「全宇宙に匹敵する特権的な〈その一語〉にまつわる夢想は、マラルメに代表される後期象徴主義の産物である」「〈マラルメ的願望〉に最後まで忠実であろうと渾身の努力を傾注したのは、むしろポオやドストエフスキーの影響に言及することが多い埴谷かもしれない」と解読されることとなる。私はこれこそ埴谷の〈詩と論理〉の融合、詩人宣言とみる。

「友人たちに一番のぞむことは？」という質問に、「無限の時間のなかで偶然一緒に生れあわせた哀感」と答えた埴谷雄高。ゾシマ長老の相貌をみせる氏の交友気圏に包摂された詩人は多い。本書には、ポオ、ボードレエル、ランボオ、ブレークから、渋谷定輔、吉田一穂、草野心平、さらに鮎川信夫、田村隆一、黒田喜夫に至る思想も気質も異なる魂が描出される。吉本隆明については二篇収録。「吉本隆明の出現と持続は、恐らくは、私達のいまだ知らなかったまったく新しい畏怖すべき何かのさらなる出現をも予覚させる」というオマージュは、ヴィクトル・ユゴーがボードレエルを評して、「天上と地獄に、何か知らぬ凄惨な光を君は与えた。君は新しい戦慄を創造した」（「悪の華」）を想起させるが、続けて吉本を「否定者達がまた否定される歴史のなかのすべてを見てしまった」「私達を清掃する役割を担った」最後に来た「墓場から来た人」と印象を綴るとき、後年の訣別に至る〈埴谷・吉本〉論争までを果たして予覚していたかどうか。

もう半世紀も前、「世代」という雑誌で論壇時評を担当していた吉本隆明が、埴谷の論稿〈フルシチョフ以前にスターリン批判を予見し、ついでフルシチョフ主義の秘密をあばき、ハンガリー大衆の蜂起を意味づけ、革命の本質と深淵を開示した）を、「すでにルフェーブルを、はるかに超えて世界的水準に達している。一介の時評者としては、もって瞑すべき」と書いたことを慄えるような思いとともに刻印されていた私には、その対立と訣別は夢想することも出来なかったことは慥かなことである。安東次男の「蕪村論」に窺われる推理力の強靱さについて、「夢について考察し、幻視について考究しながら自ら詩作する詩人ならではは、ついになし得ない力強い飛翔であると思われる」という記述は、詩人埴谷雄高自身を吐露した言葉とみていいだろう。

虚無への〈流竄の天使〉

中井英夫『銃器店へ』（角川書店）

出会いの力学というものがある。それがひとりの人間であろうと、一冊の書物であろうと、一枚のレコードであろうと、出会いには一種不思議な運命的とも冠すべき偶然性、もしくは必然性の倍音といったものが形に添う影のようにまとわりついているようにおもわれる。

私はとりわけいま、中井英夫氏との出会いを脳裡に思い浮かべているのである。それは一九六四年の晩春のことだったが、いまでもあの不思議な啓示に満ちた時間をありありと再現できる。

いわゆる「政治の季節」の余燼は跡形もなく失せ、「思索の季節」が呼号されてはいたけれども新しい兆候はいっかな何処からも顕現せず、街にはつねに変わらぬ日常の疲労の影が色濃く漂い、道往く人々の顔を翳していた――。こういう背景は意味をもつのである。つまり、何もかもが、新生の物語の到来を待っていたということである。

混雑する新宿K書店の坑内のように冷えきった文芸書の売場で、私は何を考えていたのだったか。一顆の檸檬を仕掛けるといったことを夢想する無垢は私からはとうに喪われていた。生活にまつわる不如意のあれこれ、かつて恋した女性が二人目の子どもを産んだという風信、愛するものに疎外されてなおもひとは生きていかなければならないのか、といったおよそやくたいもない自問が頭の中で犇《ひし》めいていた。要するに私は憂鬱な後退青年のひとりだったのである。業界紙の記者として、汚れたコートを胡散《うさん》臭げな目で見られながら、政財界のお偉方や芸能人にゴルフの効用についてインタビューをしては、原稿用紙のます目を埋めていた。

もはや何事にも感動することのなくなった（そのことを哀しくも誇ったこともあった）私の目に、不吉な真紅の薔薇の一輪が突き刺さったあの衝撃に充ちた静謐な瞬間をどう説明したらよいだろうか。それが本物の薔薇などではなく、書籍のカバーに象嵌されたものだと気付くになにほどの時間も要しなかった。

つづいて深い背後の闇から浮き彫りにされた「虚無への供物」「塔晶夫」という白文字が悪霊のように目に飛びこんだ。

私の過熱した脳随からすべての喧騒が消えた。我に還ったとき、憑依妄想者もかくやとおもえるほどの眩暈と陶酔感に酩酊しながら、私は部厚なその本を小脇にかかえて暮れなずむ舗道の群衆にもまれていた。“L'offrande au néant”何という啓示的な書名だろう。私にはこの書物がやがて未知の眩暈をもたらしてくれるだろうという予感があった。

今にしておもえば、中井英夫氏とのこの静謐な出会いを幸せに思う。それは例えば小林秀雄のランボオ、モーツァルト体験とは出会いの諧調が異なるのだ。私にとって、というより中井英夫氏とその読者との邂逅は、おそらくみな私の場合のような静かな出会い方をするのではないだろうか。氏はいつもそういうふうにひっそりと、私たちひとりひとりの失われた過去の魂の世界からの使者のように立ちあらわれる――というのが、その後、氏とつき合うことによって了解された確信である。

小林秀雄がランボオとの出会いを「向からやって来た見知らぬ男がいきなり僕を叩きのめした」というのもまぎれもない出会いの一つの型だろうが、狷介なる〈都会人的異端・中井英夫〉（出口裕弘）と読者には、どうやら縁遠い修辞かもしれぬ。氏がランボオにも比すべき劇しい理智と情念の作家であるにもかかわらずである。

しかし、結論を急ぐまい。実際の作者と対面して八年余の星霜が降り積ったわけだが、氏について何ほどのことが了解されたともおもえない。論じにくい作家では屈指だろう。出会いの必然といったところで澄ましているわけにはいかないのである。かつて埴谷雄高氏の作品に触れ、吉本隆明氏は文芸作品が難解というには「作者の思想が難解であることと、作品に系譜がなく独在していることのふたつであり、埴谷の作品は、この条件をふたつながら具えている」といったが、中井氏もまた右の条件を兼ねそなえた作家のひとりであることは明らかであろう。

おもうに、読む側の精神の成長にしたがってその存在が歳月と共に巨大に成長するという並はずれた精神の力を内包する書物があるものである。『虚無への供物』は、まさにそうした稀有の情熱に裏打ちされた類の書物である。これを私は執筆に十年の歳月を賭したという事実ばかりをいっているのではない。怖ろしい文学はないか、魂を震わせ世界を凍りつかせるていの文学はないか――と呪詛のように呟きつづけていた当時の私に同書は、懶惰な精神を根底から揺るがせ、激しく転位を迫る毒に充ちた〈来るべき書〉・輪奐《りんかん》たる大伽藍であった。巷のゴミ箱の中にも已に似た魂を探し索めていた私が戦慄的に偏愛したのは当然であった。

私は会うひとごとにこの書を勧め、これをいっこうに評価しようとしない「世間」に腹をたてていた。私には、この書は出会った瞬間からわが国の生んだ数少ない異端の文学としての位置を占めるものだという予感があった。推理小説などという手垢にまみれた筐底に秘匿される底のものではさらさらなく、どうしてもその言葉を用いたければ崩壊する氷沼家に戦後現実の解体を重ね、純粋の魂の悲劇、現実の罪と罰を告発する反推理小説、とでもさしあたっていっておくべきだろう。

予感は適中し、一夜で読了した後も、ドストエフスキーの『カラマーゾフの兄弟』『悪霊』、埴谷雄高氏の『死霊』、そして三島由紀夫氏の『美しい星』等の絢爛たる文学空間との奇妙な類縁性に驚き且つ感銘し、ひそかに座右の一冊とする想いを新たにしたのである。

これは誇張でも逆説でもないのだが、「何より小説は面白くなくてはならぬ」という持論の中井氏には純文学として扱われたからといって嬉しがる稚気はかけらもないだろうし、「どうでもいいことだ」といわれる懸念もないわけではない。一方、ドストエフスキーや埴谷氏らと扱われたら作者の方が白けるだろうなどというつまらぬ文学史家根性もあるやもしれぬ。しかし作者がその後の再刊した同書の「あとがき」にも記すように、三島由紀夫氏や埴谷雄高氏は、この書の戦後文学に於ける意義をいちはやく洞察している。

例えば一九六七年、私は埴谷雄高氏と山形に四日ほど旅行する機会をもった。車中、私はつれづれなるままに幾つかの質問を埴谷氏に投げかけた。種々のジャンルの最高傑作を数えあげてみようという趣向だった。

「推理小説では塔晶夫の『虚無への供物』に尽きますね。二番目が夢野久作、三番目は差がかなりひろがる小栗虫太郎かな」

ついでに言えば次の映画についても私は氏と全く評価の順位が同じだったので、しばらく誰彼に得意になって吹聴して歩いたものである。

「映画の筆頭はアラン・レネの『去年マリエンバードで』だ。断言してもいいが、あのような映画は今後とも生まれませんよ。映画はついに文学を超えないと思っていたが、『去年マリエンバードで』は文学をも超え、いや映画そのものをも超えてしまった稀有の作品です。このような映画の枠をはみ出た映画はもはや今後現われますまい」

埴谷氏がこのとき『虚無への供物』に言及した部分は、旅行から帰ってまもなく「朝日新聞」(六月二十三日)に。〝一冊の本〟として執筆されている。少しく迂路をたどるのは、塔晶夫(中井英夫)の孤独裡に埋没させられていた歳月の長き事情はこの国の特殊な文化事情としてやはり知っておいた方がいいと思うからである。それだけにいち早くその卓抜した世界に炯眼を光らせ、氏の再登場を促した人々の存在を忘れることは出来ないという思いがある。いまひとり日高普氏の言も一部分記念に収録しておきたい。

「出版された時、本屋で大分ためらった末、思いきって買った。そして――賭けに当たったわけだ。一度よみ、二度よみ、更に三度くり返した。これほどぼくを興奮させた本はほかにない。塔晶夫（中井英夫）は新人なのだろうか。旧人ではないから新人に違いないのだが、新人という言葉には、これからも活躍するというニュアンスがある。が、この作者は『虚無への供物』以後何も書いていないし、今後も書かないであろうと思う。少なくとも、ぼくはそうあることを望む。塔晶夫は、この一作だけで消え去るべきだ。

ぼくがそう思うのは、人間の一生に、これほどの傑作が二つも三つもできるはずがない、という理由だけではない。十年の歳月を執筆に要したらしいが、この作品は一生にたった一作という性格を持っているし、もっといえば、ひょっとすると、これはポーから始まる本格ものの歴史のしめくくりの役を果たすのではないか、という感じがするからだ」

（「日本読書新聞」一九六四・一一・二三）

日高氏の書評は全文引用したい誘惑を禁じえない無償の情熱に溢れた、氏の言葉をそのまま使えば、人間の一生にこれほどの称讃文を二つも三つも書ける筈がないといえる類の文である。こういう文を書く日高氏も何かであるというべきであろうか。私たちはこういう精神に出会ったときのみ、真に驚くのである。

いずれにしろ、刊行当初、支持の手を差しのべた評は、ほかに三島由紀夫、大井広介、荒正人、窪田般彌、相澤啓三氏らと数えるしかない。今日『虚無への供物』には四種本もあり、安保世代、全共闘世代といったラジカルな政治青年から、マニエリスム芸術にしびれる文学青年、芸術家、老若男女の推理小説やＳＦファン、と幅広い層の熱烈な読者を持つに到っている現況と比べると隔世の感がある。イデオロギー的にみても「左」「右」いずれからも熱い支持をうけている作家は珍しいことである。

だからといって、中井英夫氏について本質的な評価がくだされたというわけではむろんない。「ＮＷ―ＳＦ」誌が七三年五月、スペキュレイティヴ・フィクション作家として日本では中井英夫、埴谷雄高、安部公房、梶井基次郎、島尾敏雄、稲垣足穂、谷崎潤一郎、芥川龍之介、石川淳、武田泰淳、三島由紀夫氏らを、外国では、カフカ、ヘンリー・ミラー、ブランショ、ボルヘス、カミュ、デュラス、ベケット、セリーヌ、フォークナー、マンディアルグ、ブルトンらを選出している壮観な光景に遭遇すると、わが意を得た思いがするとしてもである。

中井英夫氏の遅すぎた復活をもたらした『中井英夫作品集』の編集にたずさわりながら私が企図したことも、「ＮＷ―ＳＦ」誌のそれとさほど異なったものではなかった。幻想が怪奇と容易に接合し「幻想文学」とか「狂気の文学」のレッテルを貼られ、鉄面皮ぶりを臆面もなくさらけだし、市場で乱売されているというのは、今日も変わらぬ風景だが、これに与するわけにはいかなかった。文学は文学、娯楽は娯楽――これが私の断言的肯定命題である。

幻想文学はたやすく商品化されたり人口に膾炙《かいしゃ》される性質のものではあるまい。現実と呼ばれるものの仮象を見抜き、不可視の形而上的な世界をもトータルに孕《はら》んだ世界認識を内包しないものを幻想文学とは露だに思わぬ私が、中井作品を氾濫する〈幻想文学〉を終熄させるための、最後の幻視者の収穫と考えたのは当然だった。公認された狂気についてしか語れぬ人々、浮薄な幻想ブームの凋落は今日見る通りである。

狂気や幻覚を見るのには私たちは狂院や舞台や映画館に出向く労も薬の力に頼る必要もない。見ようとする者には見える筈だ。何気ない日常にいかに夥しい血が流れていることか。自分の立っている路上に等身大の血の影を見ることはないか。悲惨な現実を直視する精神のみが幻想、狂気の世界を所有することが可能なのだ。現実的な生活の過程に思考の座標軸を据えれば、〈狂気〉は国家そのものの壁と自身の生とが衝突した果てに生ずる精神の辛い軋みとしかとらえようがないのである。

ひとを茫然自失せしめるていのもの、怖ろしい陰翳に富んでいるもの、——これ以外に適切な幻想文学の規定はなかろう。

その頃、盲蛇に怖じずの類で漠然と〈幻想文学史試論〉といった文学史書き換えのレジメの作成に熱中していた私に、中井氏の作品は強靱な根拠を与えてくれたのである。

石川啄木、北村透谷、太宰治、萩原朔太郎、梶井基次郎、宮澤賢治、柳田国男、石川淳、島尾敏雄、埴谷雄高、吉本隆明といった〈幻視者〉の星座群に、いまひとり私は中井英夫という煌めく星孛《せいはい》を招きよせていた。

神はあるのかないのか、といういうぎりぎりの問いを身から血を流しながら問いつづけたドストエフスキー、狂いつつ真赤に燻《いぶ》る落暉《らっき》を見守っていた晩年のニーチェ、日本近代の負性を一身に背負い発狂するか白痴になるかと絶句した透谷、「死ぬと教へし君の眼わすれず」「無垢なるは罪なりや」と呻吟した太宰――、非望の夢を刻み、傷つき斃れた過渡期の知識人・文学者たちの、狂気の深淵に沈み、自らの狂気と対峙している姿は、後続する諸星孛に寸毫のズレもなく重なるというのが私の直感だった。

縷々書いてきて、私は内心忸怩《じくじ》たる思いを覚えないわけにいかない。これまで書いてきたことは、中井氏にとってはまず自明のことである。何しろ氏自身が幻想文学の驍将《ぎょうしょう》であり、そのもっとも深い理解者であり、小栗、久生、夢野らの再評価の気運をもりたてていった当該者でもあるからだ。氏の作品はそれが小説の形をとろうと、詩やエッセイの形をとろうと自体、すぐれたクリティクの産物である。随所に〈幻想文学〉や〈異端〉への洞察がちりばめられていることはいうまでもない。

しかし、幻想文学へのアプローチの方法が氏の構想する方法のみしかないともおもわれない。後述するが、私は中井氏からつくづく慨嘆されたものである。

「きみと俺とは、こんなにも違うのかね。まるで俺のことを分かっていない」

例えば氏に『禿鷹』という三島由紀夫氏邸へ遊びに行った時のことを書いた文がある。三島氏へ向って「あんたは太宰嫌いで通ってるけどさ、まあだけど近代文学の系譜からいうと、どうしたって芥川・太宰・三島ってことになるだろう」と話しかける条《くだ》りがある。私が、その系譜の延長に吉本隆明と中井英夫をつけ加えている、と言ったときも、氏はいくら解説しても首肯せず、さきのセリフになり、しまいに本当に怒り出すのである。

氏が村上一郎、橋川文三、吉本隆明氏といった所謂「戦中派」の諸氏とほぼ同時代者であるにもかかわらず、生理的といってよいほどの拒絶反応を示すことを意外とされるむきもあるかもしれない。少し年輩格の福永武彦、中村真一郎、加藤周一氏らにもきわめてシニカルだし、保田與重郎、高村光太郎となるとほとんど憎悪に近い感情を曝す。江藤淳氏の戦中派への拒絶乃至は否定とも位相が異なるとはいえ、ここらから私にはそろそろ中井像が不確かになってくるのも正直なところである。太宰治という私たちにとってある時代の象徴的な存在の作家への評価も冷淡そのものである。私のイメージ裡の太宰像は中井氏とシャム双生児のように重なり、近親憎悪のしからしむところが、氏を太宰忌避に駆りたてているのではないか、と思っていたし、「にんべんに憂うると書くのが優しさという字だ。男性の本質はマザーシップだよ、優しさだよ」という太宰の言葉は中井氏のものでもあった。沈黙していても他者の心の悲しみや痛みを察しそっと心遣いしてくれる、という氏のやさしさをその後、私は何度、息をのむように感じたかしれない。

しかし、さすると中井英夫とは如何なる系譜に位置づけらるべきひとなのだろう。「そういうことは家来にまかせとけ」ばよいことかもしれぬ。「生まれた時から日蝕だった。唇を押えて生きてきたんだ……」という甘美なまでの流謫のエピグラムないしは白鳥の歌をノートに刻む早熟の中学生、わずか五枚にもみたぬ短篇に二十数年の歳月を傾注する精神のパトスとは一体全体如何なるものなのか。そこに「すべてを見てしまいたる」暗い墓場からの帰還者、墳塋《ふんえい》の彼方の人、形をかえた戦中派の魂の構図を私は見とっていた筈だ。いうまでもなく「生まれた時から日蝕だった」という暗い呪詛の旋律には苦い《放棄の構造》《生への嫌悪》がある。このひとは生まれてすぐ死者として生きる自己の運命を従容として受けとめている。このひとは或いは一度ならず自殺を決行した来歴を持つのではあるまいか、私にはそんな畏怖があった。生まれた時からすでに絶望しきっている魂に、戦争や政治や文学や愛やの裏切りや挫折が今更、何をつけ加えよう。氏の『彼方より』一巻がそれを証明している。あの未曾有の戦争すら氏の認識をいかほど深めえたであろうか。江藤淳氏流にいえば、氏はむしろ戦争のなかで、自分の認識が一々実証されていくのに苦い快哉を叫んだにちがいないともいえるのである。

荒涼とした十年代にひそかに書き継がれた戦中日記と銘打たれたこの「日記」は本当に日記なのだろうか。『きけわだつみの声』『はるかなる山河』等の手記を見慣れたものには、この「日記」はおよそ異様なものとして映る。日附けに留意し、以下の記述を読まれたい。

「わたしの記憶に関する限り、中井の家は何といふ平和さにみちてゐるのであらう。鶏小舎、無花果の樹、離れ、紫陽花、いつさい甘い光にみち、静かにおもひでにあふれてゐる。丈の高い、古武士のやうな植物学者の父、気の勝つた信仰強いクリスチャンの母、……

そこに行はれたことは、すべての平和な、おだやかなことばかりのやうな気がする。

ああ、誰が悪人だったのだ？

誰があの、血みどろな闘争をしたのだ？　わたしの記憶では中井の家は、古い時計のやうにしづまりかへつてゐるのに――」（一九四五年八月一一日）

日記の終結部である。こういう終結に辿りつくために、あの〈戦争〉があったとさえおもわせる怖ろしい文である。一体、戦争はあったのだろうか。日記というものは過去の痕跡だが、これは来たるべき未来に生起する事件の早すぎた叙述ではないのか。『彼方より』というのは遠い過去の時間圏を指すのでなくこれから先きの世界の謂なのか。私たちは中井氏が至る所で次のように書くことを単に修辞上のレトリックとか自己韜晦と思ってはならぬのかもしれない。少なからぬ歳月のつき合いを通じて私は氏が何度かある時は昂然と、またある時は哀しそうに呟くのを耳にしている。

「オレはこんなところで生まれた筈はない、どこか遠いところ、たとえば他の天体からむりに連れてこられたのだと、幼年のわたしが固く信じて、その故郷へ戻るための呪文を日夜唱え続けていたのは、むしろ当然だったかも知れない。しかし、流刑の思いだけは年ごとに深くなるにしろ、もういまは、地球の空の青と、地の緑とは、何にもかえがたく美しく思えるようになった」(『虚無への供物』再版「あとがき」)

このように直截に断言しているからいうのではない。他のどの箇所の文章をひいてもいい。氏が奇妙なくらい時事にこだわり、風俗に執着する傾きを指摘する評家は多い。それはその通りで、氏が田端や浅草などの戦後風俗を活写するときの無類の正確さ、魅力は珍重すべきものである。これを氏の記憶の正確さとか文体という問題で片付けたらおそらく間違いであろう。いうならばそれらの風景は、流刑者の末期の眼がとらえたはかない彼岸の残像ではないのか。

出口裕弘氏は「中井英夫が浅草や南千住や目白、本郷、三宿などの界隈を写実すればするほど、読者の方では一連の幻覚を見るような気分に引きこまれてゆく」と書く。正確に写実すればするほど、それらの戦後風俗は焼跡や闇市とともに今はもはや失われたヴィジョンとしての浅草、ヴィジョンとしての南千住に近似してゆくのは理《ことわ》りであろう。何処にもないヴィジョンなるがゆえに、一層狂おしい憧憬の対象と化す浅草。それらは氏にとってのアルカディアなのだろう。

私は氏が生のように点滅する風景のたたずまいをいとおしそうに描写すればするほど、いまひとりの中井氏は流刑の思いを反芻し、それらの一切を目に納め、訣れを告げているのではないかといった涙ぐましい寂寥の思いに誘われるのである。〈われらやがて闇に沈まん、さらば激しき夏の光よ〉「いまは、地球の空の青と、地の緑とは、何にもかえがたく美しく思えるようになった」という仮りの地で、私は中井英夫氏と出会う僥倖を得た。そこで、「無限の時間のなかで偶然一緒に生まれあわせた哀感」(埴谷雄高)を互いにもつことを黙契とし、私は氏に多くのことを学んだ。

氏が一九六〇年頃、「短歌研究」「短歌」の名伯楽として塚本邦雄、中城ふみ子、春日井建、寺山修司、浜田到、葛原妙子氏らを発見、激励していた頃、編集長中井英夫が塔晶夫ともしらず、私もまた東北の寒村でこれらの綺羅星に優しい敵意を育てていた。感動の共有地のなきことを知り、歌壇ギルドを去った氏の歌の袂《わか》れを誰も指弾はできぬ。もっとも理想に燃えた者こそ、もっとも苦い現実を知る。むしろ心しなければならぬのは黒衣として他者への献身と思いやりだけに自己を埋没させようとした氏の悲劇的衝迫である。短歌論で好きな文がある。

「もともと空しいもの、その代り限りなく美しいもの以外に短歌の本質があるだろうか。……短歌を支えてきたのは、近藤芳美の『新しい短歌とは何か、それは今日有用の歌である』とは全くうらはらに、正に『無用の歌』であり、社会の進歩だの改良だのには寸毫も役立たぬ決意さえ持った無用者たちなのだ。近藤芳美にしても私の愛唱してやまぬのは、

水銀の如き光に海見えて
　レインコートを着る部屋の中

という他奇もない一首で、この中には雨に烟《けぶ》るアパートの一室かどこかで外出仕度をしている青年の憂鬱が、それこそ水銀のように光っている。それ以上の何が必要だろう。民衆詩派の心配は、この青年が赤旗の群に、ハンガリーの動乱にどういう態度をとるかという点にあるならば、大丈夫とでもいっておけ……」(「無用者のうた」61・12)

この文など「もともと、マルクス主義文学というようなものはどこにもない……革命文学とか反革命文学というようなものはどこにもないし、もともと存在することはできないのである。このことは、文学者や文学運動の主観的な意図とはかかわりないことに属している」とか「文をかくということは、あくまでも文をかくことであってそれ以外のものではありえない。文学は無力であり、文学者は無用のものであるということに徹したとき、はじめておぼろ気に文学の自立した力のようなものがあらわれる」と書く吉本隆明氏との発想の親近性は明らかだろう。

一九七〇年の三島由紀夫の自決は、おそらく中井氏にとって自身の生が半ば萎え、いまひとつ流離の思念を深めさせた白昼夢であったことは想像に難くはない。三島氏の死について語った多くのやくざな評論の中にあって中井氏の「三島由紀夫のおびただしい著作のうち、もっとも危険な書は二・

二六事件三部作でも『文化防衛論』でもない。『太陽と鉄』であろう」という発言、「三島氏の自殺においては明らかにイデオロギーが彼のアリバイであった」と書く澁澤龍彦氏の文はさわやかなものであった。友人はその分だけ見ているものである。

ところで、この私はといえば、月末の生活費の工面におろおろ歩き、とある大衆食堂で定食を掻き込んでいる際にはテレビでニュースを知った。食欲をなくし再び金策に困憊しながらも、ときどきわけもなく激して落涙していた。唐突に、まさに唐突に私は、子が目を醒ましたら、すでに母親はかまどに火を焚きつけている、母親のかまどにうずくまる姿から、子は人の世のくらしの根源の想いを自覚する、という柳田国男の原体験を想起し、同時に中井英夫氏を思った。三島氏には豊かな文化の匂いはあっても生活の不毛の匂いはないではないか、夭逝が何だ、自殺が何だ、中井英夫は夭生していうるではないか、「感性の夭逝者」として、唇を押えて必死に生きているではないか、口を開けば黒鳥のようにあわわわ……という叫びにしかならぬ絶望を噛みしめ――。

中井氏にとって地上は不毛の栖《すみか》であるように、当の住み家も一個の廃墟である。本書『銃器店へ』所収の「黒塚」の書き出し

「藤井家の庭には、南瓜の緑ばかりが猛っていた。太い蔓はところかまわず這い廻って鎌首をもたげ、巻き鬚の触手が小さな発条《ばね》のように、何にでもからみつく。びっしりと白銀色の柔毛《にこげ》が密生した葉は、何か巨大な生き物の緑の舌めいて見えた。合間に鮮明な黄の雄花が覗いている。

昭和十九年の夏。暑さの盛りはすぎたが、はびこるにまかせた南瓜や、丈高い雑草の中に、藤井

家はしだいに朽ちかけていた……」

彫心鏤骨《ちょうしんるこつ》、醇乎《じゅんこ》たる日本語の文章とはこういうのを指すのだろう。書割には三島ともリラダンともいうべきある濃密な雰囲気が揺曳しているが、なによりここには「家」の崩壊という戦後の現象が重畳されている。ところかまわず這い廻る蔓は猥雑な日常性の毒そのものにほかならぬ。すると「不在」の尾藤という特攻要員は、「戦後精神」の不在を象徴しているのかもしれない。

いずれ、私たちは蔦の幾重にも絡み合った醜悪な現実に耐えて生きていく以外にない。川端康成氏の自殺について「感覚を研ぎすますことが、それだけ生の苦痛を増すにすぎないとしたら。少しはましな作品を書けば書くほど何ものかがそれを吸い取ってしまい、あとにはからっぽの空しい手しか残されないならば」(「見えない遺書」)と書く氏が、時代が強いてくる思想的課題をもっとも困難な位相で受けとめている作家のひとりであることは疑いない。

中井英夫氏は、やはり純粋の「戦中派」であり、もっとも深いところで傷を負った重症者のひとりで、その意識の基底部で三島由紀夫氏や吉本隆明氏と本質的につながっているという私の考えはさして訂正する要も感じないのだが、氏の方は依然、そんな私の規定など一蹴するだろう。ここまで突っ走ってきて、ふと、これはまさに中井英夫氏のために書かれたのではないか、もしくは中井氏自身の筆によるのではないか、と思えるような文が頭をかすめた。引用して擱筆《かくひつ》したい。

「老いは正しく精神と肉体の雙方の病気だったが、老い自体が不治の病だといふことは、人間存在自体が不治の病だといふに等しく、しかもそれは何ら存在論的な哲学的な病ではなくて、われわれの肉体そのものが病であり、潜在的な死なのであった。

衰へることが病であれば、衰へることの根本原因である肉体こそ病だつた。肉体の本質は滅びに在り、肉体が時間の中に置かれていることは、衰亡の証明、滅びの証明に使はれてゐることに他ならなかった（中略）たとへば、若い健やかな運動選手が、運動のあとのシャワーの爽やかさに恍惚として、自分のかがやく皮膚の上を、霰のやうにたばしる水滴を眺めてゐるとき、その生命の旺溢自体が、烈しい苛酷な病であり、琥珀いろの闇の塊りだとなぜ感じないのであらう」（三島由紀夫『天人五衰』）

第Ⅱ章

吉本隆明・大岡昇平・谷川雁・金田一京助・手塚治虫

還相《げんそう》の方位

吉本隆明『読書の方法　なにを、どう読むか』（光文社）

ひややかにみづをたたへて／かくあればひとはしらじな／ひをふきしやまのあととも（生田長江）

図書館の本棚で目にした本を片っぱしから読んでいくという時期が、慥《たし》かに私にもあった。本なら何でもよかったのである　熱血冒険読物や立身出世譚、エジソンやリンカーンの偉人伝、「読書論」「読書入門」といった本までが一括りになっていた。ジャンルを意識することもなく少年期特有のに知識への飢渇感《きかつかん》に急《せ》かされるまま貪婪《どんらん》に濫読《らんどく》していったのである。

そうして小泉信三《こいずみしんぞう》、河合栄治郎《かわいえいじろう》、柳田謙十郎《やなぎだけんじゅうろう》、亀井勝一郎《かめいかついちろう》らの「読書論」の定番と出会つたのである。さすがに大学生ともなれば、何を、どのように読むべきか、良書を選択するなりして体系的読書法を志すべきではないかとの自覚が芽生えてくる。そんな時期に読んだのが桑原武夫《くわばらたけお》、三木清《みききよし》、加《か》藤周一《とうしゅういち》、黒田寛一《くろだひろかず》、ショウペンハウエルの「読書論」である。さまざまな形で著者多年の豊かな読書遍歴を語り、また古今東西のすぐれた知性が残した書物への手引きをしながら読書の規則を提示するという共通項がそれらの著作にはあった。啓蒙的で謹厳実直、だが何かしら索漠《さくばく》としているという以外に印象は薄い。

吉本隆明《よしもとたかあき》氏の『読書の方法──なにを、どう読むか』は、それらに比べて異端の書の香がする。構成こそ第1章「なにに向かって読むのか。〝読書原論〟」、第2章「どう読んできたか。〝読書体験論〟」、第3章「なにを読んだか、なにを読むか〝読書対象論〟」と、従来の「読書論」「読書入門」のスタイルを踏襲しているものの、その読書論は思索と著者の人生に相渉《あいかかわ》っていることにおいて出色である。

読書の方法の書でありながら、詩論とも思想論とも読めるといったらいいか。言及されるのが文学、芸術はもとより哲学、政治学、社会学、歴史学、科学史、文化人類学、精神分析など、学問の全領域を包括した〈知〉の多層的冒険であることでも異色である。

こういう〈知〉の巨人に対してジャーナリズムは「博覧強記《はくらんきょうき》」、「碩学鴻儒《せきがくこうじゅ》」、「マルチ人間」といった冠をかむせるのが常道だが、それは知識という貧弱な富を貯えるジャーナリストや知的道楽者、専門領域に逼塞《ひっそく》した専門家にこそふさう名辞であり、吉本氏には無縁のものである。呼ばれるとしたら一箇の思想家、これ以外にはない。戦争中、吉本氏は、甚大な影響を受けてきた文学者の太宰治《だざいおさむ》や小《こ》林《ばやし》秀雄《ひでお》たちが、いま、どこでなにを考え、どんな思いでいるのか、知りたいと願ったという。吉本氏の存在に私たちが希求している魂の構図も、おそらく同じようなものではないだろうか。

この半世紀、日米安保条約をどう思うかとか、連合赤軍事件をどう考えるか。昭和天皇の死にはどんな意味があるのか。湾岸戦争、反核問題、脳死と臓器移植に私たちはどう向きあえばいいのか。これらの問いに世界思想の水準で即答し、公開できるのは吉本隆明氏ひとりだけと言い切っても過言ではないだろう。家庭内暴力から農業問題まで、安楽死問題からクローン人間の可能性まで、いつでも正面から答える用意ができているのが吉本という思想家である。その数十年後の検証にも堪《た》えられる理論的根拠の啓示が戦後の日本人、殊《こと》に若い世代に強力な影響力を終始一貫して与え続けてきた。このような思想家の存在を他に見いだすことはできない。オールマイティの所以は何なのであろう。

『心的現象論序説』のはしがきで、氏は言語の原理論的な考察から、心的現象についての探求へ不可避的に移行したことについて、「いうまでもなく、この領域は、心理学、精神医学、哲学の領域に属していて、わたしはひとびとがわたしの専門とかんがえている文学の固有領域から、すくなくとも具体的には一段と遠ざかることになる。しかし、現在では、一個の文芸批評が独立した領域として振舞おうとするとき、このような文学的常識からの逸脱はまぬがれ難いものである」と述べている。「逸脱はまぬがれ難い」という箇所に、埴谷雄高《はにやゆたか》氏が文学作品のかわりに政治論文を書きつづけたことの意味について氏が考察した一文を重ねてみる。

「かれは、政治理論と政治組織の貧困な風土で、過重な負担をおわされた必然的な前期革命者にほかならない。いったい、政治理論の本質的な部分を、ひとりの文学者に負わせねばならない社会で、おめおめと生きている革命家とは何者か（略）政治からとおくにあって架空の世界を構築してきた文学者が、政治屋たちへの侮蔑《ぶべつ》をこめて政治について語らなければならない奔倒の時代ははじまっているのだ」(「永久革命者とは何か」)と埴谷氏の根源的逸脱を指摘した箇所は吉本氏自身の内心の吐露とみて過《あやま》つまい。一箇の文学者に過重な負性を背負わす奔倒の時代は連綿として続いており、「はるかな手のとどかぬ先頭のあたりを血煙をたてて突っ走っている」(島尾敏雄《しまおとしお》)のが吉本隆明氏だ。氏はひとり哲学者や心理学者や経済学者や精神医学者への侮蔑をこめて、閉じ籠《こ》もりについて、エコロジーについて、産業構造の高次化について語ることで、それら個別の学的な領域を転倒し、逸脱するのである。マルクスが単なる哲学者でも政治学者でも経済学者でもなく、一人の思想家であったそれと氏は相似形をなす。当然のごとく、その『読書の方法』は、逸脱する読書法の現象学となるであろう。

吉本氏の読書の方法の序章はまずは辛辣《しんらつ》かつユーモラスな助走ではじまる。「もしただいま大恋愛の最中だったら、本など読むことをおすすめしない。とくに恋愛小説など、間違っても読んじゃいけない。(略)また恋愛中の相手の恋人に、本の話など仕掛けてはいけない。たとえば遊園地に行って黙って恋人とジェットコースターに乗って遊ぶことに比べたら、ずっと不毛なお喋りにすぎないからだ」(「読むことの愉しみ」)という意表をつく発言がある。軽いおしゃべりのようにみえるが、『対幻想』の「恋愛は論じるものではなく、するものだ」という名言同様に思考を刺激する含蓄に富む。それでいて親和的であたたかい。わんぱく少年ぶりは、ユングやバタイユなどの思想的営為を論じた『書物の解体学』でも「書物を解体するという意味は、スクラップにすることを含んでいる。書物をそのまま〈もの〉とみなし、表紙の片端をもって振りまわしてみたり、ゆさぶってみたりしてみる。悪質な造本だと、すこしつづけていると文字通り解体してくれる」といった書き出しにも表われていて、その悪戯《いたずら》っ子ぶりには微笑を誘われる。このユーモラスな記述は、「本の整理法」を論じた別の文章では、古本屋にお払箱にする解体法を提示したあとで、「物書きの結果である本を売りとばすのではなく、物書き自身の方を廃棄処分にして売りとばす整理法がある」と結ぶなど、鮮やかな自己処断を下す。ここには鹿爪らしい啓蒙家や道学者の厳《いか》つい表情は寸毫《すんごう》もない。

「最も深く影響をうけた作家・作品は?」というアンケートで、氏はファーブル『昆虫記』、編者不詳『新約聖書』、マルクス『資本論』の三冊を挙げている(『われらの文学』内容見本)。吉本氏の読書遍歴ひいては思想の核心を端的に象徴する局面であるので、ここは「読書について」「ある履歴」「埴谷雄高論」といったエッセイを参照しながら、いま少しく踏み込んでみたい。

膨大な読書体験のなかから、あたかも現実上の事件に遭遇したような精神上の事件となった書物として挙げられた十代半ばにおける『昆虫記』、二十代はじめの『新約聖書』、二十代半ばの『資本論』の三冊。まず私たちが三嘆にたえないのは、吉本氏が弱年にして震撼されるべく用意された精神の持ち主であったという事実である。「書物に展開された思想は、それが肉声をはなれた表現である理由で、震撼さるべく用意されたものの精神をしか、震撼することはありえない」からだ。

「ファーブルの分析的な緊密な文体をたどりながら、たしかに、ここに、一生を棒にふってどこかの路《みち》ばたにうずくまって蟻地獄の生態などを観察している孤独な人間がいるような気がした。それは、十代の柔軟なこころには恐ろしい感動であった。昆虫の生態を観察しているファーブルは充実した時間のなかにおり、すこしの孤独もないのだが、そういうことに生涯をついやしうるということで、わたしは人間の孤独とは何かということを感じないではおられなかった」という述懐が、十代の少年時に考えられていたことに驚くのだ。いや十代といわず、『昆虫記』をこのような位相で読んだ人、読みこみ得る人が、いま、何人いるだろう。ファーブルの故国にもいないのではないだろうか。

人間は昆虫の観察のために一生を費しうるのだということ、彼自身の生自体が必然的にそこにのめり込み、のめり込んだ主題に突き進んだまま、やがて気がつくと、膨大な時間を浪費していた……。「ファーブルは、昆虫を眺めて、ふとわれにかえったらシラガのお爺さん。『新約聖書』の作者は人を愛憎して、ふとわれにかえったらシラガのお爺さん。マルクスは資本主義社会の正体をあばいて、ふとわれにかえったらシラガのお爺さん。読書が、こういう人物の精神に出あうためになされるのでなければ、あるいは、書物よりも現実のほうがずっとおもしろいのではないかとかんがえる」には壮大なシンフォニーを聴きおえたような余韻が残る。通奏低音《つうそうていおん》として「生まれ、婚姻し、子を生み、育て、老いた無数のひとたちを畏《おそ》れよう」という『初期ノート』に録《しる》された心ふるえる旋律がある。

吉本氏の思想に内部的一貫性があることを指摘したのは鮎川信夫《あゆかわのぶお》である。「変化を前提としての内部的一貫性とでも言ったらよいのであろうか。時とともに、その特色を変更してゆくが、元の構造上の同一性は維持されるという、ダイアレクティクな発展を意味するものに他ならないのである。いわば、変化を進化として意識する方法が、そこにとり入れられている。吉本のダイナミックな詩的、批評的全機能を支えているのは、その方法である」(「吉本隆明」)。世界を認識する方法を戦前に全く知らなかったという吉本氏はその苦《にが》い内省から読書の対象を選びとり、烈《はげ》しく自己の命運を賭してゆくことで思想家としての決定的な飛躍をなしとげていったのである。

早熟性ということで私が最初に衝撃を受けたのは、吉本氏が二十一歳時に『初期ノート』に書きつけた小品「哀しき人々」である。冬の晩、友人三人が下宿に集まり、「若し斯う言ふものになりたいといふ事があつたら言ひあおうではないか」と話し合う挿話である。吉本氏のそれは「頭髪を無造作に刈った壮年の男が、背広を着て、両手をポケットに突込んだまま、都会の街路樹の下をうつむいて歩んでゆく。俺は若しなれるのならそんな者になりたい」というものである。吉本氏の思想源には、こういう資質と、戦争の実体に自身の生存の中核がぶつかったという契機が複合している。そのことが氏の読書の履歴に微妙な陰翳を帯びさせることになる。戦中、『宮沢賢治名作選』（松田甚次郎《まつだじんじろう》編）、高村光太郎《たかむらこうたろう》『道程』、保田與重郎《やすだよじゅうろう》『日本の橋』、小林秀雄《こばやしひでお》『ドストエフスキイの生活』、横光利一《よこみつりいち》『旅愁』、太宰治《だざいおさむ》『富嶽百景』の影響を受けはしたものの、しかし「これらをすべてあげても、動員生活の労働や、寮生活の友情の葛藤や、戦争の運命に追いつめられて刻まれてゆく生存感からえとくしたものには及ばなかった」（「ある履歴」）という透徹した述懐になるのだ。人はなぜ読書をするのか。自分の資質が宿命的に描いてしまう固有の挫折の仕方に出会うためだといいたげである。読書も宿命的な資質が演じるドラマのように映る。

敗戦のあと数ヵ月、氏は戦争中もっていた書物を、皆うそっぱちだとおもえ、腹立ちのあまり、蔵書をリュックにつめ、叩き売る。かわりに『国訳大蔵経』と岩波文庫の古典を集めてかえり、しばらくは、それを読んでくらす。だが「漢訳を日本語よみにかきなおしているだけの日本の流布仏典というのは、よみづらいばかりか、すこしもピンとこないようにできていたが、我慢してよんだ。ようするに内容が判るとか判らないなどということは、たいした問題じゃないんだ。おれがこうして古ぼけた仏典をよんでいることにくらべればな、わたしは自分にいいきかせた」（「大菩薩峠」）。吉本読書論の要諦《ようてい》である。こうした発言の背景に「当時の僕には読むという操作と眺めるという操作と直感するという操作とは同時的なものであった」という虚無と焦燥《しょうそう》に苦悩し、殆んど生きる方途《ほうと》を喪《うしな》うという「暗い時間のほとり」を彷徨《ほうこう》する辛い覚醒の刻があったことを忘れてはなるまい。こういう体験なしでは、どんなに知識を蓄積し、感覚的な芸をみがいても、決して社会科学や哲学や文学の本質に参入することはできない。ひとは知識なくして本質に参与することもできるし、知識があっても本質をあかされない場合もあるということだ。

六〇年安保世代、七〇年全共闘世代の学生の間で、「吉本千年、埴谷万年」という言葉が飛び交ったことがある。誰がどういう理由で言い出したのか詳《つまびら》かにしないが、思想の賞味期限をさすものという。宇宙のことから〈存在〉や〈意識〉といった形而上的《けいじじょうてき》な問題までを思索する埴谷雄高に優位性を見ているが、私の評価では逆である。それは措《お》いて吉本氏がマルクスのような「千年に一度しかこの世界に現われないといった」思想家であることは肯定してもいいだろう。千年で驚いては困る。「三千年に気づかぬ者は、暗黒と無知の世界に住んで、その日暮らしをするがよい」とゲーテはいい、「少なくとも二千年という歴史的広がりの文脈のなかで自分自身を見ることのできない者は、一生、日々の雑事に追い回されることになる」とリルケは明言している。吉本氏もまた「古代のギリシャの思想も、古代の東洋の思想も、ほとんどの人間の考えることは全部考えつくしたのです。人間の起源から宇宙の起源まで、人間が死んだらどうなるのかとが、そんなことは全部考えられているのです」とか「古典がのこされているということは、人間の叡《えい》知《ち》というものが、すでに遠い古い時代に、考えるべき大すじのことは考えつくし、感ずべきことの多くは感じつくしていたことの証拠のような気がする」と、人類史の全タイムスパンを思考の射程に入れていることを表明している。二千年前の思想家が考えたことを、〈いま〉と同じ平面で解読している。

これは人類史の時間を縦軸にとった認識法だが、ソシュールの「共時的」という見方、つまり時間を横軸にとれば、イエスも親鸞《しんらん》もマルクスもニーチェも、すべて横にある隣人という関係が開かれてくる。みんな〈いま〉という時間を生きていることになる。イエスも親鸞もマルクスもニーチェも吉本隆明も、〈いま〉という共時的時間のところで出会うことになる。別の言い方もできる。無限遠のランドサットの衛星から眺めれば、イエスも親鸞もマルクスもニーチェも吉本隆明も等身大に見えると。

「吉本隆明がいるかぎり、この世はまだ捨てたものではない」といって六〇年、歌人の岸上大作《きしがみだいさく》が自殺したが、深夜、思想史のノートを繰るとき、私の内にもその声に和するものがある。「私たちが吉本隆明をもつことを世界に誇っていい」ということは本書一巻に限定しても首肯できる。

吉本氏は十代二十代三十代までの震撼された書物を挙げたが、それ以後はどんな本を呈示するか「一冊を択べといわれたら、サルトルの『存在と無』かフーコーの『言葉と物』を挙げるだろう。また、おまえがいちばん影響をうけた本と言われれば、クルト・シュナイダーの『臨床精神病理学』を挙げるとおもう」が示唆的といえよう。「無人島にもっていく一冊の本」では『国歌大観』と答えてもいる。畏敬《いけい》しながらも吉本氏はサルトルやフーコー批判を七〇年代に遂行し、思想家として往相《おうそう》の極限を独往《どくおう》している。氏が知識の最後の課題は還相《げんそう》、即ち「非知」に向かって「寂《しず》かに」着地することだと語るとき、私の胸裡《きょうり》で〈現代の親鸞〉といった想念が屹立《きつりつ》する。「千年にひとりの思想家」という発想などが矮小なものに思われてくる。氏が宗教という「心情の王国」へ向かおうとしないのは「精神はその閉ざられた極限において神と結合する。精神はその開かれた極限において現実と結合する」（『初期ノート』）ことを熟知しているからだ。何よりかつて「人生は一行のボオドレエルにも若《し》かないという断言の背後には、かならずや百行のボオドレエルの詩も、下層庶民の生活の一こまにも若かないという痛切な反語的な自己処罰の鞭があった筈だ」と芥川龍之介《あくたがわりゅうのすけ》に迫り、断罪した吉本氏が「心情の王国」へ逃れ、安心立命をはかるはずはない。生きた現実へ、庶民の生活の場へと降りていくのみである。

梅原猛《うめはらたけし》氏は吉本氏との対話『ロゴスの深海――親鸞の世界』で、吉本氏が戦争中、高等工業学校時代に「親鸞和讃」を書きおえていることに、「これはもう、私など及びもつかない早熟な才だ」と驚嘆している。せいぜいここ十年内外（一九七六年頃）の作品だと思っていたことを告白もしている。実際は一九四四年、二十歳のときの原稿であった。

「人に読んでもらいたいオーソドックスな十冊」の一冊にマルクス『資本論』（長谷部文雄《はせべふみお》訳）を挙げ、

「訳者自身も気づいていない日本マルクス主義の解体を予兆した訳本といってよい」と推薦の理由を説明している。語学痴《ごがくち》の私には、興味を唆《そそ》られる指摘だが、単なる和訳と学識と感性によって磨かれ決定的な相貌《そうぼう》を刻む翻訳とは違うということだろう。

ことのついでに触れるが、吉本氏の古典論や海外詩人論で引用される原典の現代語訳は、すべて吉本氏の私訳である。『伊勢物語論』『源氏物語論』『歎異抄論』『反ヴァレリイ論』『マチウ試論』『アラゴンへの一視点』等々がそうである。そのうち『吉本隆明翻訳集』が編まれることがあるかもしれない。いつだったか吉本氏と歓談したおり、私が「吉本さんの作品はもっと海外へ翻訳されるべきです」と愚痴ったところ、間髪容れずに「その思想が本物なら、原文で読まれるものなのです。向うのひとが日本語を学んで読めばいいのです」と返されたものである。私は無知を曝《さら》け出すとともに、「目から鱗《うろこ》」の体験を味わったのである。

現代日本思想大系『ナショナリズム』『国家の思想』（編集吉本氏）には収録した各論稿の標題の傍に数行のリードが付されている。出版社の編集者によるものと漠然と考えられていたが、今回初めて吉本氏自身の執筆であったことが明らかになった。論文の長短にかかわらず、評価の核心をすべて三～四行に集約した手練を、論文の収録にみせた烔眼《けいがん》（保守派思想家、論敵からも選択）とともに記憶に留めたい。

本書に未収録の読書論『文化のパラドックス』（「サントリークオータリー」一九八六年九月刊）の一端を紹介しておこう。大略「西武のカルチャー・センターというのがあるでしょう。僕、そこで読書術というか、読書論というのをやってくれと言われたんですね。それを四回なり五回なり一応聞いた人が、同じ本でもいままで読んでた読み方とまるで違っちゃったという読み方ができるというふうな、そういう効果がなければ、これをやったって意味がないし、しようがないじゃないかと思って、やらなかった。本を読んだときに感銘の深い場所があるでしょう。そういう個所をつなげまして、ああこの本を読んだ、この小説を読んだ、この小説はこうなんだというふうに、以前は論じていたように思うんです。読み方もそうしてた。ところが僕はある時間から、これはだめだ、こういう本の読み方はだめじゃないかと思ったんですね。ことさら感銘とかなんとかというのを起さないという個所があるんですね。本当はそういうところに文学作品の核心があったり、あるいは書物の核心があったりすることがある。これを拾い出せるような読み方というのをしなけりゃ批判にはならんぜ、というふうに思いました。多分それが僕の唯一の進歩です。読書術の進歩です」

いま一つ、過日、『なぜ、猫とつきあうのか』を再読した感動をも録しておきたい。

「子どものころは知らなかった（気がつかなかった）というべきか、猫はもう老人にちかくなっても、眠った夢うつつに、母親のお腹を両前足で交互にふみながら乳汁《にゅうじゅう》を吸ったときの動作を毛裂のクッションに顔を埋めてやることが、ときどきある。このときかなり幼児化したいい表情をしている。捨て猫を拾って育てた猫だと、つくづくそうおもう。人間は老人に近くなってからは、そんな夢などみないような気がする。無意識の動作のうちに発散しているからかもしれないし、乳児の夢として結晶するほどの無意識の強さを意識過程のなかに消去してしまっているからかもしれない」

（「猫の部分」吉本隆明）

この緻密《ちみつ》な観察と寂寥と静謐《せいひつ》をたたえた文体――私がファーブルの『昆虫記』についての吉本氏の文章の断片を想起し、変わることないその内部的一貫性を確認したことはいうまでもない。「そこには鋭利な分析的な文体と、なめるように対象を観察したものにしかありえない感覚的なイメージがあり、その背後に、うずくまって猫（虫）を観察している充実した孤独な吉本氏（老人）を視たような気がした」

『吉本隆明に関する12章』あとがき

『吉本隆明に関する12章』齋藤愼爾責任編集（洋泉社）

「二十一世紀はモーツァルトの世紀だ」といわれると、一瞬、「えっ、十八世紀の間違いじゃないの。モーツァルトは、彼が活躍していた十八世紀に最も多く聴かれていただろう」などと思ってしまう。しかしそれは錯覚であって、当時は宮廷の貴族や侯爵など一部の特権層が彼を取り囲み、演奏を聴いたにすぎない。現代はラジオ、テレビ、舞台、ＣＤ、それに喫茶店、ホールなどでモーツァルトが流れていない日は一日とてない。世界中どこでもこの瞬間、必ずや誰かが聴いている。ロックやジャズに編曲されたモーツァルトまである。まさに現代は「モーツァルトの時代」なのだ。

かつて吉本隆明氏は〈六〇〉年世代の学生や労働者、知識人たちの「偶像」「教祖」「ブレーン」といわれた。しかし今日ではあろうことか、「国民的詩人」といわれるほど広く知られるようになっている。たとえば、ベストセラーになった『堕ちよ！　さらば——吉本隆明と私』（河出文庫）という小説集がある。吉本氏と府立化学工業学校で、ともにクラス雑誌を創刊した作家川端要壽氏がその五十年におよぶ交友を自らの半生の軌跡と交錯させながら描いた私小説だが、冒頭、電車の中で隣りの席の少女が『吉本隆明詩集』を読んでいることを知り、衝撃を受ける場面がある。吉本氏は論壇にデビューした五〇年代から八〇年代までどんなに要請されても中央紙などジャーナリズムに登場することはなかった。それなのに電車の中の少女にまで愛読されている詩人になっているという驚きである。「わたしの読者はせいぜい四百人。新聞の何百万という読者に責任をとることは出来ない」というのが執筆辞退の理由であった。しかし九〇年代半ばから、「朝日」「毎日」「読売」「日経」「産経」「東京」共同通信社に寄稿し、インタビューに応じ、対談にも出るようになった。吉本氏が幾分変わったこともあるが、半ば以上、新聞社あるいは情況の推移、変容である。口さがないマスコミ雀の思惑とは異なり、氏は「変化を前提としての内部的一貫性」（鮎川信夫）を貫いているだけで本質的には変わってはいない。

ある社会学者の言によれば、「いま世界で最も注目されているのは、吉本隆明である。サルトルでもフーコーでもない」ということになるが、おそらくそうなのであろう。私などもバリケードの中で、右手に『少年マガジン』、左手に『吉本隆明』を持った活動家を目撃した時代を経て、いまでは電車の中といわず、喫茶店や酒場、寺院や教会（?）などで、「タカアキ」「リュウメイ」を連呼し、口角泡を飛ばして論じている文学青年、政治青年、映画人、演劇人、美術家、僧侶、神父（?）をよく見ている。吉本氏はあるアンケートで、「知識人としては、まず国家について考える」と答えている。私などは「知識人だったら、吉本隆明について考える」と答えるだろう。（本書の執筆者の四方田犬彦氏など、十六歳の頃に読んでいるのだ）。

さて本書が企画された経緯は、新書編集部による「まえがき」に詳しい。テーマは続出したが、まずは十二項目で出立する。「料理」「旅」「宴」「演劇」「翻訳」など魅力あるテーマは次の機会を待ちたい。執筆者は御覧の通り文筆で活躍し、すでに数十冊もの著書を持っている人もいるが、初めて原稿用紙に向かったという人も数人いる。短期間（一ヵ月たらず）にもかかわらず力作が寄せられたことを多としたい。〈国家〉〈幻想〉〈宗教〉といった大文字思想を論じるのは確かに難しいが、困難は〈漫画〉〈猫〉〈ファッション〉などの小文字の物語にしても同じである。吉本氏自身が、「サブカルチャーは一生懸命やっていれば、権力者の喉元に刃が届くところまでゆく」といっているようにである。そのあたりのことも含めて、「吉本隆明論」などというものが成り立ち難いのは、吉本氏がまだ「歴史として叙述しうるような思想家ではない」（渡辺京二氏）という理由によるといっておこう（ちょっと言い訳がましい？）。今日の思想的水位にとって、吉本氏は歴史的なレヴェルにおいて客観化することができないような思想家として存在し続けている。未知の流動を孕み、なお生産を続けており、「そのエネルギーの全量はいまだ何人も計ることが困難である」（同）。然り、断じて然り、私たちをどうか身の程知らずなどと思わないでほしい。自分たちの思想的水準が容赦なく暴露されることを覚悟の上で取り組んだことを隠しても詮無いことだろう。

　そこで読者に伺ってみたい。汗牛充棟ただならぬ「吉本隆明論」に感銘されたことも過去に多々あるだろうが、同じようにさまざまな人々によって伝えられる吉本氏のちょっとした所作のエピソードに心を揺さぶられたこともあったのではないか、と。たとえば詩人の清岡卓行氏は、吉本氏が卓上にこぼれたビールの泡で不忍池近くの地図を描き、高村光太郎が通った蕎麦屋など、下町の生活に対する愛を語ったときの挿話を披露されている。作家の島尾敏雄氏は、奄美大島行の光景―横浜埠頭に横づけになった琉球航路の船腹を吉本氏がロープをつたってよじのぼってきて、別れのテープを手渡してくれたことを描写している。評論家の島亨氏は、夕食の支度をしながらハミングか何かを口ずさむ吉本氏の立ち居振る舞い、客に出す湯呑み茶碗に茶を注ぐその手付きを語る。脚本家の石堂淑朗氏は、本郷の通りを子供を胸に抱いて歩く吉本氏を偶然見て、「ああ、あの子供さんはしあわせだ」と呟く。そして「その人の一挙措で、その人の全思想を実感させられることがある」と確信する。埴谷雄高氏は「絶えずはにかみながら不思議なほど穏やかな笑いを伏目のなかにつづける人」と目をみはり……。

そう、そんな日常的な挙措、趣味、嗜好に焦点を絞った庶民吉本像のスケッチも掬すべきものではないかとおもうのである。

書名は旧世代には懐かしい伊藤整『女性に関する十二章』（昭和二十九年三月、中央公論社）に由っている。花森安治氏のデザインによる斬新な新書版で、発行後ただちに二十万部を突破し、三ヵ月間ベストセラーの一位を占め、その後もロングセラーをつづけ、四、五十万部に達したという。私たちの書が版元に迷惑をかけぬ程度売れてくれれば、（また他画像を描かれた本人にあらぬ心労をかけないかぎりは）今回逸したテーマで第二弾が可能になる。おおかたの御支援をお願いしたい。なお、最初から企画にかかわってきたため、責任編集の任を務めることになった。他意はないことを執筆者各位と読者の方々へお断わりしておきたい。

坩堝《るつぼ》の刻

大岡昇平芸術エッセイ集『わが美的洗脳』（講談社）

大岡昇平という文学者の名前を聞いて、人はどんなイメージを持つものであろうか。たとえば四方田犬彦氏にとっては、〈三人の大岡昇平〉が存在しているという。まず小林秀雄や中原中也といった年長者が戦わす芸術談議を、少し離れた距離から眺めている早熟な年少者の映像。第二の映像は、仮借ない自己分析とシニシズム。優れて書く人（小説家）であると同時に、優れて読む人（批評家）としての像。そして第三の映像は、最晩年の作家と偶然知りあうことで形成された像であると。偶然の僥倖などそれこそめったにあるものではないから、最大公約数的な〈大岡昇平像〉は、前の二つの像に結像するものであろう。私は幸運にも晩年の大岡氏の謦咳に接することが出来たので、〈三人の大岡昇平〉像を四方田氏と共有するものだが、これはやはり特殊な例というものであろう。

「戦後五十年の現在、一般に広く受けいれられている大岡昇平像は、わが国の戦後文学の代表的な小説家としての大岡昇平である」と西川長夫氏が書いたのは、平成七年（一九九五）秋である。氏は『大岡昇平全集』第一巻「解説」（「大岡昇平以前の大岡昇平」）でその根拠を、「戦後五十年にあたって全集が刊行される唯一の作家。一九九五年のテレビや新聞雑誌にその名が最も多く記され語られた戦後文学者は、おそらく大岡昇平と三島由紀夫であろう。三島の場合は自死後二十五年ということがあるが、大岡の場合は戦争と戦後五十年の国民的な体験に結びつけられた国民的な作家、『俘虜記』や『野火』、そして何よりも『レイテ戦記』の作家としての大岡であった。あるいは戦争体験に独自のこだわりをもって、『過去に捕虜の経験があるので、国家的栄誉を受ける気持にはなれない』といって芸術院会員になることを拒否した大岡昇平である。国家的栄誉を拒んだ大岡に対して、大岡の没後七年、戦後五十年のいま読者による国民的栄誉が与えられたと言ってよいだろう」と言う。

一般的な作家のイメージが提出されたところで、私は迂回路を、つまり第一の映像に拘泥してみたい。それはこの文庫がほかならず、「小林秀雄や中原中也といった年長者が戦わす芸術談議を、少し離れた距離から眺めている」立場を離れ、自ら率先垂範、批評という形式にひそむあらゆる可能性を探って行こうとする批評家の生誕を告知することになる芸術談議（音楽・美術・映画・演劇）を初集成した一冊だからである。

しかしまずは第一の映像である。アドレッセンスの初葉、文学青年たちはランボーやロートレアモン、あるいは小林秀雄、中原中也、富永太郎といった絶対糺問者が垣間見せる幻影、無垢の夢の虜になるものではないだろうか。私の場合も例外ではなくそれら夢の系列にひたすら没入した刻を持ち、当然のごとく大岡昇平氏も導師のひとりとして屹立していたのである。読むこととも書くこととも本質的な関係をとり結べず、焦燥に身悶えしていたその頃の私に、出発もしくは出発への希求を歌った彼らのコミュニヨンは憧憬であり、憧れることで一縷の救いを見出していたのである。〈途轍もない歩行者〉を気取り、「ここではない、どこか別の場所」（ボードレール）への渇望が募ると、私は最上川の河口に出かけ、逆白波が打ちよせる防波堤から日本海の地平線を眺め、観念の自家中毒を中和させることに必死だった。存在自体が空しく出口をもとめて発酵している、とでもいった苦い覚醒の刻、大岡氏が小林秀雄、富永太郎、中原中也らと結ぶ神話的ともいうべき交遊の絶景は目眩いがするほど眩いものであった。彼らのコミュニヨンの気圏を象徴する一枚のタブロウを示せば、逍遥する光景である。

「おい、此処を曲らう。こんな処で血を吐いちや馬鹿々々しいからな」——僕は、流竄の天使の足どりを眼に浮べて泣く。彼は、洵に、この不幸なる世紀に於いて、卑陋なる現代日本の産んだ唯一の詩人であつた。（「富永太郎」小林秀雄）

ここで描出される歩行者の群れ（中也、太郎、秀雄）のなかには、大岡氏は不在なのだろうが、私の脳裏ではやはり「少し離れた距離」に歩いている姿が見えるのだ。そのさらに離れた場所に、私は自分をも立たせようと夢想したのだった。彼らの生き方を〈模倣〉すること。私は自分を震撼させた画像の前で、何故かと問い、それを模写することで、魅惑の呪縛から解き放たれようとする画工の呪術的な欲求に従ったのである。

大岡氏が『富永太郎詩集』の解説で、「太郎はこの仏文（「もう秋か。——それにしても何故永遠の太陽を惜むのか、俺たちはきよらかな光の発見を目指す身ではないか——季節の上に死滅する人々からは遠く離れて」小林秀雄訳）を大きな紙に書き、下宿の壁に貼って毎日眺めてゐる……」と書いている箇所を読むと、私も同じものを作成し、部屋の壁に貼りつけ、「太郎は油絵を描いてゐる」とあると、早速デッサンやエスキスを試みる始末。果ては、「此処を曲らう。こんな処で血を吐いちや馬鹿々々しいからな」と言う富永太郎のように喀血し、陋巷《ろうこう》に夭折することすら冀《ねが》ったのだから病膏肓《やまいこうこう》という以外にない。青春の錯誤と迷妄の演じた滑稽な幕間劇だったが、模倣は所詮、模倣に過ぎぬことの愚を後に根柢から思い知らされることになる。要するに彼らの交遊の日々は、酒と女と文学と生活が一体化しているのに、貧しい（文字通り貧しかった）私には、そのどれもが欠けていたということになる。

小林秀雄の、「女は俺の成熟する場所だつた。書物に傍点をほどこしてはこの世を理解して行かうとした俺の小癪《こしゃく》な夢を一挙に破つてくれた」は、気のきいた箴言などではなく、実践に裏付けられた感慨だったということがわかったのだ。大岡氏は、「私が生きたのは私自身の青春ではなく、彼らの青春だったかも知れない。小林や中原の青春の立ち会い人だったというだけかも知れない」と記している。氏にしてこの言あり。私など大岡氏の青春放浪をさらに矮小化しか形で模写していたことになる。

大岡氏は少年期から青年期への移行の季節、つまり十九歳の頃、小林秀雄を通じて、中原中也を知り、河上徹太郎、今日出海、中島健蔵、佐藤正彰、後には青山二郎ら年上の文学者と交わることになる。なかんずく小林秀雄との出会いは、生涯を決定する事件であった。だが前出の西川長夫氏は、若き日の大岡氏に「年上の文学者たちのコミュニヨンに一人招かれて、知識と自意識で武装するほかない若い文学者の不幸を読み」とっている。大岡氏が京都の大学を選んだことをも、たとえ「親元を離れ、自由な土地で学びたいという口実が与えられている」にしても、そこには小林秀雄をはじめとする強烈な個性の先輩たちから離れて、一息つき、距離をおいて彼らと自分を見つめなおしたいという、ひそかな願望が働いていただろうと推断している（もっとも京都でも桑原武夫、生島遼一という年上の友人と交わることになり、幸、不幸はついて回る）。

大岡氏の小品「再会」は、『モオツアルト』執筆のために、伊東の旅館に籠ったときの小林秀雄の肖像を描いたものだが、そこによく知られた挿話が出てくる。暗い蠟燭を囲んで（当時毎夜のように長時間の停電があった）青山二郎、大岡氏と飲んでいた小林秀雄は、いつもの例で青山二郎にからまれる。小林の批評が「お魚を釣ることじゃねえ。釣る手附を見せてるだけ」で、したがって「お前さんには才能がないね」というのだ。小林秀雄は黙ってきいていたが、大岡氏が気がついてみると、「驚いたことに、暗い蠟燭で照らされたX先生（小林氏）の頰は、涙だか洟だか知らないが、濡れているようであった」というのである。〈批評の神様〉が滂沱の涙に暮れるさまはある感慨を誘発するが、大正世代の父性型作家はしばしば涕泣《ていきゅう》する場面を見せる。

大岡氏の涙も私たちの知るところである。昭和九年（一九三四）、中原中也は「昇平に」と名指して、「玩具の賊」という詩を書き、大岡氏を「写字器械」と言って罵り、詩に無縁な人間と極めつけている。

おもちやが面白くもないくせに
おもちやを商ふことしか出来ないくせに
（略）

おもちゃで遊んでゐらあとは何事だ
おもちゃで遊べることだけが美徳であるぞ
おもちゃで遊べたら遊んでみてくれ
おまへに遊べる筈はないのだ

（「玩具の賦」）

吉田凞生氏はエッセイ「詩人と散文家」のなかで、この詩に触れ、「大岡氏と中原との関係には、親密さとともに、その裏返しのような強い対立が含まれている」とし、ここでの「おもちゃ」は詩をさしていると指摘している。「大岡氏がしばしば書いているように、中原の考えでは、文学者にあっては詩人が最上位、『おもちゃを商ふ』批評家は最下位の人種なのであった」。この中原の批判に、大岡氏は〝沈黙〟している。昭和十二年（一九三七）十月、中原中也が死んだ時、大岡氏が棺の前で慟哭したことは知られている。

大岡氏は沈黙したわけではなかった。中原中也伝、中也論を半世紀近くにわたって書き継いでいく。いずれも中也研究史上の金字塔といわれる。研究史を貫くものは、「中原の不幸は果して人間という存在の根本的条件に根拠を持っているか。いい換えれば、人間は誰でも中原のように不幸にならなければならないものであるか。おそらく答えは否定的であろうが、それなら彼の不幸な詩が、今日これほど人々の共感を喚び醒すのは何故であるか」（「揺籃」）という根源的な設問であった。何という哀しい痛恨に充ちた問であろう。自分の墓碑銘に「孤影悄然」という言葉を選んだ大岡氏の孤独の深淵から発信した魂の呻きのような設問だが、私は「人間この不治を病む者」といった奇怪な想念をそこに重ねたくなる。吉田凞生氏はここでの「不幸」という言葉に、大岡氏のモチーフの縮約を指摘する。鋭利にして深い洞察である。殊にこの「不幸」が、「大岡氏の戦争体験の言わば倍音に当る言葉であり、死によって限定された人間の自由の問題を指示している。大岡氏はこのモチーフを、神への憧憬とダダイスティックな自由、人間関係での聖性と邪悪さ、創造過程における意識と無意識、自己了解としての『時間』における過去と現在、言葉の一義性と多義性というように、多様に展開して行く（略）大岡氏の姿勢は基本的に倫理的なのである」と把えているのである。戦争末期のフィリピン戦線で、死に直面し、奇蹟的に生還してきた体験が、大岡氏をして小林秀雄や河上徹太郎ら年上の文学者たちの気圏を離れ、一個の自立した文学的人格として生誕させる役割を担うのである。

回心は、大岡氏がフィリピンの駐屯地ミンドロ島の警備地で歩哨に立ったとき、ふと即興の旋律をつけて、中也の詩篇『夕照』を口誦さんだとき訪れたのではないだろうか。この音楽との邂逅は事件とはいえないだろうか。音楽（モーツァルトへの情熱）においても大岡氏言うところの「頼りになる兄貴」「人生の教師」「現代のソクラテス」「前進する思索者」「絶対を探究する性急な知性」小林秀雄は大岡氏に先んじて佇立していた。だが訣別の途は戦場で孕まれたのではないか。

私は時に想像する。小林秀雄や大岡氏が竹針を削り、蓄音機のレバーを交々廻し合った熱っぽい青春を。「己れを空しくして、ひたすら音を聴くという固有時」――そのむごいまでの孤独の相貌。ひとが音と出会うにはそれ以外にないのではあるまいか。音盤は摩滅して溝がなくなり真白になったという。きょうびのオーディオマニアは次の一節をどう読むのだろうか。いや今の日本の指揮者や演奏家に読める人がどれほどいるであろうか。

「僅かばかりのレコオドに僅かばかりのスコア、それに決して正確な音を出したがらぬ古びた安物の蓄音機――何を不服を言ふ事があらう。例へば海が黒くなり、空が茜色に染まるごとに、モオツアルトのポリフオニイが威嚇する様に鳴るならば」（『モオツアルト』小林秀雄）

大岡氏の音楽批評については、殆どの人が触れようとしない。『大岡昇平全集』（全23巻別巻1、筑摩書房版）での解説者も栞文（各巻三名）でも同様である。僅かに第一巻の「解説」で西川長夫氏が、『ディスク』誌に連続掲載された音楽批評（新たに発掘されたもので、これまでに出たどの著作集にも収録されていないという）や入手困難になった大岡昇平訳のスタンダール『ハイドン』などについて言及している。「大岡の音楽にたいする情熱がスタンダール経由のものであることは確かである」「大岡は自分の情熱ではなくスタンダールの情熱を通してモーツァルトを聴いているのだ」は措いて、重要な発見がある。「小林や河上はモーツァルトにかんしても大岡のはるか先輩であった。だが小林と河上のモーツァルト論が出たのは大岡の『ハイドン』の後である。（略）二人の先輩が大岡の翻訳からヒントをえたことは十分ありうるだろう」といい、「小林の有名な『モオツアルト』の構想を支えている中心的な柱の一つ」スタンダールの引用が「大岡の訳文を写していることは間違いないだろう」と断定している。ちなみに小林の『モオツアルト』は、昭和二十一年（一九四六）十二月、雑誌「創元」（第一号）に発表されている。大岡訳スタンダール『ハイドン』は昭和十六年（一九四一）五月に出版されている。

　大岡氏は小林秀雄が死んだときの告別の辞では触れなかったが、中村光夫が死んだとき、初めて、小林秀雄から晩年に「破門」されていたと公言した。安保闘争後、政治的な意見の違いから生じたといわれる反目とか、さまざまに両者の関係については取り沙汰されてきている（大岡氏は福田恆存、三島由紀夫、そしてケースは異なるが吉本隆明氏とも訣別している）。大岡氏が「青山学院」と呼んだ小林、青山らを囲む磁場は、「漱石山房などのように〈高等遊民〉がひがな一日閑談を繰り広げる所ではない。人生嫌悪の強烈な臭いに包まれながら、へたに触れば傷つく鉄火場であり、研ぎ澄まされた知性と野性が錬磨され、魂が根底から陶冶されるべき無類の場所だった」（樋口覚）が、いずれ別途の道を歩くことは自明ではなかったか。

　ここに全く位相の異なる場所から『モオツアルト』に訣別を告知した一文がある。「此の美しい花にはどこか不具な、何か危なげな、そして或る深い不毛の翳がつきまとってはいないか。そうだ、モオツァルトは永遠に美しい。それは道頓堀をうろついていた嘗ての小林秀雄の耳に美しかったばかりではない、ラバウルの防空壕の中でも私の耳にはあのト短調シンフォニーが限りない美しさで鳴っていた。爆撃の音もそれを打ち消すことは出来なかった。しかしモオツァルトの音楽も爆撃の音を打ち消すことは出来なかったのである」（昭和二十二年八月、「小林秀雄論」矢内原伊作）。この発言が大岡氏のそれであっても不都合はないように思われる。

　さていささか私事に亙るが、大岡氏と約束していながら、生前、実現に至らなかった企画がある。

一つは大岡氏が作曲した中原中也詩『夕照』『雪の宵』のレコード化だ。「『和声法実習』をマスターして、原譜にピアノの伴奏をつけたい」と言う氏自身の作業が遅れたこと。それに自作自演の予定が、「もう指が動かない。弾くと痛みが走る」ということで、断念せざるをえなくなったことが原因である。「一柳慧氏に伴奏をつけてもらい、演奏者に神西清氏の長女、ピアニストの神西敦子さんを起用する」という私の修正案に、大岡氏が快哉を叫び、お二人に承諾してもらったのに、氏の急逝でそのままになってしまったのだ。いま一つが氏みずからの手によって集大成された全音楽論集の出版が、ゲラ刷りに新たな鏤刻の入朱がなされていたのに刊行が遅れたこと（平成元年三月刊行）。小出版社の宿命とはいえ、生涯の痛恨事である。それだけに大岡原案に大幅に増補した音楽論を軸にしたこの文庫が刊行されることを欣事としたい。大岡氏には一度、「先生、ひとつ交響曲をお願いします」ぐらいの依頼をしたかったものである。なお武満徹氏、吉田秀和氏との対談を収録出来たことを喜びたい。吉田氏との対談は全集にも未収録である。

途方もない一回性の夢

谷川雁『汝、尾をふらざるか　詩人とは何か』（講談社）

棺の蓋を覆ってのち、人は伝説を残すものだろうが、谷川雁は生きながら伝説と化した稀有な詩人であった。本書収録の詩論や語録を繙読しながら、ひさしぶりに一九六〇年代の黙示録風の白夜に浸りながら、私は改めてその思いを強くする。詩人が南九州のどこかの辺境に逼塞し、公けの場所に出ることを拒んでいたというなら、伝説化の所以もわかるが、詩人は〈途轍もなき歩行者〉として、あるいは拒絶とメタファーの工作者として、颯爽と学生や労働者の前に現われては、説き、語り、糺弾し、煽動し、風のごとく去ったのである。あまつさえ高度情報化社会のシステムは、詩人の私生活をも白日のもとに晒す。どこにも神秘の介在する余地はない。にも拘らず、目眩く白燭光が詩人を照射すればするほど、谷川雁伝説は生成速度を加速し、「西風は東風を圧す」ごとく伝播していったのである。大正炭坑闘争後の〈沈黙〉の聖化が、詩との訣別が、伝説に光彩を添えて…。

市中に惟然坊のように身を隠す〈陸沈〉することで、それまで発表した著作の出版にも同意しない詩人に業を煮やし、全作品集出版の直接交渉に臨んだ編集者が、「全作品集というからには、俺が君に対座して、こうして話していることもすべて収録するんだろうな」との韜晦を装った拒絶に会い、早々に退散せざるを得なかったという噂を仄聞したが、全身これ詩人という印象を曳いた谷川雁ならそれもあり、という気がしたものである。発言があながち豪語でないことは、谷川雁に接した人々が異口同音に「詩人の挙措そのものがポエトリーであった」と証言していることでも明らかである。そして詩人は学生、労働者ばかりでなく、鮎川信夫、鶴見俊輔らにも驚きをもって迎えられたのである。「古事記以来マルクス主義に至るまでの日本の伝統の全体を独自の仕方で集約している」と絶讃したのは鶴見俊輔であり、「途方もない一回性の夢」と、その浪曼主義を揚言したのは、鮎川信夫である。さきざきで詩人の発する華麗な修辞を駆使しての燦めくばかりの啓示と省察に満ちた箴言、警句、断章は録されることなく虚空に散じたが、もし『正法眼蔵随聞記』を遺した懐奘のような人間がいたなら、口伝としていま一冊の谷川雁詩集が編まれたことは疑いない。

ところで谷川雁といえば、殆んど対のごとく語られるのが吉本隆明だ。本書には六〇年安保闘争以前に二人が交した論争の発端をなす「庶民・吉本隆明」が収録されている。吉本の反論が、〈詩の森文庫〉『際限のない詩魂――わが出会いの詩人たち』に収められた「不毛なる農本主義者・谷川雁」である。そこで「谷川は古いナショナリズムとコミュニズムを肯定的に結合した」「シュルレアリストであるよりも、サンボリストであり」「コミュニストであるよりも前近代的ナショナリスト」であると批判した吉本が、純粋に政治思想に限定するならば、谷川とおよそ思想的共闘を組むことなど考えられなかったが、「世界の映像を裏返さないかぎり、永久に現実を裏返すことはできない。イメージからさきに変れ！」という、この世界を天秤にかけた谷川雁の「数行のことば」には珍しくコミットしたのである。戦後詩、いな戦後史の偉観である。

二人の蜜月は、吉本が「レーニンやトロツキイが生きていたら、谷川雁ぐらいは、あるいは芸術家と呼んでくれたかもしれない」と書いた一九五九年から、「谷川雁がいま大正炭坑でやっていることは壊滅の敗軍のしんがりの戦いです。敗けるにきまっていると知りながらやっている。谷川も、これが全後退戦の最後の戦いだから、そこで出せるものを全部出そうと考えていると思います。彼がやっていることが終ったとき、運動の痕跡さえも終ったときです」と発言した六二年を挟み、「試行」同人制を解体した六四年までの五年間といえよう。安保闘争後、〈喪に服した〉吉本隆明と、大正炭坑闘争後、〈沈黙した〉谷川雁——「ひとすじの苦しい光のように」立つ形姿には、さながらデューラーの銅版画「メレンコリア」の印象がある。

谷川雁のロマン主義的な革命思想＝アジア的な農本主義思想は、「原点が存在する」「農村と詩」「詩と政治の関係」といったエッセイに横溢している。戦後詩史の時空に蒼白の亀裂を走らせたこれらのエッセイは、二〇〇四年の〈現在〉に置いても清冽で、読むものの心を激しく揺さぶる衝迫に満ちている。初めて本書を手にする読者は、谷川雁の登場が、どんなに衝撃的であったかを実感することが出来るだろう。

谷川雁は同時代の多くの人々にしばしばランボーに譬えられている。ヴェルレーヌにパイプを咥え、ポケットに手を突っ込んで歩いている流鼠の天使のようなランボーを粗描したポトレルがある。その相貌は木枯の吹き抜ける首都のペーブメントを狂気の帯のような群衆と歩く谷川雁のそれに重なる。「二十世紀の〈母達〉はどこにいるのか。寂しい所、歩いたもののない、歩かれぬ道はどこにあるか。現代の基本的テエマが発酵し発芽する暗く温かい深部はどこであろうか」と呟く詩人とである。そして木枯にはどこか哀しい断弦の響きがある。

啄木への友情の紙碑

金田一京助『新編　石川啄木』（講談社）

　近代歌人の中で、愛読者の数と研究論文の数が多い点では、啄木と斎藤茂吉が双璧といわれる。啄木の死後九十年を経た今日においても、事情はおそらくかわっていないのではないか。そして啄木作品が知られるのは短歌が大部分で、その詩が、評論が、小説が、日記が読まれ論じられることはきわめて少ないという事情もまたかわっていないはずである。

　それればかりではない。人々にとって啄木の歌はいつの時代でも『一握の砂』と『悲しき玩具』、もっといえば、「東海の小島の磯の白砂に」「砂山の砂に腹這い」「たはむれに母を背負ひて」「はたらけど／はたらけど」「かにかくに」などの数首なのである。

　これらの歌が愛誦されていることを否定しないが、代表二歌集中の秀作かといえば専門歌人や評論家からも疑問の声（たとえば「浅い述懐、日常報告の域を一歩も出てはゐない」塚本邦雄、「なんとも下手な、感性の乏しい、自然主義の入りまじったポピュリスム」村上一郎）が出ている。二歌集に収録されていない拾遺作品も含めて、啄木の歌は検証される必要がある。件の歌で代表されたら、啄木はあまりにも貧しい歌人でしかなくなる。

しかし「国民歌人」のたどる命運というものはそういうものかもしれない。人々の生涯の余りにも早い時期に、教科書の類いで読まされるため、忘却されるのも早いことになる。授業で習った数首で啄木が記憶されることとなり、「ああ、あの有名な歌の作者」と納得され、深く詮索されることがない。少年時代に読んだ『ドン・キホーテ』や『罪と罰』が「抄訳」であったことを忘れ、完訳本で読んだつもりになっているようなものである。

啄木は近代短歌史上に屹立する歌人としてのみ知られていいはずはない。評論「時代閉塞の現状」は、啄木の生きた世紀を異にする今日でもなお有効で、評論家・啄木というより、思想家・啄木の存在を告知する。十七歳で上京した明治三十五年（一九〇二）十月から二十六歳で病死する直前の四十五年二月二十日まで、十年間にわたって綴られた日記は、「日本近代文学の最高傑作の一つ」（桑原武夫）とまでいわれる。総合的な啄木像を得るためには、それら評論や詩、日記、小説を含めて味読する必要がある。啄木が思想者としての風貌をもって結実することは、近代文学史に北村透谷―二葉亭四迷―国木田独歩―石川啄木という系譜があるという中野重治の意見（「啄木に関する断片」）などからも充分に示唆されることである。

白昼の文学史に登録されるには、人口に膾炙する作品をもつことも条件の一つであろう。平易な言葉で直接的に心情をうたい読者の感性に訴える歌。人々に愛誦され大衆化するにはそれなりの理由がある。しかしそのことはあくまでも半面の真実でしかない。読者を得つづけていないという理由で、啄木が感化され、模倣しようとつとめた薄田泣菫、岩野泡鳴、蒲原有明らが歴史の波に没していいはずはない。

愛誦性においては啄木は最強であった。バッハのチェンバロの曲が、ジャズやロックに変奏され、現代人の魂をとらえるように、啄木の歌もさまざまに変奏されてきた。

いたく錆びしピストル出でぬ
砂山の
砂を指もて掘りてありしに

これなど誰もが昭和三十年代にヒットした石原裕次郎主演映画『錆びたナイフ』の主題歌（萩原四朗作詞、上原賢六作曲　昭和三十二年）を想起するだろう。

砂山の砂を　指で掘ってたら
まっかに錆びた
ジャックナイフが　出て来たよ
どこのどいつが　うずめたか
胸にじんとくる　小島の秋だ

見田宗介氏は『近代日本の心情の歴史』の中で、流行歌の歌詞でもっとも多用されるのは、「涙」「港」「泣く」「別れ」などという語だと分析したが、これらのキーワードはすべて啄木の歌にコラージュされているものである。

磯ゆけば浪きてわれの靴跡を消せりわれはた君忘れゆく

明治三十六年（一九〇三）、啄木が十七歳の時に作った二歌集未収録の作品の一首を「傑作」と断じたあと、塚本邦雄氏はジャック・プレヴェールの作詞したシャンソン「枯葉」（ジョセフ・コスマ作曲、一九四六年）のルフラン、「だが、人生はこの愛し合ふ二人を、そつと／音も立てずに引離す／そして海は／砂の上に残された／恋人達の足跡を消してしまふ」を重ね、「啄木とプレヴェールの照応は印象的であり、語り伝へるに足りるだらう」と結ぶ。だが、どうせ時間差を無視するなら上田敏訳『海潮音』（明治三十八年＝一九〇五）に収められたウィルヘルム・アレントの『わすれなぐさ』をこそ挙げるべきだろう。

ながれのきしのひともとは、
みそらのいろのみづあさぎ、
なみ、ことごとく、くちづけし
はた、ことごとく、わすれゆく

この詩の初出は明治三十八年八月の『明星』であるから、啄木の作歌以後のものだ。ただ啄木は盛岡中学校で十四歳時に金田一京助をはじめて訪問し、『明星』を借りていって以来、愛読者となっていた。明治三十八年、上田敏の序詩を得て、詩集『あこがれ』を刊行してもいる。上田敏に対する畏敬の念はなまなかのものではなかった。「われはた君忘れゆく」は、いかにも上田敏調といえないか。

船に酔ひてやさしくなれる
いもうとの眼見ゆ
津軽の海を思へば

明治三十五年（一九〇二）十月、啄木は中学を中退し、上京する。「花郷様私は今日本一の大都会と云ふこの東京に立つてあります!!! 私は生き乍ら埋められた百四十万の骸骨累々たる大なる墓を見ました。あゝこの偉なる墳塋《ふんえい》を。――そして私自身もその寒髑髏《されこうべ》の一つなのか？ これが私東京にきて先づ第一に起つた疑惑であります」（一二、一八、小林宛）

同じ年、R・M・リルケは初めてパリに出てきて、トウリエ街に居を定めている。『マルテの手記』の第一行が「九月十一日、トウリエ街にて」とあるのは、その手記が同時にリルケの手記であることを端的に示している。

「そう。こうして人々は生きんがためにこの都市へ集まってくるらしい。が僕にはむしろ、ここではみんな人が死んでゆくとしか思えない。僕は街をぶらついてきた。僕の眼についたものといったら、病院ばかりだった。僕はまた一人の男がよろめいて、へたへたと道で行き倒れてしまうのを見た」（リルケ『マルテの手記』大山定一訳）

啄木の生きた時代は、産業革命期にあたり、農村から厖大な人口が都市へ流入するという動きとなって現象する。末國善己氏によれば、「啄木が東京で活躍した一九一〇年頃、東京の人口は二百万人に上っていた。当然ながら、その多くは啄木と同じく、地方からの流入者である。上京組のほとんどは、地縁、血縁が支配する村落共同体から切り離され、都市の群衆の中で、その他大勢として生きざるをえなかった。この都市の風景、共同体の常識が崩壊した都市の新しい世界、そこから生まれる都市型の対人関係を、啄木は積極的に歌の題材にしていった」ということになる。

浅草の夜のにぎわいや停車場の人ごみにまぎれても孤独を癒やすことができず、W・ベンヤミンが「ボードレールにおける第二帝政期のパリ」の中で指摘したノクタンビュリスム（夜歩き）を唯一の救いとして彷徨する啄木。生を求めたパリでマルテが見たのが死であり、悲惨であり敗残者の群れであったように、啄木が東京で見たのは骸骨、墳塋（墓）であり寒髑髏というものであった。

啄木が望郷の歌を詠うのに符牒を合わせるかのごとく、故郷（望郷）を主題とする歌が人々によって歌われ始める。『故郷の空』が明治二十一年、『埴生の宿』が二十二年、『故郷の廃家』『旅愁』が四十年と、これら望郷の歌は明治という時代に生まれ、それがわが国の近代化と歩調をともにしていることに気付く。明治期に洋楽が輸入され、音楽学校が初めて開校したという背景があるにせよ、興味深くおもわれる。故郷からの離脱を強いられた近代の日本人は、「故郷喪失」という病いを内に抱えながら、近代化の道を歩みつづけたのである。そして「土の生産から離れたという心細さ」（柳田国男）から、望郷の歌を歌わずにはいられなかったのだ。

金田一京助と啄木との出会いは、盛岡高等小学校で、金田一が十三歳、啄木が九歳になった年である。近・現代文学史を繙けば、漱石と子規、鷗外と賀古鶴所など、文学者同士によるさまざまな友情の水脈に出会うことができるが、啄木と金田一の交流ほど鮮烈な光景を見出すことは稀れであろう。啄木以前、つまり石川一少年の頃から、その本質を見抜き、生涯にわたって物心両面で支えた金田一京助の存在はそれ自体、光芒を放っている。「人間啄木の面影のひとはしでも伝えることができれば」と、おりおりに書き継がれた伝記『石川啄木』は、啄木を知るには逸することのできぬ不朽の名著で、金田一京助が啄木のために建立した歌碑ならぬ紙碑ともいうべきものである。

啄木研究の諸文献は汗牛充棟ただならぬが、その研究史を三段階に区分した近藤典彦氏の「石川啄木研究史大概」を借用すると、［Ⅰ］が「現象論的段階」（一九一二～五五）で、啄木に関する多種多様な情報収集（作品の収集も含む）がなされ記述されることを主要な特徴とする段階。［Ⅱ］が「実体論的段階」（一九五六～八七）で、集積した情報、啄木の、日記および大逆事件関係の記録・論評等新資料の公刊や発見の中からさまざまな特徴的な啄木像（＝「実体」）をつかみ出す段階。分裂した啄木像の段階。［Ⅲ］が「本質論的段階」（一九八七～）で、この段階ははじまったばかり、ということになる。

金田一京助が、［Ⅰ］の「現象論的段階」を代表する学者として登場することはいうまでもない。彼はまず土岐哀果の編集した『啄木遺稿』（大正二年＝一九一三）に「石川啄木略伝」を付し、伝記研究の道を切り拓いた「最初の伝記学者」の栄誉を担う。次いで初の『啄木全集』全三巻（新潮社、一九一九―二〇）末尾の年譜を担当。改造社版『石川啄木全集』全五巻（一九二八―二九）、その増補版『石川啄木全集』全八巻（改造文庫、一九三一―三四）では、土岐哀果とともに監修者となるなど、昭和初期代に啄木研究のオーソリティの座を確立する。

『石川啄木』は、「現象論的段階」に位置づけられているが、啄木の晩年の思想転回説を主張したため、次の「実体論的段階」での啄木像の再検討、別の啄木像の形成に強力に作用していく。

本書の「晩年の思想的展開」「啄木の到達した心境」に関して、一九六一年から六二年にかけて金田一京助と岩城之徳氏との間で激越な論争があったことについて触れなければならない。「晩年の思想的展開」は、明治四十四年の夏に啄木が杖にすがって金田一を来訪し、自分がまた思想上の転機にあること、この世界はこのままでいいこと、自分の考えは社会主義的帝国主義とでも名づくべきものであることを告げたと回想する。この啄木の「転向＝転回説」は、後の研究者に落伍者啄木、挫折者啄木の像を継承させるという役割を果たすことになる。

論争の詳細は省略するが、学界の定説はおおむね「当時の啄木享受のあり方への反感と金田一特有の思いこみが結合して生じた記憶痕跡変容の産物」というところで結着した感がある。といってそれは必ずしも岩城之徳氏の「勝利」を意味するものでもない。岩城氏は啄木と金田一との交遊の途絶を証明し、金田一への啄木来訪の事実を否定する。たしかに啄木の明治四十四年の日記の「昨年の主な出来事欄」に「金田一君とも疎隔した」とある（資料になくても、不仲であっても会いに来たかもしれない、と米田利昭説）。啄木の長男真一の葬儀収支帳の香奠名簿に金田一の名がないことを示し、金田一が親友から単なる知人に転落していたことを明らかにする。

或いは以下の蛇足は、本書の解説の域を越脱するものかもしれない。しかし「学問の道は妥協を許さぬ世界である」（岩城之徳）なら、やはり触れておくのが解説者の任というものだろう。

多くの啄木・金田一偶像化に抗し、米田利昭氏は、金田一が主張する啄木の転回（大悟徹底的な、大肯定的な飛躍をとげた……）を、西田哲学風の、観念的な弁証法だ、と一蹴する。左傾の時代から、啄木を我が方へ引っぱる意図しか読みとれず、「金田一の坊主主義、人格主義は、大正ヒューマニズムの残滓が昭和の新思想に抵抗する姿だったのであろう」とまで断裁する。米田氏は憶測や我田引水で論を進めているのではない。啄木から直接引用し、慎重に考察を深めている。

金田一の世話になってから半年後の明治四十二年一月、啄木の日記に曰く「予は決心した。この束縛を破らねばならぬ！　現在の予にとって最も情誼のあつい人は三人ある。宮崎君、与謝野夫妻、そうして金田一君。――どれをどれとも言ひがたいが、同じ宿にゐるだけに金田一君のことは最も書きにくい。予は決心した。……第一着手として、予の一生の小説の序として、最も破りがたきものを破らねばならぬ。かくて予は『束縛』に金田一と予との関係を、最も冷やかに、最も鋭利に書かうとした（略）金田一君は十一時頃に一寸来た。予はその書かむと思ふことを語つた。予は彼の顔に言ひがたき不快と不安を見た」（一・一〇）。

金田一は逃げ腰になり、二月になったらこの下宿から引越すと言い出す。啄木は、「友をえたら、決してドン底まで喋つて了つてはいけぬ。互に見えすく様になると、イヤになる。人には決して底を見せるな」（二・二〇）と自分にいいきかせ、「モウ予は金田一君と心臓と心臓が相ふれることが出来なくなつた」（二・一五）、「夜金田一君と語つて、あゝ、遂に愉快でなかつた」（二・二八）と慨嘆する。「金田一が、彼自身の言葉によれば、『自分の不幸の原因を社会のせいにする議論には何時も躊躇した』こと、吾々は衝動によって行動するが、その『選択は吾々の自由である』と考えていたこと、いわば社会の現状には何の疑いもなく、小市民的な富と幸福を求める人間であったことは、啄木はつきあっているうちから、百も承知であった」（米田利昭「友情始末」）

啄木は『ローマ字日記』では、「予は、一番親しい人から順々に、知つてる限りの人を残らず殺してしまいたく思つたこともあつた」（四・一〇）と総括し、金田一を殺そうとする一瞬がある（四・一六）。

『一握の砂』には、「函館なる郁雨宮崎大四郎君／同国の友文学士花明金田一京助君／この集を両君に捧ぐ」という献辞が掲げられている。啄木への深い友情と理解、親密な交誼、「日本友情史上の模範的行動」の〈親友〉の実態はそういうものであった。啄木と金田一の疎隔は、岩城氏があげる金田一の結婚による金銭的疎隔などではなく、「既に早く思想的感情的な乖離が進行していた」（「友情始末」）とみるべきだろう。

金田一京助が啄木の「疎隔した」心の動きに鈍感であったかどうか。啄木の死後五十年後だが、「私だとて、彼の悪徳に無知ではない。（中略）お互い、人間だから、神ではないから、時にあやまりもあり、しくじりもあり、不快な行為もある。今一つの啄木の悪徳は、借金を踏み倒し（中略）郷里のクラスメートや先輩が彼から離れたのだった」（「啄木の悪徳」昭和三十七年）と吐露し、にも拘らず二人の友情を「生涯の課題」としたいと決意を新たにしている（「啄木の美点」昭和三十七年）。

金田一の側から見ると、啄木が彼の下宿にころがりこんできた明治四十一年四月から啄木死去の同四十五年の五年間は、結婚と長女の死の失意の中での『新言語学』翻訳の作業等々、生涯で「生活的に一番困っていた」と回想する時代である。一方的「疎隔」の誹《そし》りは解せない思いであったろう。

啄木の夭折に比し、金田一は明治・大正・昭和の三代、約一世紀を生き、昭和四十六年（一九七一）十一月十四日、死去する。享年九十。法名「寿徳院徹言花明大居士」。翌々日の十六日、朝日新聞に静江夫人と春彦氏の連名で、「京助は　すでに功成り名遂げ　家族親族一同のほか　多くの友人　知音　門弟に見とられながらの最後で　まことに仕合わせだったと思います」との死亡広告が載った。「一介の学者の葬儀としては、まことに華麗すぎるものになった」（金田一春彦「父よあなたは強かった」文藝春秋、昭和四十七年二月号）と、遺族をして「功成り名遂げ」と、いわしめるだけに、葬儀も絢爛豪華を極めたものであったという。

ところで金田一といえばアイヌ、アイヌといえば金田一と、口をついて出るほど、アイヌ語・アイヌ文学をはじめて体系的に研究した言語学者としての金田一京助の業績は大きい。上田万年の指導を受けてアイヌ語研究を志し、昭和六年（一九三一）、『アイヌ叙事詩ユーカラの研究』で帝国学士院恩賜賞を受け、学界において最高峰の地歩を築く。文学博士号を授けられ、日本学士院会員になり、昭和二十九年（一九五四）、文化勲章を受章する。

学者としての業績は日本語系統論、音韻論、民俗学などにも及び、戦後は山本有三らの「国民の国語運動」に加盟、国語審議会委員として現代かなづかいや敬語の整理など国語国字改革の指針策定に深く関与していく。編纂した『明解国語辞典』は、市場を一手に占め、京助・春彦父子の編集した「中等国語」の教科書は採用で第一位時代を数十年間つづけることとなる。ただ学者としての数々の栄光に、啄木との交友にあらわれたような影の部分も生じている。

「仮名づかい」改訂の急先鋒に立った金田一に対する福田恆存の反論がそうであり、アイヌ語に関する「我が後嗣ぎ」とした弟子の知里真志保との葛藤、離反がそうである。金田一から物心両面の援助を受けたこのアイヌ人の弟子は、「金田一先生のアイヌ語訳は、やはり日本人のものでしかない」と早々に訣別していく。他のアイヌ研究者からも、「皇国史観を背負ってなされたもの」「政府のアイヌ政策（同化教育）を肯定的にみている」など批判が続出。昭和四十五年（一九七〇）、「攻撃がピークになったころ、京助は故人になっていたが、子息の春彦氏は『京助にとってはそれがせめてもの幸だった』といっていた」（藤本英夫『金田一京助』）と伝えられているほどだから、その苛烈さが推測される。「シャモ（日本人）はアイヌから何もかも奪ってゆくばかりではないか」と、激しく問いつめるアイヌの人々の魂の叫びに「無防備の人」にして「天真の人」金田一京助は応える術《すべ》をもたなかった。「日本は単一民族国家である」といった史観が跋扈した時代の制約もあろう。しかし翻って考えるまでもなく、もともと学問の世界は後進に伴走され、そののち継走されていくものであろう。師は弟子に乗り越えられていく宿命にある。啄木が金田一に物心両面で支えられたこと。京助なくしてアイヌ研究の今日がなかったこと、いずれもまぎれもない事実である。金田一京助の葬儀では京助の弟子の服部四郎（言語学者）が副委員長をつとめた。弔辞の一節が印象的である。「きびしい批判に終始した人も、すべて先生の研究を基礎とし、土台として、研究を拡大し発展させられたのであります」。

先んじて時代の悩みを悩みたる
永遠の青年
われらの啄木——金田一京助

『ぜんぶ手塚治虫！』解説

手塚治虫『ぜんぶ手塚治虫！』（朝日新聞社）

〈マンガの神様〉手塚治虫が逝って十八年になる。歳月の迅速なる流れに改めて驚かされるとともに、手塚治虫のいなくなった日（一九八九年二月九日）の衝撃が今に蘇る。

昭和の終焉した日から一ヵ月後にもたらされた訃報に、昭和天皇の死にはさしたる反応をみせなかった若者たちも、確実に一つの時代が終わったことを実感したのである。生まれた時からテレビアニメやマンガの中で育ってきた世代が総人口の半分以上を超えた現在では、それは自然の成り行きであったともいえる。彼らは「他人の死に、はじめて涙を流し」（作家の菊地秀行、横田順彌氏）茫然自失の日々を過ごしたのである。

〈マンガの神様〉〈世紀の巨人〉〈手塚天皇〉と最大級の讃辞で呼ばれた手塚治虫の死は、マンガファンばかりでなく、文学や思想の最前線で活躍する人々の痛恨の涙をも誘い出すことになる。四方田犬彦氏は、「黒澤明よりも、小林秀雄よりも長い間、重要な人物であり続けた」と語り、関川夏央氏は、「戦後日本でもっとも重要な役割を果たした人物」と、その業績を称えた。戦後思想の巨人・吉本隆明氏が、「昭和の死を象徴するにたりる最大の死は手塚治虫の死にちがいない」と、手塚の存在した意味と、テレビ映像のうえで占めた作品の場所を、「文芸批評の世界でいう小林秀雄に匹敵する存在」とまで指摘したこともインパクトを与えた。批評というものを、一個の作品として確立した小林秀雄と同じく、手塚治虫はマンガをひとつのジャンルとして自立させ、芸術的な創造の一分野にまでもっていった先駆者だと評価するのである。

こうした知識人からの手塚治虫観の傍に、一般人の最大公約数的な感情の一端を対置すると、「朝日新聞」の社説（八九年二月十日朝刊）が、相応ではないだろうか。電車のなかでマンガ週刊誌を読みふける日本人の姿を異様と捉える外国人をも射程に入れ、社説子は、「なぜ、外国の人はこれまでマンガを読まずにいたのだろうか」と発問し、「答えの一つは彼らの国に手塚治虫がいなかったからだ」と答える。まさに至言であろう。手元のスクラップを繰ると、「手塚は夏目漱石や森鷗外、柳田国男、宮沢賢治に比肩しうる」とか、「ノーベル賞文学賞を贈るにふさわしい現代日本人」といったオマージュが光芒を放っているが、「わが国に手塚があった」という言葉のもつリアリティの前には、いずれも光量を減じるような気がする。ついでに言えば、戦後日本文化の担い手として、美空ひばりという天才も忘れてはならないだろう。

手塚治虫は生涯に十五万ページにも及ぶ原稿を描いたという。刊行された全四百巻の『手塚治虫漫画全集』（講談社）は、世界にも例をみないものだ。未刊行の作品も入れれば、千巻を超すともいわれる。中学生のときから六十歳で亡くなるまでの四十五年間をトップランナーとして疾走しつづけたという事実は、私たちをして絶句せしめ、生前から伝説に包まれていたゆえんを納得させる。「手塚の七不思議」の一つに、すべてのマンガ雑誌に作品が掲載されていたという話がある。「一日二十四時間、飲まず食わずでフルに働いてもノルマを消化しきれない」という過密スケジュールのなか、どうしてそれが可能だったのか、身近な関係者の間でも謎とされているのだ。三十歳ごろ結婚してから、歿年まで、家族と共にいた時間を通算すると、わずか一年数ヵ月であったという信じられないような挿話もある。

晩年はさすがに全ての雑誌に連載という芸当は出来なかったが、四十五年間、常にトップを走り続けたことに変わりはない。生涯、現役だったことは、手塚治虫をもって嚆矢とする。氏の名を高らしめたのは、昭和二十二年の「新宝島」（当事、四十万部のベストセラー）の刊行だが、それは黒澤明監督の映画「酔いどれ天使」の公開の前年のことである。同世代と漠然とおもわれているが、黒澤その人は手塚よりも十八歳年長である。手塚の早熟と享年六十の早逝というアンバランス。こう書いていながら、私自身、信じられない気がする。十五万ページにも及ぶ原稿は、四十年間休みなしで描き続けたとして、一日およそ十枚という数字になる。「手塚宇宙人・超人説」が囁かれる所以だが、量の多寡などより、作品の質、作品ジャンルの多岐多様さにこそ瞠目すべきだろう。

文学、映画、音楽、芸能、医学、科学、宗教、哲学と、手塚は倦《あ》くことなき情熱で〈知〉の広大な世界に触手をのばす。一人の人間の仕事とはとてもおもえない多彩さで、さまざまなテーマを、少年マンガ、少女マンガ、青年マンガと、ジャンルを駆使し、斬新な手法で描き続け、マンガの可能性を広げていったのである。テーマの枯渇、スランプというマンガ家を襲う事態も、手塚には無縁であった。死の二、三年前、ＮＨＫのインタビューで、「描きたいアイデアは四十年分ぐらいある。バーゲンセールをしてもいいくらい持っている」と答えている。

後継者を育てたという教祖的側面も見逃すことは出来ない。戦後漫画史の秘話としてつとに知られているが、一時住んでいたアパート「トキワ荘」には、氏を慕い、藤子不二雄、つのだじろう、赤塚不二夫、寺田ヒロオ、石ノ森章太郎らマンガ家の卵が上京してきて、梁山泊の様相を呈した。手塚治虫なかりせば、世界に冠たるわが国のマンガ文化の隆盛は考えられない。いや影響はマンガ家にとどまらなかった。息子の眞氏は言う。「父の影響を受けていないモノツクリは日本で探す方が大変じゃないか」と。

吉川英治、松本清張、司馬遼太郎は〈国民作家〉と讃仰されるが、マンガ界におけるそれは手塚治虫であろう。世代によってその手塚体験は異なっているとはいえ、親子二代、三代で読み継がれている。手塚作品はもはや古典なのだ。現代日本人で老若男女を問わず、手塚治虫を通過儀礼としなかった人はまずいないと断言しても過つまい。七十代、八十代なら「新宝島」、五十代、六十代なら、「火の鳥」への偏愛を語るかもしれない。いや世代にわけること自体がおかしい。「リボンの騎士」を座右の書にしている中年男性がいる一方で、宝塚歌劇で上演された「ブラック・ジャック」に夢中になっている若い女性がいる。性別も年齢も国境も越えたところに、手塚作品の核心がある。

没後十八年を迎える手塚治虫の全貌が明らかになるのは、なお時日を要するであろう。全仕事中、まだ陽の目をみていない部分が残されている。小説家、戯曲家、エッセイストとしての側面も殆ど論じられていない。しかし出版不況にも拘らず、恒常的なブームとして手塚作品は次々と出版されている。キャラクターのCF起用、キャラクター・グッズの開発も盛んだ。こうした現象を見ていると、いまだに手塚治虫が存命していて、作品を描き続けているといった錯覚すら覚える。この現象を根柢から支えているもの、それこそが手塚マンガの永遠性であり、先見性というものではないか。

昭和二十年代の後半、PTAの委員や一部マスコミによって悪書追放のキャンペーンが開始されたとき、手塚が第一のターゲットにされたなど隔世の感がある。石ノ森章太郎との対談で、「ぼくに対する批判がいちばんひどかった。荒唐無稽を描きすぎるって。月に人間が行くはずがないとかね」と、当時を回顧している。北杜夫氏によれば、「『鉄腕アトム』の或る絵の足が、女性の足と似ていてエロティックだからなどという馬鹿げた抗議すらあった」ということになる。

手塚治虫を二十世紀のメディア・アートの巨星としてのみ限定することはない。手塚は単なる過去のマンガ家ではない。超高層ビルから宇宙基地、月世界旅行まで、臓器移植から脳死、脳波コントロールまで、科学や医学が抱えている先端的な諸問題がそのマンガに予言的に内包されている。ときにその楽天的なまでの「科学とヒューマニズム」信仰が批判されることもあるが、氏の真意が、科学と進歩に疑いを持ちつつ、現代を、日本を、日本人を見直そうとしていたことを誰も否定することは出来ないのである。

「ぜんぶ手塚治虫!」は、マンガ、小説、シナリオ、対談、講演、エッセイを一巻に凝縮した初の文庫版全集である。殊にシナリオの「ネオ・ファウスト」は、初の単行本化である。NG大学の生化学の権威一ノ関教授は、悪魔メフィストに魂を売る契約をしたことで、青年・坂根第一に生まれ変わる。やがて新生命の創造にとりつかれた彼はNG大学のバイオセンターに入り、一ノ関教授と出会う……。未完の絶筆となった手塚版「ファウスト」の初収録。マンガでは「ゼフィルス」も入る。戦中の疎開地で皇国教育や軍事教練などには関心を示さない少年が、蝶の珍種ゼフィルスの採集に無償の情熱を傾ける物語だ。幻の蝶はときに美しい女人に変身し、少年を挑発する。戦争にとり残されたような山村にも次第に戦争の影がしのびよる。脱走兵と彼を慕う女性。二人を追ってきた特高の刑事は、少年に、「犯罪者というやつはな、どんなに遠くへ逃げても、いつかまたフラフラと犯罪現場へもどってくる心理がある……」と嘯《うそぶ》く。それはあたかもけものにはけもの道があり、蝶には蝶道があると同じように……。脱走兵が逮捕され、村を去った二、三日後、ゼフィルスの飛翔していた美しい村は爆撃で、あとかたもなく焼尽する……。私は大江健三郎氏の名作「飼育」「芽むしり仔撃ち」と合わせて、この詩情溢れる一篇を愛している。

「ぜんぶ手塚治虫!」は、手塚治虫からの過去からの(「ララ、星のかなた」からの)、否、未来から現在への最大の贈物である。

第Ⅲ章

山本周五郎・五木寛之・横尾忠則・渡辺京二・宮城谷昌光

『春いくたび』解説

山本周五郎『春いくたび』（角川文庫）

学恩という言葉がある。手元の辞書を引くと、「師と仰ぐ人から受けた学問上の恩」とある。書物を読んで魂を根柢《こんてい》から揺るがされ、決定的な転位を予感したことを表現する言葉をいま思いつかないが、私にとって山本周五郎の作品の存在は、学恩が最もふさわしい気がしてならない。こうした学恩にはどう報いたらいいものか。

山本周五郎の作品に出逢《であ》い、次第に魅せられていったのは、昭和三十五年（一九六〇）晩夏のことである。いわゆる「政治の季節」（安保闘争）の余燼《よじん》は失《う》せ、「思索の季節」が呼号されてはいたが、私はうす汚れた大学の寮に逼塞《ひっそく》し、陰々滅々たる日々を過ごしていた。学生運動からの挫折《ざせつ》感、それに継続して起こった人間関係の辛《つら》い躓《つまず》きで、殆《ほとん》ど進退窮まっていたのである。

そんなとき周五郎に出逢ったのだ。周五郎を読むことで、私は救われたのである。それは私にとっては回心＝転向ともいうべき体験であった。周五郎の小説の主人公たちは、一回限りの人生を懸命に精いっぱい生きていた。虚飾で人の眼をくらましたり、自分を偽ったりすることなく、耐えながら、この人の世でそれぞれの確かな役割を果たしている……。そんな主人公たちの運命に、私は無為の自分を重ね、胸中に一条の曙光《しょこう》、一掬《いっきく》の慰藉《いしゃ》を覚えたのである。

奥野健男氏の指摘によれば、太宰治の愛読者と山本周五郎のそれとは重なり合っている場合が多いという。二人とも弱く、貧しい失意の人々へ熱い眼差《まなざ》しをむけて、無類の小説世界を作りあげ、その作品は読む者の心を洗い、人間に対する深い愛情と信頼を甦《よみがえ》らせてくれる。「太宰治が三十九歳で自殺せず、もし生きていたら、山本周五郎のような生き方をしたのではないか」と奥野氏は言う。その著書『太宰治論』の「あとがき」で、「もう今後、このような全的肯定の評論を書くことはあるまい」と記した氏が、その後、全的讃仰《さんぎょう》の書『山本周五郎』（昭和五十二年）を出版するのである。それほどにも周五郎という作家は巨大で、「これから何十年、何百年も昭和を代表する文学として」新たな読者の魂に生き続けていくであろうことを、私もまた確信するに至っている。

周五郎の全作品中、私が特に愛惜しているのが、「その木戸を通って」「落葉の隣り」「おさん」である。「その木戸を通って」の美しくも不思議な一篇。記憶を失った若い女が突然、平松正四郎を訪ねて来て、家に居ついてしまう。女はだれにも愛され、やがて正四郎と結婚する。そして平穏な日々が続くのだが、ある日、やって来たときと同じように、「その木戸を通って」失跡してしまうのだ。この作品を読んだとき、私は前述した如く人間関係に躓き踠《もが》いていた。つまり失恋の渦中にあった。涙があふれ、先を読み進めることが出来なかった。私が思いを寄せたひとも見えざる木戸を潜り抜け、何処かへ行ってしまったのだった。そして「おさん」だ。周五郎研究の第一人者である木村久邇典《くにのり》氏（太宰治に直接師事、ついで周五郎に直接師事の経歴がある）は、わが国の近代小説がもった最高の短篇のひとつではないかというが、私もそう思う。こんなに男というものの哀しさ、女というものの哀しさを描いた小説があったろうか。男に抱かれるたびに別の男の名を呼んで忘我の境に陶酔するおさん。性のかなしさを通して人間存在の根源に迫る名品であることを疑わない。

いま山本周五郎の年譜を繙《ひもと》くと、私がその作品に出逢った時代にブームの兆《きざ》しがある。昭和三十四年（一九五九）「テレビ各社のテレビ劇化の攻勢が激しくなり、ラジオ東京テレビ（現・TBS）から『山本周五郎アワー』が放映されて話題を呼んだ。『樅ノ木は残った』が、毎日出版文化賞を受けたが、作者は辞退した」（『小説日本婦道記』は第十七回直木賞に推されたが辞退）。「五月、『その木戸を通って』十月、『落葉の隣り』」。昭和三十五年（一九六〇）「浦安で過ごした青春期の体験に基づいた現代小説『青べか物語』を発表するに及び、山本周五郎ブームを引き起こした」。昭和三十六年（一九六一）「一月『青べか物語』が文藝春秋読者賞に推されたが辞退。〈私はつねづね多くの読者諸氏と、各社編集部、また批評家諸氏から過分の賞をいただいており、それで十分以上に恵まれている〉（「文藝春秋読者賞を辞すの弁」）と書いた。二月、『おさん』」。

周五郎の全生涯から、昭和三十四―三十六年の三年間を引いたのは、この時期に「その木戸を通って」「おさん」「落葉の隣り」という珠玉が書かれていること、それに「政治の季節」の終焉《しゅうえん》後、柳田國男《やなぎたくにお》、井伏鱒二《いぶせますじ》、太宰治、山本周五郎が、学生や若き労働者たちに熱心に読まれることになったからである。庶民の原像の発見――町の片隅に住む名もない貧しい人々のつつましくも懸命な生活と心境を描く作家たちの営為が、政治的イデオロギーの迷妄を脱却するときの魂の牽引車《けんいんしゃ》となったのである。そのことで私たちは、遅ればせながら、「生れ、婚姻し、子を生み、育て、老いた無数のひとたちを畏《おそ》れ」(『初期ノート』吉本隆明)ることに開眼することが出来たのである。

さて、本文庫『春いくたび』の刊行は、〝文学的事件〟と呼んでも決して大袈裟《おおげさ》にはならないだろう。まず集成されたのが、『山本周五郎全集』(全三〇巻、新潮社)未収録作品であること。また、これまで埋もれていた少年少女小説の初の文庫であることの画期性に徴してそういえるのである。『山本周五郎全集未収録作品集』(全十七巻、実業之日本社、昭和四十七年―五十七年刊、絶版)にはテーマ別に収録されてはいる。しかしこの文庫のように、「少年少女小説」を軸に編集されたものではない(『山本周五郎探偵小説全集』全六巻、別巻一、作品社、平成十九年―二十年があるが、作品はダブってはいない)。

周五郎の文壇出世作「須磨寺附近」(「文藝春秋」大正十五年四月号)が発表された年、少女雑誌「少女号」に掲載された「小さいミケル」が最初の少女小説である。大人向けの小説と少年少女小説は同時にスタートしているのだ。しかも昭和五年から二十年までに、実に百十四篇もの少年少女小説(児童文学)が、俵屋宗八、山田丈一郎の筆名も含めて、「少女世界」「新少年」「譚海」「少年少女《しょうねんしょうじょ》譚海」「少女倶楽部」「少年倶楽部」「少女の友」「少女之友」誌に発表されたのである。

少年少女小説に手を染めるようになったのは、生活の糊《こ》とするために、まずは稿料になる小説を書いた、と次のように語っている。「大衆小説を初めて書かせてくれたのは、山手樹一郎(井口長次)だった。その時分、彼は博文館の『譚海』の編集長で、会いに行ったら、この雑誌には、君には書かせたくないと彼が言うんですね。僕はちょうど結婚相手が出来て、家を持たねばならないし……ともかく金の必要があるから書かしてくれと言うと、彼はじゃア俺の言う通り書くかと念をおすので、よし何でもいうとおりにすると約束した。それで書きあげたのが『疾風のさつき丸』という少年時代小説だった。たしか五十枚ぐらいなもので、彼の言うとおりに三度書きなおして持っていった」（「畏友山手樹一郎へ」）。

収録作品について少しく触れよう。

「武道宵節句」（「新少年」昭和十三年三月号）は、「渇しても盗泉の水は汲まず、貧にして餓死するはむしろ武士の本懐なり」という父の遺言を銘として生きる少年とその妹の兄妹愛が描かれる。梶派一刀流免許皆伝の腕がありながら、仕官の途《みち》もなく、今宵、雛《ひな》祭りの宵節句、三樹八郎は妹の加代を刺し、自分も切腹して潔く世を辞そうと覚悟する。ところが突如、運命の一変を迫る出来事が起こる。武士道を体現した少年の凛々《りり》しい雄姿。因《ちな》みに武士道の構成要素は『広辞苑』では「忠誠・犠牲・信義・廉恥・礼儀・潔白・質素・倹約・尚武・名誉・情愛」とある。周五郎作品に登場する武士にはこれらの稟性《ひんせい》に富むもののふが多い。

「初午《はつうま》試合討ち」（「新少年」昭和十三年二月号）は初午の太鼓が響いてくるような花も実もある華麗な物語。剣客本山図書の道場には、五百人に余る門人がいた。ただ本山には男子がなく、小浪という娘が一人。当然道場の跡目が問題になる。門中の双璧《そうへき》は松林甲子雄と仁木兵馬。男ぶりも腕前も群を抜く秀才同士。ところが三年前、仁木兵馬の姿が道場から見えなくなった。道場の火事での本山の死という事態も起きる。そこに尾羽打ち枯らし仁木が帰ってくる。失跡の謎は何だったのか。展開はスリリングだ。

「花宵」（「少女の友」昭和十七年四月号）は、名作『日本婦道記』の系列に属する小説。清之助と英三郎の兄弟。母親のいねは何事においても兄の清之助を褒《ほ》める。二年まえの秋に父が亡くなってから、母はいよいよ厳しく英三郎にあたるようになった。英三郎は「もしや自分は継《まま》の子ではないか」と思うようになる。だが生《な》さぬ仲の兄よりも実子の弟の方を厳しく躾《しつ》ける母いねのまことのこころがわかる日がくる……。

「梟谷物語」（「少女倶楽部」昭和十四年五月号）は、勅命を奉じて奥羽征伐の軍を進めた九条道孝卿《きょう》が、慶応《けいおう》四年四月、庄内《しょうない》藩を討つため軍勢を進発させていた途上に起こった、いわば「奥羽戦争」における一挿話である。梟谷の梟《ふくろう》の鳴き声、無垢《むく》にして謎の少女お糸、さまざまな伏線が縒《よ》り合って終幕の感動へと急転する緊張と迫力の持続。周五郎の真骨頂である。

「伝四郎兄妹」（「少女倶楽部」昭和十四年六月号）は標題が大きな意味をなす一篇。読み終わったとき、〈伝四郎兄妹〉の意味するものに眼頭を熱くすること必至。

「だんまり伝九」（「少年倶楽部」昭和十一年九月号）の舞台は土佐の国浦戸の城中。領主の元親や家臣の並ぶ前で赤松剛兵衛と別部伝九郎の二人が試合を始める。伝九郎は一太刀合わせただけで、木剣をかつぎ逃げ出す。無口な武士ゆえつけられた「だんまり伝九」という渾名《あだな》に「逃げ足の伝九」が加わる。臆病者《おくびょうもの》の汚名に耐える伝九。吉野川合戦で殊勲をたて褒美を申しつけられるが、逆に「三ヵ条お願いがござります」と要求。その三つの願いが意表をつき、泣かせる。登場人物のすべてを思わず「あっぱれ、あっぱれ、美しき武士道」と感動させたその願いとは何か？

「義経の女《むすめ》」（「少女之友」昭和十八年十二月号）。文治《ぶんじ》五年の夏、伊予守義経はみちのくの衣川で討たれる。続いて建久《けんきゅう》二年一月、義経の舅《しゅうと》にあたる河越太郎重頼も討たれる。義経の娘千珠も無事ではいられない。案の定、征夷大将軍頼朝から「千珠どのを鎌倉へさしだすように」との使者がくる。鎌倉に反旗をあげようと意気込む良人《おっと》の有綱に千珠は「鎌倉へやって下さいませ」と嘆願する。世を騒がし、家を廃絶されることをおそれたのだ。死を覚悟し、良人と別れて死地に赴く千珠の哀しいほどに健気《けなげ》な凛々しさ。「当時＝昭和十八年末＝太平洋戦争末期＝の作者の精神の所在をさえ、厳粛に投影しているように読める」とは木村久邇典氏の評。

「峠の手毬唄《てまりうた》」（「少女倶楽部増刊号」昭和十四年二月）は、最初、「勤王手毬唄」の題で発表された。出羽《でわ》の国最上《もがみ》の郡から、牡鹿の郡へ抜ける嶮《けわ》しいやぐら峠。旅人を乗せた馬の口を取るのは馬子の五郎吉少年だ。峠の茶店のおゆきがいつも唄《うた》っている手毬唄を馬子唄として唄っている。おゆきの兄の甲太郎は行方不明。兄は勤王党の人々と働いているとおゆきは信じている。幕府の追手を五郎吉少年とおゆきの機転で退ける場面が秀逸。手毬唄が絶妙な役割を果たすのだ。

「おもかげ」（「少女の友」昭和十七年七月号）は、七歳で母を失った正之助のために、叔母《おば》の秋代は自分の結婚を断念。薙刀《なぎなた》を持っての武芸の稽古《けいこ》から素読のお習いまで厳格な薫育にあたる。やがて父のいる江戸へ出た正之助は父の「厳しくされるおまえよりも、厳しくなすった叔母さまのほうが、どんなに辛かったことか」の言葉に叔母の誠心の深さを、自分のいたらなさを知る。自分の一生の幸せを捨ててまでして約束を履行する女性の一途《いちず》さは『日本婦道記』の連作にも通底する主題である。周五郎は「おもかげ」発表後の二年後、再び「婦人倶楽部」（昭和十九年八月号）でこのテーマに取り組んでいる。「母の顔」という作品がそれで、単行本収録の時は「おもかげ」と改題された。

「春いくたび」（「少女之友」昭和十五年四月号）は、二十枚ほどの掌篇にもかかわらず、〝耐えて待つ〟男と女の間に熱く交流する愛情を格調の高い叙事詩的な筆致で描いた珠玉。維新という夜明けを前にして、青雲の志をいだいて若者たちが京へ、江戸へと集まっていく。清水信之助もその一人であった。彼を一途に思慕し、耐えて待つ香苗を残して、十八歳の胸いっぱいに冒険と野心の焰《ほのお》を燃やしながら、濁流のような世の中へと出て行ったのである。時はすばやく経っていく。更にいく年か経って、世は明治と改元された。香苗に嫁に欲しいという話があったが、「信之助は必ず帰って来る」と、嫁には行かなかった。春いくたび、秋いくたび。香苗は桂円寺に入って髪をおろし、月心尼の法名を得る。彼女がいとなむ救護院に、四十年後、運ばれてきた記憶喪失の老人は、信之助その人であったが、それを知ったとき、老人はすでに救護院を立ち去ってしまった直後のことだった……。〝待つこころ〟の美しさを主題とした周五郎作品には、『榎物語』『正雪記』などがある。「春いくたび」は、私にはフランス・ヌーヴェルヴァーグの映画『かくも長き不在』（アンリ・コルピ監督）を想起させる。脚本はマルグリット・デュラス。ゲシュタポに捕らえられたまま消息を絶った夫アルベールを待つテレーズをアリダ・ヴァリが演じている。ある日、カフェの前を通り過ぎるひとりの浮浪者にテレーズは夫の面影を見るが、男は記憶を喪失していた。その後頭部に、収容所で受けたとおぼしき傷跡があった……。

山本周五郎は少年少女小説を書いていながら、少なくとも意識裡《り》では、子供向けとか大人向けといった区別をつけることはなかったと語っている。ただただ断固不抜の精進を一作一作に刻みこもうとする振幅のなかに生涯、揺れ続けたということだろう。末國善己《すえくによしみ》氏は「武士道」が、江戸時代になって太平の世が訪れることで変質したことを指摘している。戦士の戦場に臨む心構えとか覚悟だったそれが、禅や儒教の影響を受けて、より観念的になり、それを一種の道徳規範として広めたのが、現在、広く理解されている「武士道」だというのである。さらに「武士道」が二つの大系、〈武士道〉と〈士道〉に分かれているという。前者は「武士道と云ふは、死ぬ事と見付けたり」(『葉隠』)でいう、常に死ぬ気で主君に尽くすことが求められる。後者の〈士道〉は、「武士は人々を導く階級なので、その生き方にも常に礼節を必要とした。そのため悪政を行なう主君が忠告を聞き入れない場合は、その主君の元を去ることも重要とされたのである」(末國善己)。

山本周五郎が目指したのが、『葉隠』的な「武士道」ではなく、「士道」的な〈人の道〉であった、というのが末國氏の眼目である。「意地や面目を立てとおすことはいさましい、人の眼にも壮烈に見えるだろう。しかし、侍の本分というものは堪忍や辛抱の中にある(略)これは侍に限らない、およそ人間の生きかたとはそういうものだ。いつの世でも、しんじつ国家を支え護《も》り立てているのは、こういう堪忍や辛抱——人の眼につかず名もあらわれないところに働いている力なのだ」(『樅ノ木は残った』）という台詞《せりふ》に、いつの時代も変わることのない普遍的な徳目を見いだしている。『春いくたび』十篇には、立身出世、質実剛健、忠君愛国といった〈反動的イデオロギー〉に利用される徳目がみられるが、周五郎の真意はそこにはない。友情、艱難汝《かんなんなんじ》を玉とする、弱い者の味方であれという武俠《ぶきょう》精神、正義、男らしさ、女らしさ、自己向上など、すべていつの時代も変わらぬ普遍的な徳目がある。

私は黒い帯のような群衆とともに家路をたどる夕暮れ刻《どき》、無意識裡に「苦しみつつ、なお、はたらけ、安住を求めるな、この世は巡礼である」と呟《つぶや》いていることがある。『青べか物語』の主人公の独白であり、周五郎が己れを支えるとき口にしたというストリンドベリの箴言《しんげん》である。

『美少女一番乗り』解説

山本周五郎『美少女一番乗り』（角川文庫）

時代小説はおおまかに二つの系譜に区別される。山本周五郎、藤沢周平、乙川優三郎、山本一力へと続く系譜であり、中里介山、吉川英治、白井喬二、五味康祐《やすすけ》、柴田錬三郎、津本陽に至るそれである。両方を蔵した作品もあるので截然《せつぜん》と分けられるものではないが、前者は山本周五郎から始まるだけに、作品には市井《しせい》の片隅で生きる庶民の哀歓を描き、そこに叙情の花を咲かせるという特徴がある。

周五郎の、「慶長五年（関ヶ原合戦の年）の何月何日に、大阪城で、どういうことがあったか、ということではなくて、そのときに、道修町《どしょう》の、ある商家の丁稚《でっち》が、どういう悲しい思いをしたか、であって、その悲しい思いの中から、彼がどういうことを、しようとしたかということを探究するのが文学の仕事だ」という発言は、私の庶民哀歓派加担の理由ともなっている。

秋山駿は後者の系譜、剣豪を描く五味康祐、柴田錬三郎派の代表格といおうか。剣客たちの孤影綾《あや》なす虚構の世界と白刃一閃《いっせん》、斬り絡むことを好み、「人情の世界なら、現代小説で代用ができる。代用のできるところにどんな時代小説の精髄《せいずい》があろう」と、人情派に批判的だ。明治以来の近代文学で剣のことを考えたのは、幸田露伴、森鷗外、小林秀雄、三島由紀夫しかいないと断じ、「剣は虚空に向って突き出された精神の一つの形である」とか、「剣は日本的な精神といわれるものの、一つの中核の勁《つよ》い部分を形成する」とか、「剣の精神は、同時に美を創り出すものでもあった。あの素晴らしい日本の銘刀を創り出した力こそは、日本の芸道、芸術を精錬するところの力であった」と力説されると、私もつい剣豪派に転向してしまいそうになる。

ところで山本周五郎の少年少女向けの雑誌に発表された初期作品は、二つの系譜が未分化のまま混在している。後年、人間の空しい虚飾として排した剣豪派に多い英雄讃歌《さんか》や美談も頻出する。善玉悪玉入り乱れての冒険あり、神俠《しんきょう》あり、波瀾万丈《はらんばんじょう》の活劇がある一方で、勇気と友情、ロマン、哀歓など、一個の人間の成長過程が力強く描かれる。本文庫『美少女一番乗り』収録作品の殆《ほとん》どが少女向けの雑誌「少女倶楽部」に発表され、「梅雨の出来事」一篇以外は、『山本周五郎全集』（全三〇巻、新潮社）にも未収録、初の文庫化である。わが国最大の蔵書数を誇る国会図書館にも当該誌の所蔵がなく、日本近代文学館、大宅文庫、北海道立図書館の協力で漸《よう》く収録成るといった経緯をもつ貴重な一巻である。「歔欷《すすりな》く仁王像」（「少女倶楽部」昭和十三年六月号）は、珍しや天下の名奉行、大岡越前守《えちぜんのかみ》が登場する。骨董《こっとう》商、和泉屋治兵衛の一粒種のお通と従兄妹《いとこ》同士に当たる孤児の清吉は大の仲良しで、今日の遊びは蔵の中での隠れん坊だ。大鎧《よろい》の中に隠れていた清吉は番頭の藤兵衛と島津家の津田直記が交わす悪だくみを聞いてしまう。彼らが立ち去ったあと、転倒し、頭を打ち、痴呆《ちほう》になってしまう。島津家御宝の冑《かぶと》が紛失したことで治兵衛は引き立てられる。法心寺の仁王像が歔欷《すすりな》き、大岡越前守を罵《ののし》るという噂が広まる。消えた御宝の行方《ゆくえ》は？　清吉の痴呆は癒《い》えるのか、古今の名判官大岡越前守の活躍はあるのか。興味津々の展開が続く。

「和蘭人形《おらんだにんぎょう》」（「少女倶楽部増刊号」昭和十三年十月号）。金森飛騨守の邸《やしき》では、主君頼宗の危篤が伝えられ、病間には駆けつけた分家の金森頼母、家老の相良外記、重臣、中小姓、右筆らが控えていた。頼宗は家督相続のことを認《したた》めた遺言状への一同の署名を求める。遺言状は、板倉内膳に預け、自分が死んだら内膳立ち会いのうえ開封せよという。分家の頼母は本家を狙って自分の子を養子にしようと画策していた。遺言状を届けるのは高村数馬の役目。妹の千草は頼宗の一人娘満里子姫の遊び相手だった。板倉邸へ向かう途中、数馬は闇討ちにあい、署名血判のある遺言状を奪われ命を落とす。飛騨守邸では姫の人形が盗まれ、千草が疑われる。お家の大事を守ろうとする数馬と千草の兄妹の奇知と勇気。

「身代り金之助」（「少女倶楽部」昭和十四年二月号）。三河国嵩山城の旗頭、榊原与右衛門の一人息子の慶太郎は我儘《わがまま》で乱暴者であった。お相手を申しつけられた郎党の子、金之助に何かと言い掛かりをつけては殴りつける。足軽の娘お奈々はそんな金之助に同情と慕情を抱いていた。金之助は出世の途《みち》を京に求めようと、お奈々に母を託し、旅立とうとした夜道で、嵩山城に不意討ちをかけようとする北条と吉良の軍勢の動きを知る。「身代り」という題名の意味が判明する意外な顛末《てんまつ》。

「鳥刺しおくめ」（「少女倶楽部」昭和十二年五月号）。鳥取藩池田家中の足軽、村岡伊右衛門の娘おくめは、「猿っ子」と悪童たちにいじめられながらも、延べ棹《ざお》で鶯《うぐいす》、駒鳥《こまどり》、頬白《ほおじろ》などを刺し止めては、鳥好きの家老、池田三左衛門に売って家計を補い、病父に尽くしていた。山峡の山小屋でおくめは、物頭格の鬼鞍東左が若者を脅しているのを目撃する。鬼鞍は若者を主君光政公の御落胤《ごらくいん》に仕立てて、お家を壟断《ろうだん》しようとしているのだ。御落胤の真の正体を暴くため、おくめは髪を結い、化粧し、晴着を借りて美しい乙女に変貌《へんぼう》する。

「戦国会津唄」(「少女倶楽部」昭和十二年九月号)。上杉景勝の重臣で猪苗代城代を務める岡野左内は一万石の大身なのに吝嗇《りんしょく》に近い生活をしていた。人々から「左内ではない吝内殿《りんない》だ」「稗野吝内《ひえの》であろう」と陰口を叩かれていた。一人娘の小房も乙女盛りなのに正月の晴着も与えられず、木綿布子を着せられていた。その上、左内は金貸しを行い、期限がくれば厳しく取り立て、「まるで金貸商人のような奴だ」とまでいわれる。そのため許嫁《いいなずけ》の約束のある土岐市之丞、菊枝兄妹とも疎遠になってしまう。左内は果たして「稗食い虫」で「金貸商人のような男」であったか。「治《ち》にいて乱を案ずるは武人のたしなみ」「艱難汝《かんなんなんじ》を玉にする」という章句を彷彿《ほうふつ》する一篇。

「半化け又平」(「少女倶楽部」昭和十一年十一月号)。播州姫路の城下、古中条流剣法の達人八重樫主水の道場。一人娘の相江はある夜、奉公人の又平が薪割《まきわ》り台の皿を木剣で両断するのを見て、古中条流「忍び太刀」の一手ではないかと、疑う。主水は道場の門弟から三羽烏《がらす》と呼ばれた三人の腕利きと、二人の師範代を集め、「近く隠居をするゆえ、跡目を決めたい」と告知する。勝ち抜き試合をし、最後に勝った者へ、古中条流の秘伝を授け、娘の相江とめあわせ、家名を相続させるというのだ。相江は又平をも加えてほしいと申し出る。又平は試合に出るものの、悲鳴をあげ、逃げ廻《まわ》るばかり。そして主水と相江に危機が迫る……。

「蒲生鶴千代《がもうつるちよ》」(「六年生」昭和十五年十月号)。岐阜城下の瑞龍寺。南化和尚《おしょう》の徳を慕って来る人たちの連歌の座に斎藤内蔵助が加わる。内蔵助は後に明智光秀の家老となり、本能寺に信長を襲って、明智天下を実現させた武士だ。彼は座の連衆の中で、少年に目をとめる。日野城の蒲生賢秀の子、鶴千代で十三歳、のちの蒲生氏郷である。内蔵助が鶴千代に「学問と兵法と、この二つが備わらなくては真の武将には成れません」と忠告するのが、鶴千代には不満だ。やがて鶴千代は信長から戦《いくさ》への初陣を勧められ、出陣するが忽《たちま》ち五百人の兵ともども苦境に陥る。そのとき内蔵助が現れる……。後に名将を謳《うた》われ、会津百万石の大名となった蒲生氏郷の少年時代を描く短篇。作中の「正しき戦」とは、秋山駿風にいえば、「〝礼〟の深さと戦争の必死さとが、お互いに相手の深淵《しんえん》を覗《のぞ》き込むような戦争」、人智のかぎり、情愛のかぎりを尽くした戦いとでもいおうか。

「誉れの競べ矢」(「少女倶楽部」昭和十年十二月号)。一連の〈伊達藩物〉(ほかに『牡丹花譜』『樅ノ木は残った』など)の一篇。出羽国米沢。二十歳の若さで出羽奥州十五余郡五十万石の領主となった伊達政宗。鷹狩りで「それ鷹」を射落とした小菊に驚嘆する。小菊の父の浦上靭負はかつて剣と弓とに非凡なる才能を持つ伊達藩の軍学者だった。政宗から山岸次郎七と競《くら》べ矢を命ぜられ、山岸の奸計《かんけい》にあって敗れ、暇《いとま》を申し出て下野したのだった。真相を知った小菊は弓道に専念し、御前試合で山岸を打ち負かす。会いに来た政宗に、靭負は「暗愚の殿には、帰参せいとあっても手前の方よりお断り申す」と言い切る。対する政宗の意表をついた行為に息を呑《の》む。政宗が独眼竜といわれる理由が判明する。

「梅雨の出来事」(「読切小説集」昭和二十七年八月号)。前・後篇のうち、これは後篇。前篇は今も未発見という。普請奉行を務める堀保之助の妻しのは、夫の着物の背が二尺ばかり切り裂かれていることに疑問をもつ。夫は杉森大膳の屋敷に忍びこもうとした男にいきなり斬りつけられたという。男はゆうべ山牢《さんろう》を破獄した竹二郎という囚人ではないかということになる。この破獄者を探索中、島田内記が何者かに斬殺《ざんさつ》される。これも竹二郎の仕業とされる。しかししのは事の真相に迫る。ミステリーロマンである。

「美少女一番乗り」(「少女倶楽部増刊号」昭和十三年四月号)。飛騨と信濃の国境、摩耶谷の山中。追手に斬り込んだものの、高山城の武士、茢谷兵馬も深傷《ふかで》を負い、谷へ転落する。救ったのが少女お弓。建武の帝の勅勘によって流罪になった殿上人の裔《すえ》で、一族を指導する北畠十四代の賀茂老人の娘だ。茢谷を救ったことで、一族にも木曾方の圧力がかかる。茢谷も父も裏切者に殺される。美少女お弓は馬上に大薙刀《なぎなた》を執って、敵陣の中へと斬って行く……。

全十篇、改めて「周五郎の魅力は短篇にあり」、を実感する。『春いくたび』でも指摘したが、少年少女向けの雑誌に発表されたが、ここには大人の読者をも想定し、主人公が少年少女という不思議な小説空間がある。モーリス・センダックは語っている。「私はかつて私であった子どもが成長して今日の私になったというふうには考えていません。この子どもであった私は今でもどこかに、最も生彩を放ち、弾力性を帯び、しかも具体的な形をとって生きているのです。言ってしまえば、私は唯単にどこか他の所に引越ししてしまったのです。私はいつも彼のことを心配し、彼に関心を抱いています。私はいつも彼と交信するか、しようと試みています。私がいちばん怖れるのは彼との接触を失ないはしないかということです」

本書の作品のヒロインたちと接触をとろうとすることは、今日を真に人間らしく生きることに通じるような気がしてならない。

『午後の自画像』解説

五木寛之『午後の自画像』（角川文庫）

当然そこに付いているものとして誰もが気にもとめなくなった文庫巻末の〈解説〉。この〈解説〉を附す慣習はいつ頃から始まったのかは知らないが、日本の出版物に特有のものと聞いたことがある。その真偽の詮索はここでは措《お》くとして、五木寛之氏は文庫によってもたらされた近年の〈解説ブーム〉にきわめて懐疑的で、現にその種の発言もしている。曰く「わが国の読書人、ことに学生たちは、本を買う場合に必ず巻末の解説に目を通し、それが購入に価する権威ある名著であることを確認してからカウンターへ持ってゆくという悪い習慣が身についているからだ。一流銘柄の商標や、知名士の推す言葉など実際には何の保証もないことを日常生活の中でいやというほど見聞きしているくせにである」と。

五木氏の執筆する〈解説〉になかなかお目にかかれないわけが、これで氷解した次第だが、珍しや、本書には氏の文庫本〈解説〉が三本も収録されているのである。氏が久しき持論を一時撤回してまで、〈解説〉をかって出た書物は何か、そして如何なる〈解説〉を披露するに及んだか、興味を唆《そそ》られないといえば嘘になる。私ならためらわずレジに走り一冊買い求めるところだが。さて、この部分まで立ち読みし、おもむろに頁を閉じ、元の棚に本書を戻そうとする読者に、私は五木氏執筆になる或る文庫の〈解説〉の冒頭を引き、「もう数刻、黙読を続けられたし」と胸を叩いてみたいのである。

「きみ、この本を買いたまえ！　今だ、今すぐ買うんだ！　きみがこの本に出会ったのは空前絶後の幸運なんだから、そうしなければきみは一生、本に出会ったなんぞという文句は吐けなくなるぞ！」（中公文庫『歴史の暮方』）と。

『午後の自画像』は「追想」「時代」「書物」「日記」「遍路」「小説」の六章から成り、どの章どの一篇をとっても、五木氏の自画像が透視画像のように浮かびあがる仕組みになっている。ゴッホの「自画像」が弟のテオに宛てた六五二通の書簡を読むことで、一層親しく感じられてくるように、『さらば、モスクワ愚連隊』や『青春の門』で五木像をイメージしている読者にこのエッセイ集はまた異なった角度からの五木像を提示することになる。「追想」の章の五十嵐一や阿部薫、あるいは鈴木いづみ、林達夫といった人々が、これほど親しく活写されたことがかつてあったろうか。

「追想」はタイトルどおり死者へのレクイエムだが、それ自体すぐれた人間論となっている。死者の内的衝迫の世界を追尋し、自己の葛藤する呻きを重ね、自他ともに転回を期すといったそのこころばえは私たちを衝《う》たずにはおかない。五十嵐一、阿部薫、鈴木いづみ、佃實夫、森山啓らは、いずれも五木氏の分身といえるが、その死が新聞の片隅で数行報道されたのはまだしも、殆んど黙殺されたのである。その数行の「死亡記事」も含めて、五木氏のような位相で彼らの死を受けとめたものもいなかったのである。たとえば五十嵐一についてマス・メディアから流布されたイメージは、「『悪魔の詩』の日本語版の訳者」、「奇妙な諷刺劇の上演者」、「学者としての域をこえた、いささかうさん臭い奇矯な人物」といったものであった。『悪魔の詩』を訳したというだけで、一部のムスリムからの襲撃を受け四十四歳の生涯を閉じた有為の学者の死を、自業自得とまでのニュアンスで伝えた新聞、週刊誌すらあった。

「『悪魔の詩』なる〝問題作〟を訳し、その話題性に便乗しようとした学者」などという自らの歪んだ願望を肥大させた先入観が跋扈《ばっこ》しもした。

　しかし五木氏の脳裏の五十嵐一像はまったく異なっていた。氏は一面識もないこのイスラム学者の早くからの理解者であった。「わが国でもっとも見事にイスラム的精神を生きた稀有の知識人」「破天荒な想像力と超人的な博識には南方熊楠とてカブトを脱がざるをえない」「当代まれに見る天才的な批評家」と高く評価していたのである。「危機の知とは知の本来的性格のようである。しかしまた多くの歴史はそのような知識人たちが知ゆえに自らの存在を危くした例をも示している。危機の知は知の危機をも招来する」――五十嵐一はその著『知の連鎖』で記した〈序文〉を自らなぞるようにして凶刃に倒れた。

　知識というものが知的道楽者の処生術の道具ぐらいにしかおもわれていないわが風土では、五十嵐一のように批評のラディカリズムを生きる人間は異端として排斥され、これに共感を表明すれば、その人間も疎外されることは必至である。クリティーク（批評）というものは危機を意味するギリシャ語のクリシスと同じ語源を共有するように、本来もっとも危険な行為である。「批評という知的行為の源泉は、自らの生命をも賭けて選びとることである」というマニフェストを体当りで生きた五十嵐一を追悼することはほかならず、五木氏自身の戦闘的思想者宣言でもある。

「阿部薫――なしくずしの死」は、ジャズのアドリブ的文体で書かれているといおうか。それは高速道路を車を運転しながら走る場面から、なにげないふうに書き始められる。普段は見える製鉄会社の溶鉱炉の火が今夜は見えず、黒くうずくまっている工場群から無気味な復活の息づかいの気配がする。再び鋼鉄が国家になる日がゆっくりと、だが確実に近づいてきつつあることを予感している工場群の生ぐさい息づかい――阿部薫の死が伝えられる前夜の悪夢のような光景である。アルト・サックスの天才奏者、「サックスを抱えたロープシン」（五木氏）の死、享年二十九。彼の最初のアルバムは、その製作者、間章によって〈なしくずしの死〉と訳された。『夜の果ての旅』の作家セリーヌの作品からとられている。自身天才的批評家であった間章は七八年、脳出血でそのアドレッセンスをはやばやと埋葬する。享年三十二。阿部薫と同棲し、「ポニーとクライドのような」とも「ゼルダとフィッツジェラルドのような」とも形容された鈴木いづみは九〇年、パンティストッキングで首をつって死ぬ。『セリーヌの作品』（全十巻）を編集した生田耕作は、私がこの〈解説〉を書いている十月二十一日、未明、転移性骨腫瘍で死去。累々《るいるい》たる〈なしくずしの死〉である。

〈敗残の巨人〉セリーヌは死に際して司祭から、全世界、全歴史、全人類の欺瞞を呪詛し、その糾弾に生涯を賭けたことのトガをもって、葬儀の執行を拒否されたが、セリーヌの申し子たるわが死者たちも、マス・メディアの司祭から追悼を拒絶されたのである。五木氏が常に〈なしくずしの死〉者にのみ共感を寄せていることに留意したい。本当の生の光輝がないところには死の尊厳もない。日本という国もまた〈なしくずしの死〉を死んでいるというのが五木氏の含意するものであろう。氏の死を契機にして書かれた即興の文が追悼文の範疇、つまり死者への儀礼的な愛惜や敬虔な気分を逸脱した個と時代への鎮魂を響かすゆえんであろう。彼ら〈なしくずしの死〉の死者は私たちの時代の凶々しさを、死相を鏡のように映しだしている。

「鈴木いづみ——速度を追いこす者の宿命」の副題に、私たちは彼女のエッセイの一節、「速度が問題なのだ。人生の絶対量は、はじめから決っているという気がする。細く長くか太く短くか、いずれにしても使いきってしまえば死ぬよりほかにない。どれくらいのはやさで生きるか?」を想起するだろう。暴走族の少年がオートバイで死にもの狂いのスピードで走り続けても、背中にはりついた「孤独」を振り切ることができないように、彼女も肉体の限界を超えるスピードで走り続けても、遂に「孤独」を訓育することはできなかったようだ。五木氏は彼女の父親からもらった手紙の中に、「高校生のころのいづみは本当によく勉強して成績も良く明るい娘でした」という一行を見て、「それがひどくこたえた」と結んでいる。この場面に私はポランスキー監督の『反撥』のラスト・シーン（発狂し生ける屍となったカトリーヌ・ドヌーブ演ずる少女が、まだ幼なかったころであろう午後の陽光のふりそそぐ庭で家族と一緒に撮ったスナップのクローズ・アップ）を重ね、言葉を失う。

ところで五木氏は一代の碩学《せきがく》林達夫に最も自分に似た魂を見てとっているのではあるまいか。私がこの〈解説〉の冒頭に引用したのは、五木氏の文庫本解説（林達夫の『歴史の暮方』）からの借用だが、先の文につづき、氏は、「私はただ直截単純に、これを読め、と青年読書家たちに言う。これを読め、私はそのためにこの文章を書いている、と。そしてつけ加えて言う、この本に二十代で出会ったことは、自分の数少い青年期の幸運の一つだった」とまで言い切っている。五木氏以外で林達夫ファンを自称した人にはちょっと思い出すだけでも渡辺一夫、花田清輝、久野収、山口昌男、澁澤龍彥、大江健三郎氏らがいるが、彼らには「知」の場所への同時性、同時代へのシンクロナイズ、予見性、反語的精神の持主といった共通項がある。

五木氏が林達夫の好きな文章として挙げているのは「三木清の思い出」の中の『奈良』という一章である。文化遺産の宝蔵のような地に、これほど青年らしい自由な姿勢で対した文章は珍しい、というのが推奨の理由だ。山は山であり、森は森であり、三笠山の上に出る月も、ただの月であり、三木清と林達夫の二人はそれらの風景の中を夢の疾走のように駆け抜け、形式的な歴史への敬意など払うそぶりさえ見せない。万葉も、神話も、仏像の美も知らんぷりで彼らはただひたすら歩き、走り、終列車に間に合うように道を急ぐ。そして駅のうどん屋で〝冷え切った怪し気な親子丼〟を食べ終わったあと、財布を失くしたことに気づいて二人の奈良の旅は終る……と要約した後で、五木氏は「その傍若無人ぶりは、いっそ痛快なほどで、『日本文化私観』の坂口安吾と肩を組んで哄笑しているような〝野蛮さ〟にみちている」と記す。これはそのまま五木氏の精神と行動の様式ではないか。違うのは氏は万葉、神話、仏像の美にも造詣が深く、しかも「自由な姿勢で対している」ことだ。

「京都の寺や奈良の仏像が全滅しても困らないが、電車が動かなくては困るのだ」といった安吾の無頼の精神、虚飾を捨てて人間の本然の姿に徹するという生き方はそのまま五木氏のものである。

　ネチャーエフ、アゼーフ、サヴィンコフといったロシアのテロリスト群像から、スペイン内乱に銃殺された詩人ロルカ、そしてエスペラント語を創始したポーランドのユダヤ系医師ザメンホフ博士についての粗描を試みた「時代」の章は五木氏ならではのライフワークの世界といえよう。全能の悪魔から「もし望むなら、どんな時代に、どんな国にでも生まれ直すことを可能にしてやろう」といわれたら、「十九世紀末から二十世紀にかけてのロシアに、ひとりの青年として生きてみたい」と答えるというだけに、氏のこの国の歴史と文化に対する蘊蓄《うんちく》は深い。ドストエフスキーが『悪霊』のモデルとした悪の天才ネチャーエフ、二重スパイのアゼーフ、テロ工作に暗躍するサヴィンコフらの内心のドラマを点綴しながら、五木氏はこの時代に、現在私たちの直面している災厄のすべての原型が極端な形で存在していることに、人間の魂がかほどにまで振幅をもつということに改めて感動する。テロルの復権などというと忽《たちま》ち青ざめてしまう赤色恐怖症患者は「死の密度が異常に高くなり、生の密度が逆に低下し、一瞬が永遠の閃光に照らし出されるような刻、それがテロオルだ……文学がつねに理想としてもっているのは、死が自由の完璧な形態であるような恐怖時代である」（澁澤龍彦）という言葉を噛みしめてからうろたえても遅くはあるまい。毒にも薬にもならない類いのエロティシズムが氾濫し、死の感覚をもオブラートに包みはじめた今日、物事と世界を〈根源的《ラディカル》〉に考察しようとしたテロリスト群像への言及は五木氏の作家的必然というものであろう。

「ガルシア・ロルカの死」というエッセイは、J・L・ビラ＝サン＝ファアン著のロルカ研究に触発されながら語る五木氏のロルカ体験である。ムンクとロルカとカザルスを底辺にまで広めるに功績のあった氏のこの文章に私が現在の時点で一行付記するとしたら、ロルカのピアノ伴奏でエンカルナシオン・ロペスの歌った、ロルカの採譜した曲「チニータスのカフエ」と「十八世紀のセビリヤーナス」が発見され、『フラメンコのスターたち――幻の名演集／フラメンコ四〇年史』〈OK―九〇一二C〉に収録されたというトピックぐらいなものである。また「カンパントラ以後の世界」で、五木氏がノルヴィッドの短篇「レオネス」を読んだ感銘を綴った箇所に、ある記憶を呼びさまされたということも記しておきたい。アソジェイ・ワイダ監督の映画『灰とダイヤモンド』で、マチェックとクリスチーナがキリストの像が逆さになって軋る廃墟めいた教会で逢引きし、碑銘を指でたどりながら口ずさむのがノルヴィッドの「舞台裏にて」という詩であった。

灼熱の焰が　燃えあがる松明の如く
君から噴き出る時
君は知らず　自由の身なるを
君は知らず　すべて失なわれし時
灰も昏迷も燃えるものより残され
その灰の底に　ダイヤモンドが横たわり

「医と私と親鸞――駒沢勝」は次章の「遍路」所収の「蓮如を求めての旅」に接続するテーマをもつ。五木氏は九四年七月、岩波新書から『蓮如――聖俗具有の人間像』を出版したが、その原型ともいえるのが「蓮如を求めての旅」である。初出の八五年七月という日附を見ると、氏の蓮如遍歴もほぼ十年を閲することになる。ここで氏が試みているのは、従来、知識人一般に流布されてきた親鸞は真摯な求道者、聖、純粋な信仰者、他方の蓮如は現実的な実践者、俗、偉大な俗物、という見解の顚倒である。五木氏は蓮如の文章に隠された深い屈折を感じ、選ばれた断念を見、蓮如が時代と人々の願望、苦悩、決断などを一身に反映して、なま身の人間を超えた存在になったとし、蓮如をこそよしとする。蓮如が農民以外の流民、技能者と常に深いかかわり合いをもち、手をたずさえて歩んだ点に共鳴する。「天才的煽動者は、個々の民衆の意識の深部にひそむ声なきスローガンを直感し、それを増幅させる才にめぐまれただけだ」云々は、蓮如を語るとともに、虚実皮膜の間を往還することによって、思いがけぬ真実をものするエンタテイメントの文学を志した「語り部」としての自己の作家精神の吐露のようにもおもえてならない。

この「蓮如を求めての旅」というエッセイには暗い情熱というか、異様なまでの迫力が横溢《おういつ》している。あたかも五木氏が十五世紀、室町時代、飢饉と伝染病が襲い、飢えた民衆の土一揆が繰り返され、善悪あいあらそう無明の泥海、魑魅魍魎《ちみもうりょう》の巷に降り立って民衆とともに揺れ動いているといった臨場感さえ伝わってくる。親鸞になりかわって消息の文章に書かれたと思われる文章を想像し、親鸞もどきの擬古文まで作ってしまう箇所はけだし圧巻といわねばならぬ。

「日記」の章では「十四歳の日記」（一九四七年九月二十一日〜十一月二十七日）と「三十四歳の日記」が併載されている。この早熟の中学生は「学校で先生と天皇問題についてディスカッションをやる」かとおもえば、ヒットラー伝を読み、「彼は民衆に考へさせない。批判と思考をあたへない。常に最も高度のコウフン状態においてゐる。その民衆のつかれたやうな自己トウスイがさめる時こそ、彼が米英ソ等に追はれずともたとへ戦に勝ってゐたとしても必ず失脚することであらう」と感想を記すのである。「京座で『肉体の門』を見て来た」という記述もある。最も驚かされたのは、「夏休みの読書計画」だ。古典から現代文学、世界文学に及ぶこの目録の周到さ。今日《きょうび》の文芸批評家といえども、これほど充実した目録は作成しえないのではあるまいか。

『三十四歳の日記』（一九六七年一月一日〜二十五日）は第五六回直木賞の候補になった日から、受賞に至る日々のドキュメントだ。新聞社、出版社、ラジオ局、テレビ局の人人人の出入り、喧騒、なるほど直木賞は社会的事件なんだなと、私もテレビの密着取材を見ているような興奮に包まれる。

「小説」の「当麻寺の雨」は不思議な静謐とエロチシズムに充ちた貴種流離譚といえよう。姉と弟の禁断の愛も舞台が中将姫の伝説で有名な当麻寺ならむしろ清々しい。「中将姫にそっくりの顔をしてるね、姉さん」と囁く弟は朝廷への謀反の罪を問われて死罪になった大津皇子の化身でもあろうか。事実、彼は労働争議にアンガージュしようとしている。五木作品でも異色の一篇だが、私が思うに、氏は小林秀雄の名品「当麻」の頁を繰りながら、この物語を紡いだのではないだろうか。
午後の自画像——午後とは何か。暮方までにはまだまだ間がある。私は母を埋葬した日と同じ午後の太陽の下でアラビア人を殺害したムルソーを思い浮かべる。太陽と砂と波、そして永遠——それはまた独軍占領下の息づまるようなパリにも通底していたのである。五木氏の自画像に一片の苦い翳りがあるとしたら、それは私たちの時代が緩慢な〈なしくずしの死〉を強いる辛い過渡期にあることを反照しているからであろう。

『スペインの墓標』解説

五木寛之『スペインの墓標』（実業之日本社）

「スペインの墓標」が、五木文学の根柢に潜む大衆の夢と理想の原型を最も端的に示している所以《ゆえん》を述べるために、少しく迂廻《うかい》してみたい。たとえば次のような文章を目にして、現代の若者たちは、どのような反応を見せるものであろうか。

〈「一昨年の冬、僕はエジプトの土の家に泥まみれになって眠り、ナセルの軍隊に加わって戦いたいという狂気じみて暗く、激しい情念にとらえられていたものだった」。最近の新聞紙上で、大江健三郎はそう書いている。これは、戦後、二十代の青年によって書かれたもっとも美しい文章の一つだとぼくは思う。江藤淳が大江の文体についていった「豪奢な、しかも抑制されたイメージ」は、この短い文章に鮮やかに波うっている。〉

これは橋川文三の「戦後世代の精神構造」と題するエッセイの冒頭である。エジプトという国名が出てくるので、二〇一一年現在のエジプト情勢のことと錯覚する人がいるかもしれないが、すでに半世紀も前、「東大新聞」（昭和三十三年二月五日号）に発表されたものである。因《ちな》みにナセルは、エジプト革命の指導者で、一九五二年、国王らの封建勢力を排除し、アラブ民族主義の中核となった人物である。大統領兼首相として近代化を推進。五六年にはスエズ運河国有化に踏みきっている。

しかし橋川論考が発表されてから五十三年、ひとつの時代が完全に終わっている。「近代日本」という枠組で捉《とら》えることの出来た時代、近代と土俗、中央と地方、都市と農村、工業と農業、知識人と大衆、といったさまざまな対立概念が有効であった日々が、眼前から消え失せたのである。かかる時代に、「戦後、二十代の青年によって書かれたもっとも美しい文章の一つ」という橋川文三の断案が共感されるとは思えない。若者たちは当惑するだけではないだろうか。

だからそれに次ぐ橋川の、〈戦後の青年たちで、この暗い凶暴な情念にまみれなかった人間はむしろ少ないであろう。大江より少し年長の青年なら、「エジプト」のかわりに「朝鮮」といったであろう。そしてもっと年長の世代なら、「ニューギニア」か「ビルマ」を思ったであろう。〉に対しても、為《な》すすべもないのではないだろうか。「暗い凶暴な情念にまみれ」る人間など、いないと反問する筈《はず》である。

理想、献身、無償、連帯、希望、義俠、抵抗、犠牲といった観念が今日ほど色褪《あ》せた時代はない。

五木、大江の世代には、現実の不条理に抗して、民主主義を擁護し、被圧迫階級の解放のために戦い続けることは普通の当為であった。「われ反抗す、ゆえにわれらあり」という反抗的人間の基本的命題がそこでは生きていた。

大江氏は昭和三十一年（一九五六）当時二十一歳。東大仏文科の無名の学生として演劇の脚本『死人に口なし』『獣たちの声』を執筆。サルトルに傾倒し、全作品を原書で耽読《たんどく》していた。そして五木寛之氏は二十四歳。早稲田大学露文科の学生として、「血のメーデー事件」「早大事件」、後に「内灘闘争」など、〈政治の季節〉の渦中にあった。学費と生活費を稼ぐために、製紙工場の裁断工や羽田空港のバーで深夜のアルバイトなどをしながら、思想と文字、倫理と政治が一つになるところに身をおいて表現活動を展開していた。

五木氏にとっての「エジプト」は、「スペイン」（スペイン戦争）である。歴史と呼ぶには新し過ぎ、現在と呼ぶには余りにも離れ過ぎている一九三〇年代——そこに五木氏のスペイン戦争が存在する。氏はベトナムに、あるいはチェコにスペインを重ねてみる。無数の戦争をダブル・イメージとして見る思想的修錬を自らに課して生きてきた。そこで獲得した視線は、すべての戦争、動乱にスペイン戦争の影を見ることになる。自身を「現代史を読み過ぎた男」と規定する氏にとって、スペイン市民戦争は、いまだ終焉してはいない。戦火は一九三九年の春、フランコ軍のマドリッド占拠で消えたが、それは形の上だけの終戦だと宣明する。「本当のスペイン戦争は、ここから始まった、と私は考える」（『わが心のスペイン』）。「過去」の戦争に拘《こだ》わるのを現実逃避的というのは当たらない。それは氏にとっていまも直面している一つの現実なのである。

スペイン市民戦争は、「青年の戦争として始まり、老人の戦いののちにその幕を閉じる」という比喩の卓抜さ。五木氏がいう「青年の戦争」とは、アーネスト・ヘミングウェイやジョージ・オーウェル、ポール・ニザン、アンドレ・マルロー、シモーヌ・ヴェーユ、イリヤ・エレンブルグ、パブロ・ピカソ、その他無数の作家や知識人をふるいたたせ、義勇兵として参戦させた国際的連帯についての永遠のロマンが醸成された青春の季節を意味していた。

スペイン市民戦争を経由した後は、「人々は正義、人間、真実、勇気などという言葉をひどくうしろめたい思いで発音するようになる」という、昭和四十年代の五木寛之氏の発言は、重要で、ユダヤ人哲学者テオドール・アドルノの、「アウシュヴィッツの後では詩を書くことは野蛮である」という世界を震撼させた警句に通底している。アドルノの言葉は人口に膾炙《かいしゃ》し、多くの人々に引用された。しかしプライオリティは、五木氏にある。

ところでこのアドルノの発言を引用しながら、戦後から統一後のドイツ史を検証したドイツ文学者の三島憲一氏が、その末尾で、この言葉を、「南京虐殺の後で俳句を作るのは野蛮である」という形に言い換え、戦後におけるドイツと日本の「心理」の相違に言及したことを、私は俳人矢島渚男氏の評論集『俳句の明日へⅢ』で知った。

矢島氏は、「アドルノはこれらの残虐行為の後では、あたかも何もなかったかのようにしているわけにはいかない。過去の過ちを心に刻むならば、それ以前と同じように詩や俳句を作ったりすることは、出来ない、と言いたかったのであろう」と読み解き、昭和俳句史を作ってきた代表的な俳人たちが、南京虐殺の、あるいは従軍慰安婦徴発の場面に遭遇したとして、いったいどのような反応を示し得ただろうか、自分自身はどうなのだろうといった想定がまったくなされなかったことを糾問《きゅうもん》する。そして戦争体験の空白化に無自覚で、何もなかったかのように装っている平和な俳句界を、「南京虐殺の後」の俳句が一句も作られていないからだと指弾するのだ。

その言い方を敷衍《ふえん》させてもらえば、五木寛之氏の「スペインの墓標」は、「南京虐殺の後」の小説集、もしくは「スペイン戦争の後」の小説集というべきであろう。「スペインの墓標」は、スペインがまだ軍事独裁政権のもとにあって、重苦しい沈黙を強いられた時代が背景となる。一流ラジオ局のプロデューサーが、突如として家庭や職場や友情を断ち切り、スペインへと姿を消した理由を追尋する。彼はピレネー山脈の奥深く、抵抗を続ける反フランコの地下組織に身を投じ、地下放送局を始めようとする。フランコ政権を拒否してスペインを去った両親をもつフラメンコ・ダンサーとの恋のため、さらには反フランコとの闘いに彼女と伴走するためにである。

あらためてスペイン戦争について略述する。同戦争は一九三六年七月より一九三九年三月まで、スペイン国内で戦われたファシズム勢力と人民戦線・左翼勢力との武力抗争である。

〈人民戦線政府を軍の反乱が潰滅させただけでなく、フランコにひきいられたカウンター・レボルーションをムッソリーニのファシズム政府の軍隊とヒトラーのナチ帝国が強力に支援し、第二次世界大戦の前哨戦ともなった。しかも、同時に、スターリンのソ連に支援された共産党とアナーキズムの間に血で血を洗う争闘が展開されたことによって、まさに現代史の縮図となった。〉（木本至・文春文庫版『スペインの墓標』解説）

日本人放送マンの消息を知るスペイン在住の商事会社の出張所々長が五木氏の悲哀、絶望と憤怒を五頁にも及び、代弁する。

「スペインが同じスペイン人同士の血で真赤になった時代です。ロマン・ロランが当時書いたという文章をぼくはまだおぼえていますよ。ええと、〈くすぶったマドリッドの石々の間から恐怖の叫びが上っている。アメリカの人々よ、ヨーロッパの人々よ、わたしはあなたがたに訴える！　スペインをすくえ、われわれをすくえ、いや、あなたがた自身をすくえと。なぜならおびやかされているのは、あなたがたであり、またわれわれ自身でもあるからだ〉」

「内戦の結果、スペインはフランコ将軍の手に帰して、以来三十年の間、ヨーロッパでの特異な全体主義国家として存在しているのです。（略）フランコの法廷は戦後、一日に千人ずつ死刑を行ったそうですから。三十年の禁固刑が数十万人、二十年、十二年、六年の刑にいたっては無数です」など、今も衝撃である。

小説の最終行は、「わたしは、テーブルの上のラジオを短波に入れてダイアルを回した。そして耳をすませた。だが何もきこえてはこなかった。その沈黙の中に、わたしは遠い潮騒のような群衆の叫びを聞いたような気がした」とある。この「スペインの沈黙」は、私には神々の沈黙のように思えてならない。

「優しい狼たち」は、ナナハンを駆って編隊で疾走する暴走族の若者たちに、敗戦間近、ゼロ戦に乗り、絶望的な特攻作戦に出撃した若者を重ね、現代における苛酷な青春の意味を問う。

「フィクサーの視界」で描かれる虚栄と欲望がうずまくスタジオにおける男たちの世界。ここには広告代理店でラジオ番組の制作にたずさわり、ＣＭソング作詞や放送台本を書き、あるいはレコード会社の専属作詞家として、童謡、主題歌など八十数曲を発表するなど、多くの職業を遍歴した五木氏の体験がくっきり彫り込まれている。

「遙かなるカミニト」は、四十代半ばにさしかかった旧友二人がブエノスアイレスで再会する心の劇を描く。行間からはたえずバンドネオンの沈痛な旋律が響いている。思いは二人とも学園闘争が吹き荒れた時代の学生街のタンゴ喫茶「ミロンガ」の一少女に及ぶ。少女は貧しい生活をしていた。生活が貧しいだけではなく、郷里《くに》の病身の母親と幼いきょうだいを残して、その生活の面倒までもみていた。タンゴを愛していた少女にG・ティボンの言葉を重ねたい。「所有は貧しくあれ、存在は豊かなれ。おまえの存在の深さはおまえの貧しい庭を星まで拡げるだろう」。この小説を読むたびに、そんな貧しさの切なさで、音楽に接していたいという思いを強くする。

「グラスの舟」は、アムステルダムで会った青年は、内ゲバでやられた「わたし」の弟の最期を知っていた。ポルシェを駆り、ときに小声でビートルズを口ずさむ男の虚無の歳月。ここにも五木氏の世代の哀しみがある。

「夜のシンバル」も「フィクサーの視界」と同じく、作者のラジオ、PR誌、レコード、CMソングなど、青春放浪の体験による裏打ちが明らかである。

本書「あとがき」で、

「スペイン戦争は、二〇世紀の戦争の時代の開幕のベルの音だった。軍事政権が民主的に選ばれた政府を倒す、という構図が、このあと続々とあらわれてくる」と記す。二十一世紀も十年を経過しようとしているのに、人類はこの悪連鎖を断ち切ることが出来ないでいる。

また「六〇年代から七〇年代にかけて、私はくり返しスペインやポルトガルなど、イベリア半島を訪れる機会があった。朝鮮半島、インドシナ半島、バルカン半島、そしてイベリア半島と、半島はつねに二十世紀の内戦の舞台となっている。それはなぜだろうか。そして、希望は?」とも書き付ける。

好きな言葉を引くことで、作者の問いに応えたい。夭逝した山崎昌夫は、半島を「陸が海へ向けて語る敵意」「断ち切られた期待」と裁断した。半島のかたちは、虫祥突起、匕首《あいくち》、拳《こぶし》の突出、疑似餌《ぎじえ》に似ており、それは、「かつて存在した希望の残骸だ」という。寺山修司もまた、故郷の下北半島がラスコーリニコフの振りあげた斧《おの》と、脳天をくだかれた老婆の形にみえるとした。故郷に対する愛憎を、相対化して、〈反抗的人間〉として荒野をめざすことに、希望は見い出されるのではないだろうか。

永遠なれ、コブナ少年

横尾忠則『コブナ少年　横尾忠則十代の自伝』（文藝春秋）

「何日も雨が降りつづいた。そして川の水が氾濫して橋の一部が墜ちた。墜ちた個所には板が渡されていた。そこを自転車を押して渡る父の小さい姿を、水が引いた河原を危なげな足取りで歩く細い身体の母の背からぼくは眺めていた」――『コブナ少年―横尾忠則十代の自伝』は、まことに象徴的な書き出しで始まる。二歳のときに見たというその最初の記憶の光景に、横尾忠則という稀有の画家の生涯の往相が暗示されているように思われる。

降りやまぬ雨は天から地への凶兆の告知であろうか。川は歴史という時の流れの暗喩《メタファー》であり、水は世界を構成する要素、生命の源泉であろう。

「人は生まれおちたときの産湯から、死に水をとられるときまで、その重要な通過儀礼の度ごとに、また危機や禁忌のことに出あうごとに、禊《みそぎ》をし、水占をし、水垢離《みずごり》をとり、聖なる水の力にすがって生きる。死者を弔うときにも、墓に水をかけ、灯籠や流し雛を流す」（白川静『文字遊心』）。葉ぬれを滑り落ちる一滴が、やがて奔流に成長する。幼な子の見ている川はさらわれた子、梅若丸を狂い求める母親が、子の死を知って悲しむ能の曲「隅田川」〈観世元雅作〉に合流しているのかもしれない。

橋は端《はし》に派生し、「端と端との間にわたすもの」（『岩波古語辞典』）であり、「此の世と異界とのせめぎあうあわい空間であるとともに、此の世にあって此の世ならざる領域でもある」（飯島吉晴『竈《かまど》神と厠《かわや》神』）。その橋を此岸から彼岸へと渡って行くものは、現身《うつそみ》にしてうつせみの身というものではないか。父の姿が小さく見えたのもことわりであろう。母の背に負われ、この世の生死の幻景に己が心の寂寞《じゃくまく》を投げかける二歳の子には母性への憧憬と異界感覚の目覚めといったものがうかがわれる……。

『コブナ少年』は、横尾忠則氏のアドレッセンス（思春期）前葉を綴った〈詩化された自叙伝〉というものだが、自伝といい切ってしまっては過《あやま》つかもしれない。自叙伝には個の精神形成史を時間軸に沿ってリニアー（線的）に追尋《ついじん》していくというイメージがある。自己の神話化を企図する作者もいる。しかしこの作品では自分の個別な状況を特殊化して提示してみせるのではなく、自己の体験を私たち読者の原体験にまで変えてしまう試み、たとえば過去と現在を錯綜させ、多元的な時間を交差させるなどして、まさに〈物語〉としか呼びようのない魅力的な世界を現出させることに成功している。

だからこの作品はビルドゥングスロマン、つまり主人公の魂が、周囲の人間的、文化的環境と折衝しながら、ある調和した人格を形成するまでの過程を描く教養小説、成長小説というのがもっともふさわしい気がする。

横尾氏は昭和十一年（一九三六）六月二十七日、織物の町として有名だった兵庫県の西脇で生まれている。「二・二六事件の日から数えて百二十一日目」にあたると、こまかに書き込んだわりには、その理由や二・二六事件については、なぜか触れられない。しかしこの一行の意味するものは重く、画家の創作工房の扉を開く一つの鍵ともいえるものである。

二・二六事件が起きたのは、日本がファシズムの道へと雪崩れていく年である。それが日本の近代化の過程に生じた矛盾の軋みというものなら、氏は生まれながら、日本「近代」の洗礼を浴びて生まれたということになる。後年、親密な関係を結ぶことになる三島由紀夫にとっても、同事件に象徴される日本の「近代」は思想、文学において生涯を貫くアポリアであった。出会う前からこの二人は反「近代」への挑戦ということで深い因縁で結ばれていたとしかいいようがない。

実母が病気がちであったことから、横尾少年は兄夫婦「横尾家」に預けられ、三歳のとき正式に養子となる。養父は店舗を持たぬ呉服商であった。自転車に行李を積み、得意先のカフェや料亭に行商に行く養父に少年はよくついていったという。家の通りに面してカフェが二軒あり、少年は点滅する原色のネオンを覚えている。そんな春風駘蕩といった雰囲気に幼い頃から親しんでいたこと、それに着物に貼りつけるラベル、呉服の見本帳などに見入っていたことが、自分のデザインの発想の根源をなしているとは、後年の回想である。

横尾氏の異界感覚は、この養父母の影響を抜きにしては語れない。養父母は神道の一派である黒住教という教派に入っていて、家には沢山の神仏が祀られていた。毎日神棚に水と米をそなえ、榊やシキブ（シキミ）を枯らすことがなく、横尾少年も祝詞をあげる習慣をつけられていたという。こんな環境によって、アニミズムへの親和や神秘的なるものへの傾斜といった情念は培われていくことになる。

少年期というのは誰にとっても黄金時代というものであろう。横尾少年の少年時代もまた黄金の日々に彩られている。田んぼや空き地での野球。小川での魚獲り。見世物やサーカス。「ターザン」映画や村芝居。郷愁を誘う数々の〈物語〉のなかで、少年が最も熱中したのは小川での小鮒《コブナ》獲りだ。小鮒を一網打尽に捕獲するために考案した方法を披露する場面には至福感が横溢している。横尾少年の掌ではねる無垢なるものにして生命的なるものの象徴である小鮒。この光景が牧歌的でこんなにも美しく映るのは、いまやその光景が失われた彼岸の幻影であることを、少年とともに私たちもまた知っているからである。ヴィジョンとしてしか所有しえなくなったがために、いっそう狂おしい憧憬の対象と化した小鮒獲りの日々。少年は少年の時間に、古代の青空のように澄みきった川の流れに、いつまでも浸りきるイメージを反芻《はんすう》するのである。

『コブナ少年』とは聞きなれぬ言葉だが、おそらく唱歌『故郷』の第一連からの造語であろう。「兎追ひしかの山／小鮒釣りしかの川／夢は今もめぐりて／忘れがたき故郷」（高野辰之詞、岡野貞一曲、大正三年『尋常小学唱歌六』）は、私たち日本人に最も好まれている歌（第一位）というアンケートがある。

大正三年以来、九十年近く、人々はこの望郷の歌を歌ってきたことになる。思えば、故郷＝望郷を主題にした歌は、『故郷の空』（明治二十一年）、『埴生の宿』（明治二十二年）、『故郷の廃家』（明治四十年）、『旅愁』（同）と、ことごとく明治という時代に生まれていて、わが国の近代化の歩みに照応していることに気付く（明治に洋楽が輸入され、音楽学校が初めて開校されたという事情があるにせよ興味深い）。

故郷からの離脱を強いられた近代の日本人は、「故郷喪失」という病いを内に抱えながら、近代化の道を歩みつづけ、「土の生産から離れたという心細さ」（柳田国男『都市と農村』）から、望郷の歌を歌わずにはいられなかったのではなかったか。

『コブナ少年』は、七章に分けられているが、私は二章の「少年の日々」と三章の「青銅の魔人」に最も魂の共振を覚える。川や森での虫や魚獲り。キリギリス、ホタル、蚕、コメツキバッタ、蟻、蜘蛛との生命的な交感、その無償の日々。ここに彷彿するのは前近代的な村落共同体の幻である。山には山の精が、土地には土地の精霊が息づいていた自然世界。生きとし生きるものが照応し交感する世界。日が落ちると魑魅魍魎《ちみもうりょう》が跋扈《ばっこ》し、死、恐怖を現出させる異界。横尾少年の資質、感覚の稀有なるゆえんはこうした異質なものへの触知感を失ってはいないということに尽きよう。少年生物学者というよりも、思弁にふける形而上学者の相貌すらうかがわれる。言葉の真の意味で幻想的画家と呼ばれる所以である。再度繰り返すが、これらの章が牧歌的に映るとしたら、これが今では失われた「故郷」への痛恨に満ちた挽歌だからであろう。

倉林靖氏の卓抜な指摘によれば、横尾氏が生まれた昭和十一年は、「二・二六事件」ほどの歴史的大事件とはいえないが、画家にとってある意味でははるかに重要な出来事、即ち、「大日本雄辯會講談社」の「講談社の絵本」が発行された年でもあったということになる。私が先に「少年の日々」と「青銅の魔人」の二章に共感すると記したのもそのことに関係する。三、四歳から五歳の頃まで、横尾少年は「講談社の絵本」シリーズに耽溺する。絵本の模写を通じてデザイン感覚を身につけていったことは、五歳のときに描いた「宮本武蔵」の巌流島の決闘の場面の絵を見ても明らかである。絵の技法のほかにも絵本の物語のもつロマン性、幻想性を好む性癖はこの時代に育まれることになる。

昭和二十三年（一九四八）、十二歳。年譜には、「漫画家を志し、『漫画少年』にしばしば投稿す」とある（横尾氏よりも三つ歳下の私も、この時代からほぼ氏と同じ足跡をたどることになる）。井上一雄『バット君』、島田啓三『冒険ダン吉』、山川惣治『ノックアウトQ』、手塚治虫『ジャングル大帝』などが、同誌というより少年漫画の第一期黄金時代を飾った珠玉である。

そして「中学生のぼくの想像力に最も大きな影響を与えたふたつの小説」として氏が挙げるのが、江戸川乱歩の『青銅の魔人』（山川惣治画）と南洋一郎の『片眼の黄金獅子』（鈴木御水画）である。現在、両作とも読むことが出来る。ただ横尾氏や私などが、『片眼の黄金獅子』を手にしえたのは、一九九二年のことである。第一巻が出て完結編の第五巻が出るまでにほぼ四十年の歳月が流れている。完結編が脱稿していながら、陽の目をみなかった経緯は本書で明らかだが、その物語もまた「血わき肉おどる」ファンタジーというものである。

横尾氏はその最終巻をいまだに読んでいないという。読んでしまうと、自分の中の少年の部分が完結してしまいそうな気がする、というのが躊躇する理由だ。「人生の終わりまで少年時代を引きずるためにも、余命が見えてきたところでじっくり熟読するのもよいのではないだろうか、と今はそう思っている」と。永遠のアドレッセンスの園の住人の台詞である。

『講談社の絵本』―『漫画少年』―『野球少年』―『少年クラブ』と、横尾氏が少年時代に愛読した雑誌の世界が、すべて加藤謙一という編集者のアイデアから生まれたということ、つまり「講談社文化の枠内」にあったことに留意したい。

「一口に講談社文化と岩波文化の対立といったことが言われ、前者を国家主義的な体制と手をとり合った庶民文化、後者を反体制的な傾向を強く含んだインテリ文化というふうに区別されていて」〈佐藤忠男「少年の理想主義について」『思想の科学』一九五九年三月号〉、今でも横尾氏や私たちの少年時代を彩った雑誌は、「低俗な娯楽性と反動的な教化性」を糾弾されている。

私たちが熱中した雑誌に、立身出世主義、質実剛健、忠君愛国、富国強兵、南進思想、大陸雄飛思想、愛国主義、アジアの盟主日本といった〈反動的イデオロギー〉を鼓吹した面のあることは認めなければならないが、一方で友情、艱難汝を玉にする主義、弱い者の味方であれという武侠精神、正義、勇気、男らしさ、奔放濶達な創意工夫による建設精神、自己向上、精神の自由、奔放自在なフィクションの素晴らしさを教えられたのも事実である。

「『少年倶楽部』の読者のいちばん熱心な部分こそが、実はその後、岩波文庫の読者になるのである」〈佐藤忠男、前出〉という佐藤忠男氏の「講談社文化」擁護は見当違いというものだろう。後年、横尾忠則氏の感性の反乱―反近代へ、前近代へ、己が始源へ、混沌とした内なる闇への回帰志向は、〈岩波文化〉なる上層文化の高み、知的エリート、文化良民の対極に位置するものである。

演劇での横尾氏の寺山修司や唐十郎との共同作業は、都市の異物、毒花として、爛熟した都市を内から腐蝕させていくラジカリズムの突出であった。その内的衝迫の根源に、少年の日々、「講談社文化」

的な読書を通じて、異界、ロマン的な物語や猟奇性への嗜好などを養い育てられた体験があったことは疑いない。

国民学校三年で迎えた終戦。『鞍馬天狗』の嵐寛寿郎、『ターザン』、美空ひばり、川上哲治などの戦後を代表するヒーローとの遭遇。「国民学校」は「小学校」に変更。進駐軍のアメリカ兵がジープに乗ってやって来て、アメリカ文化一色になる。横尾氏は「軍国主義から民主主義への大きい時代の転換を半ば狂喜しながら受け入れたのだ」という。

高校への進学。美術部に入り、若い美術教師の影響で、さまざまな絵画コンクールへ応募。女流画家に絵を習い、幼いラブ・アフェア。武蔵野美大受験のため上京するも、教師の進言で受験前日に断念して、加古川市の印刷会社に入社。町のミスコンテストで優勝した六つ歳上の女流画家との初体験。この女性について「運命の渦」の章で、横尾氏は自分の「人生にある意味で決定的な大きい影響を心に残して去っていった」と書いている。ちなみに横尾氏が作家の井上光晴に勧められて執筆した小説「光る女」は、この女流画家がモデルだという。文芸誌『使者』（創刊号、一九七八年九月）に掲載され、瀬戸内寂聴氏らの絶賛を浴びている。寂聴氏との交友は、この小説がきっかけになったはずである。

「芸術の創造の原点に必要不可欠な愛の重要性を、まだ完全に一人の人間として人格が形成されていない海綿体のような吸収力のあるぼくの柔らかい情念に、彼女は愛の火をつけたまま、去ってしまった。将来もしぼくが芸術家になることがあった時、十代の終わりの彼女の愛を想い出して、ぼくの芸術の助けになればいい、と彼女がぼくの知らないどこかの街で祈ってくれているような気がしてならなかった」

私はこの箇所を読むと、トオマス・マンの若き日の自画像であり、青春の喜び悩み悲しみを奏でた『トニオ・クレエゲル』を想起し、瞼の奥が熱くなる。右の箇所など、トニオ・クレエゲルの言葉と聞いても違和はない。この女流画家との後日談が悲哀を誘う。彼女が去って三十数年後、横尾氏は友人から、彼女が病気で入院中と知らされる。入院先に電話で見舞った数日後、彼女は息をひきとる。死の間際、彼女が常に横尾氏の情報を収集し、可能な限り展覧会を見ていたことを告げたという。

神戸新聞社への入社、灘本唯人、永井一正、田中一光氏らとの出会い。そして谷泰江さんとの結婚。大阪のナショナル宣伝研究所を経て、六〇年、同所の東京移転にともない上京、で『コブナ少年』は終章を迎えている。

横尾忠則氏が一世を風靡する時代、さらなる疾風怒濤《シュトゥルム・ウント・ドラング》の時代はすぐそこまで来ていた……。

一九七〇年の大阪・万国博覧会で、横尾氏は「せんい館」の建築をデザインしている。それは建築作業中の足場などをそのまま残し、ヘルメット姿の作業員たちの人形を置いて、建物の外部全体を建設中、つまり未完成のものとする異様なものだった。「完成に向かうのではなく、さらなる混沌に自分を向かわせていくこと」――未完成の流動性を孕む画家横尾忠則氏の面目躍如であった。横尾氏はいまなおアドレッセンスそのものを生きている。私たちは本書で、反近代の旗手の精神の原点を、時代の最良の「魂のかたち」を知ることができる。現代美術のもうひとつのクロニクル、その聖典として読み継がれていくことになろう。

人類史的な射程

渡辺京二『なぜいま人類史か』（洋泉社）

小説や評論の執筆に取りかかる際、「ナポレオン法典」の数ページを繙読することを自己に課していると、村上一郎氏が語ったことがある。武満徹氏からは作曲前には、「マタイ受難曲」を聴くと伺っている。これらの人に比べるのはおこがましく、また〈執筆〉と称するに値する仕事をひとつとしていない私が言っても説得力はないが、自分をたてなおそうとするとき、きまって頁を繰るのが、渡辺京二氏の「小さきものの死」という『炎の眼』（第一一号、昭和三十六年十二月刊）に発表された小品である、ということから書き出したい。

渡辺氏が田舎の療養所にいた時分（十九歳頃か）、隣りの病棟の一室で母と娘が一晩のうちに死ぬという事件に遭遇した話である。母娘は前日、極度に衰弱した状態で天草の一農村から送りこまれ、二人部屋に入れられるが、容態が急変し、明け方までには二人とも死ぬ。看護婦から事実を聞かされた時、氏はひとつの光景を幻視する。死にかけている母親の痩せた腕が機械じかけのように娘の体をさすっている光景を――。渡辺氏は歴史から陥没した淵の中で起きたこの小さきものの死について、人間の社会は歴史と共に進歩し、残酷物語は人智と共に確実に減少するであろう、だが世界史の展開がこれら小さきもののささやかな幸福と安楽の犠牲の上に築かれるという事情もまた確実に続き行くだろうと、考える。そして、「人類の前史が終るということは、まさにこのような小さきものの全き生存の定立によって、世界史の法則なるものを揚棄することにほかならぬだろう」と、自分を納得させながらも、付け加えずにはいない。

「しかし、或いは遂に終りないかも知れぬ人類の前史にあっては、小さきものは常にこのような残酷を甘受せねばならぬ運命にさらされている。バラ色の歴史法則が何ら彼らが陥らねばならぬ残酷の運命を救うものでない以上、彼らにもし救いがあるのなら、それはただ彼らの主体における自覚のうちになければならぬ。願わくば、われわれがいかなる理不尽な抹殺の運命に襲われても、それの徹底的な否認、それとの休みない戦いによってその理不尽さを超えたいものだ。あの冬の夜の母娘のように死にたくない。その思いは、今私が怠惰な自己を鞭うって何がしかの文章を書き連ねることの底にもつながっている」と。

「あの母娘のように死にたくない」、そう呟き私もまた自らをたてなおすのである（その母娘は私の母でもあった。先年、八十代で沈黙のうちに死んだ母は、この世の中に、ただ苦しむためにのみ生まれてきたような人であった）。そしてこの文に象徴された渡辺氏の初心、主体における自覚〈正覚〉といおうか）は、今日まで、ただの一度も揺らぐことはないのである。

隣りの病棟の部屋から断続的に聞こえてきた声に比べれば、サルトルがドイツ占領下にあった時代の或る夜に聞いた、街路に響いた叫びなどは牧歌的といえる。一晩中、耳もとで叫ぶことをやめなかったというその叫び声についてサルトルは、「恐怖の時代であったそのころ、われわれはみな、遙かな援助を、遅すぎる援助を待ち焦がれていたので、誰しも、いまの叫びは自分自身の声だったのではなかろうかと、わが耳を疑ったものである」（エルマーノス『希望の終り』の序文）といい、「二十年このかた、こうした声は、一度も沈黙したことがなかった」と続ける。それはパリ解放を直前にした薔薇色の歴史法則への確信に支えられてる。だが、薔薇色の歴史法則とは無縁に、容赦もない自然と歴史の暴力の前に、無限の挫折を繰り返しつつ抹殺され忘却されてゆかねばならぬ「小さき者の存在」の叫び、もっとも基層的な生活民の存在圏から発する声には暗く慰めがない。「こころが温もったときたたかわねばならぬ／こころが冷えたとき　遇いにゆかねばならぬ」（「死の国の世代へ」）とは吉本隆明氏の詩の一節だが、寒夜、思想史の頁を繰るとき、ふいに襲ってくるこころが冷えるおもいに屈するとき、「小さきものの死」を読み、かろうじて私は自分をたてなおすのである。

話は前後するが、渡辺氏の評論との出会いは、「挫折について」（『思想の科学』昭和三十五年十二月号）である。反安保闘争が終焉した年に公開されたポーランド映画『灰とダイヤモンド』をめぐって、批評家たちの間で起きた論争に異議申し立てを述べたもので、論争の当事者であった花田清輝氏、さらには戦後日本の革命運動の転回に伴って生じた挫折という精神の劇（六全協、スターリン批判、ハンガリー問題）を衝いた谷川雁氏が根柢的に批判されている。映画の登場人物、テロリストの青年マチェクに、渡辺氏は戦中派世代と六〇年安保世代の挫折者を二重化する。氏によれば、挫折とは自分の選びとった目標と行為が破産を宣告され、自己のすべての情熱が巨大な歴史の航跡を前に空しく怨みを呑んでさまよわねばならぬことを意味する。当然のごとく転回し進展する歴史に便乗していく現実主義者、没価値的なリアリストたちは、挫折者の感傷と執念を青春のナルシズムだの敗北の美化などと嘲笑する。挫折が歴史の論理と自己の魂の論理との裂け目をつなぐ回路の起点となるかぎりにおいて、挫折は人間にとって意味のある体験たりうると主張する渡辺氏のような存在は殆んどいなかったのである。一人の女と普通に暮らすことを夢見たマチェクに語りかけるように渡辺氏がいう「生産と生殖と交遊の世界から、この日常の生の円周から、おそらくすべての論理が立て直されねばならぬであろう」とのマニフェストは、私もそのひとりである安保世代の再生のための原点となっているのである。「挫折について」のエピグラムには「もしも、おれが死んだら世界は和解してくれ」と吉本隆明氏の「恋唄」の一行が付されているのも強い印象を残す。

「挫折について」が、『思想の科学』に投稿されたことに留意されたい。投稿とか応募という形を通してしか表現したものが公に喧伝されることがないことは、わが国のジャーナリズムの未成熟を物語るものであろうか。小林秀雄氏が『改造』の懸賞評論に「様々なる意匠」をもって応募し、丸山眞男氏が緑会雑誌懸賞論文に「政治学における国家の概念」で入選、吉本隆明氏は詩誌『荒地』に投稿し論壇登場を果たしている。こうしたコミュニケーションの回路に渡辺氏が異和を抱いたであろうことは疑いない。『熊本風土記』の編集者時代に、氏は表現者の遇し方について、従来のすべての慣行を無視したと思われる。一例が石牟礼道子氏の『苦海浄土』の原型となった「海と空のあいだ」の連載である。当時、石牟礼氏はまだ完全にひとりの主婦として暮らしていた。

連載を始めてすぐ渡辺氏は「自分がひとつの作品の誕生に立ち合っているのだという興奮があった」と記す。そのことを「人に先んじて原稿の形、ゲラの形で読み、まだ誰も味わっていない感動を味わい知る特権にめぐまれたからだろう」と言う。何とつつましやかな感想だろう。普通これをジャーナリズムでは、石牟礼道子氏を見出した伯楽ということになり、そのプライオリティ、先見の明を讃えられるものである。予想通り、『苦海浄土』が出版されるや、世評はにわかに高く、第一回大宅壮一ノンフィクション賞の対象となった。渡辺氏は表面に出ることをせず、黒衣に徹している。「中央」「権威」のお墨付きで作家を追いかけ、柳の下の泥鰌を狙い、功名心にかられ、とどのつまり作家を消尽してしまう手合いに満ちたこの世界では稀なる存在である。

作家の発見者は、作品の核に批評の垂鉛を届かせた先駆者でもあった。まず主婦である石牟礼氏がそうまでして文章を書くことに執しなければならなかった衝動、即ち彼女には不幸な意識が存在していたと指摘。次に同書が公害の悲惨を描破した「聞き書」でもルポルタージュでもない自立的な文学作品、いうならば石牟礼道子氏の私小説だと、作品成立の本質的な内因を喝破したこと。さらに日本の近代文学の上にはじめて現われた性質の表現に注目し、近代的な文学的な感性では触知できない存在感の所在を剔抉したこと、また石牟礼氏の個的な感性に、従来、詩的表現をあたえられることのなかった〈共同的な基礎〉を見出したこと、等々、そのどれか一つでも見抜いた批評家は同書に言及した磯田光一、松原新一氏ら気鋭の批評家も含め皆無だったのである。

もう十年も前になるが、某大宅賞受賞作家とある会の席で隣り合わせ険悪な状況になったことがある。発端は渡辺京二氏の論考「石牟礼道子の世界」をめぐってで、渡辺氏が石牟礼氏と患者たちとの対話を、「むろん、ノートとかテープレコーダーなぞ持って行くわけがない」「まさか現実の対話の記録であるとは誰も思うまい。これは明らかに、彼女が自分の見たわずかな事実から自由に幻想をふくらませたものである」と書いたあとで、相手の老婆が彼女が書いているような言葉を語っていないことを知る経緯。石牟礼氏は、「いたずらを見つけられた女の子みたいな顔になった。しかし、すぐこう言った。〈だって、あの人が心の中で言っていることを文字にすると、ああなるんだもの〉と」言ったという。この箇所を捉えて、某大宅賞作家は「ノンフィクションの堕落だ」とまで決めつけ全否定したのである。

ここまで来れば、「蕩児の帰郷」についても触れておかねばならない。渡辺氏が若い友人の実家を訪ねた折の話で、学問をした息子が両親とかけ離れた精神世界に移行してしまう問題を、近代日本の知の宿命を見据えて論じた名品である。

「知識に向けて上昇しようとする近代日本人は、あまさず〈蕩児〉だったのではあるまいか。彼らは草深い故郷で老いていく親たちの辛苦によって、親たちの見知らぬ〈近代〉へ旅立つ自分を鋭く自覚していた。柳田国男が云っている。明治の青年はなぜ、赤燈の巷に遊ぶ誘惑を斥けて勉強をしたか。故郷の家で糸車を廻しながら学資を送り続けてくる年老いた母の姿が、追おうとしてもまぶたから去らなかったからだ」「蕩児はどのようにして家へ帰りうるのか。帰る途はどこにあるのか。家に帰って親を慰めるそのこと自体はいいとしても、それが果して真の帰路でありうるのか。それを真の帰路とするところには、毛沢東流の人民奉仕の想像しか生まれまい。来た途をそのまま逆に戻っても、その先に故郷はない。糸車を廻す母への〈裏切り〉は、その〈裏切り〉の途を踏みとおすことによってしか償えはしないのだ。迂路を通らなくては、家に帰れはしない。そのようなけわしい迂路として、君はいまの境遇を選んだのではなかったか」。

百年のわが国の近代精神史を凝縮して提示した黙示録の響きをもつ名品といえないか。

そしてさて『なぜいま人類史か』である。ここまで「解説」として迂路を辿り過ぎたかもしれない。しかしこの一冊について語ろうとすれば、渡辺京二氏の思索の軌跡の一端に触れないわけにもいかないこともまた理《ことわり》。これが言い訳に聞こえてもやむをえない。というのも、「本書は渡辺氏にとっては初の講演録である」と書いた後〳〵以下に続く言葉を失うのである。この期に及んでも、この一冊を何と形容したらよいものか逡巡しているのだ。「壮絶な黙示録」「恐るべき現代の異端の書」といった断片が脳裏を交錯する。それほど圧倒的なのだ。著者自身により冒頭で本書が真宗寺という僧院で、仏教青年会の行事として行われた「人類史講義」の講演録であること、聴衆が寺に住み込み共同生活をしている青年僧、外部から参加の市民、学生ということが告知されている。時と場所と対象が明示されているのに、私はなお別種のイメージに誘われるのを抑えがたい。場所はガリラヤ湖畔のような地。聴衆は人類史が刻まれた時代から只今、〈現在〉までのあらゆる国のあらゆる階層の老若男女、乳幼児もいればアフリカ、アジア、中南米の奥地の人々もいる。犬や猫や山羊も牛も豚もいる。山の精や野の精、魑魅魍魎も跋扈している。生きとし生けるものが交感し、渡辺氏の語る〈共同性の夢〉に聴き入っている……。〈黙示録の響き〉といった所以だが、低位の倫理思想や倫理判断を峻拒し、時代的根拠を支配しきろうとする思想は、歴史的な既知の文脈に刃を突きつけねばすまぬ超出の思想でもあり、来るべき時を予言するその恐るべき言葉は、〈壮大なる異端の書〉〈危険な書〉の相貌をもって聳立している。

何と大袈裟な言い草だと思う人は以下を瞥見してほしい。

「私たち人間は、おのれと無縁でなじみのない荒涼かつ無意味な世界に単独で投げこまれた純粋意識なのではありません。私たちが現存在的にそのような孤絶感になやまされねばならぬとしたら、それは近代の資本主義文明がつくりだした自由な商品生産流通空間のせいであります。それはあらゆる信仰・伝統・習俗・規範を解体し、人間の欲望の化体としての商品の自由な運動空間をつくりだすシステムであります。それはまた、人間の生存には何の意味もなく、その無意味な恣意性こそ自由であるとするような純粋意識の自由な運動空間です。（略）われわれはこのような資本主義の運動空間を廃絶せねばなりません。でなければわれわれは世界との親和も、世界のなかで生きる一生の意味も喪わねばならないのですから」

孔子、仏陀、プラトンからヤスパース、ポランニー、イリイチ、ローレンツまでの叡智、最新の科学的哲学的知見を総動員し、文化的相対主義＝近代の知自体を揚棄するために、氏はソルジェニーツィン、パステルナーク、ローレンツといった「汚名を恐れない先行者」とともに考え、立ちつくそうとする。

なぜいま人類史か――本書のテーマを一言でいうならば、人間が「天地生存」（国木田独歩）的な充足を覚えつつ、同時に「社会生存」の実をとげることができないものかという、「人類の織りなして来た人類史を貫いて、アリアドネの糸のように見えかくれして来ている事実」を見据えようとする永遠の課題への肉迫ということになろう。講義の段落ごとに小見出しが付いている。「信と知」「戦後のパラダイムの本質」「テクノピア的現存」「自然という実在系」「エコロジストの文明危機説」「エントロピー的終末論」「人間中心主義からの脱却」「場の働きとしての言語」「偽装する人間中心主義」「文化的相対主義への訣別」「世界の獲得のために」等々、いずれも魅力あるタイトルで、講義の内容を要約し、同時に著者の思想を検索するインデックスの役割をも担っている。話しぶりは断固たるユーモアに富んでいて私たちの心からの哄笑を誘う。曰く「だいたい人類の滅亡ということを問題にしますけれど、滅びたってちっともかまわないのです。この世に人類がいなければならぬことはなにもありません」「人間はその生みの親である地球と運命をともにすべき存在です。人類は地球とともに雄々しく滅びるべきであり、そしてそれまでの宇宙的にいえば束の間の時間を最善をつくして生きるべきです」。最近のアメリカSFが「近代以来の人間中心主義、精神主体主義、主客二元論の最後のあがきを示している」という指摘も、快哉を叫びたい。

渡辺京二氏の『なぜいま人類史か』は、歴史の深層を構造化して取り出したいという渡辺氏年来の執念（一人の人間の生の実質に歴史を無限に近づけようとする執念）を横溢させ人類史の尖端的課題（吉本隆明氏が世界思想と呼ぶ）に対峙した大胆且つ鮮烈な試論である。異端の相貌を帯びるのはやむをえない。氏はかつて吉本氏を「まだ歴史として叙述しうるような思想家ではない。今日のわれわれの思想的水位にとって、まだ歴史的なレヴェルにおいて客観化することができないような思想家として存在し続けている」と書いた。これは渡辺氏にも当てはまる。歴史的な既知の文脈におさまりきれぬ、未完成の流動を孕む超出の思想家として氏は佇立している。日常の深淵をともにして行くべく私たちも研鑽を積まねばならぬと思う。

『天空の舟　小説・伊尹伝〈下〉』解説

宮城谷昌光『天空の舟　小説・伊尹伝〈下〉』（文藝春秋）

『天空の舟』を繙読しながら、私がしばしば感じたのはデジャ・ビュ（既視感）とでもいった衝迫である。漢籍の教養は皆無に等しく、中国古代史についてもまったく不明だったのだから既視感など本来、生起しようもないのにである。高校生のころ、『水滸伝』の抄訳や吉川英治の『三国志』に血湧き肉躍るという興奮を覚えたこと、中国の古譚や人物に材を採った中島敦の『山月記』『李陵』『名人伝』といった作品に親しんだことはある。また同じころ、教科書で吉川幸次郎、三好達治の『新唐詩選』の一章を習いもした。しかしこれくらいのことなら誰もが持つ読書体験であろう。中国古代史について無知蒙昧という当方の事態は修整されうべくもないのである。

にもかかわらず、この難解な漢字の頻出する古代中国王朝ロマンに対して、デジャ・ビュなる感覚が渦動したのだ。不思議である。私はその衝迫の淵源を探ってみないわけにはいかない。ヒントはある。デジャ・ビュの内実をなすものはある種の懐かしさ、切なさという心理の顫動《せんどう》であろう。とすると、現世を超脱して、天地生存的に生きたいと希求する人間の見果てぬ夢想が刻みこまれている、万象にナルシス的に同一化をはたしていた揺籃期の記憶が行間に主調音として織り込まれているこの作品が懐旧の情念を喚起したことも理ではないか。

少しく理念的にいえば、私たちの頭蓋の奥底に時間の遠い彼岸の記憶のように沈んでいる東洋の村、即ち「隣国相望み、鶏犬相聞ゆ、民老死に至るまで相往来せず」（『老子』）と謳われた幻の桃源郷の破片が原始の色どりをもって、魂を鋭く揺するのだといってもいい。さらにまた別の言い方をしてもいい。たとえば著者は「あとがき」で、「話をする者も聴く者も同じ高さにいて、話の楽しみをわけあう、そういうおもいで書けば、なんとかなるのではないかとおもった」と記している。この「同じ高さ」という姿勢こそが、私たちが子どものころ、炉辺で祖父や祖母に抱かれて、夢見心地に昔話や奇譚を聞いたときの姿勢である。デジャ・ビュはこの哀切な思慕の情に通底するものに違いない。

さて『天空の舟』は、中国最古の王朝、夏を滅ぼした商王朝（紀元前一五六二年頃）の湯王を補佐した伊尹の生涯を描いた大河ロマンである。この時代を舞台に選んだということにすでに私たちは作者の矜持ないしは決意を感じないわけにはいかない。いうまでもなくこの時代は甲骨文と金文しか存在せず、史料の空白部は逐一作者の類推・想像力で補っていかなければならないからだ。このあたりの事情を著者は「あとがき」で、『金文通釈』（白川静）の、いまの漢字になおしようのない字を眺めては、小説の想を練ったと記している。また別の場所でも「古代文字は具象画に近く、文字の中に人間が、あるいは建物が、星が、木が見える、甲骨文字を並べるだけで物語ができる」と、漢字偏愛者の面目躍如といった発言をしている。

これらは著者が畏敬しているらしい白川静氏の「象形文字である漢字は、その成立の時期における諸観念を、すべて字形的に表現するものであるから、その分析を通じて、その時代の習俗と観念とを回復することができる。文章として記述されることがなくても、字形がすべてを語るのである」（『文字遊心』）を継承しているものといえようが、凡手のなせる業でないことは言を俟《ま》つまでもなかろう。著者の想像力の不羈《ふき》は比類のないものであり、しかもその想像力には筋道が通っている。わずかなりとも記述があるというだけで『竹書紀年』『史記』『呂氏春秋』『孟子』が繙《ひもと》かれ、さらにはヨーロッパの古代の史料までが参考にされるという周到さである。『天空の舟』の主人公、不思議な叡知で次代の先覚者へとのぼりつめていく伊尹の名は『史記』や『竹書紀年』にも出てくるが、その生涯を一大叙事詩に織りあげたのは、おそらく本篇をもって嚆矢《こうし》とするだろう。

物語は摯（伊尹）が孤児となる運命を描く冒頭の「大洪水」の章から異様な迫力にみちている。洪水の場面から物語が始まるというのも暗示的である。大河は歴史という巨大な流れの喩《たとえ》であり、私たちはそこでは一滴の水の滴りということになる。再び白川静氏の言を借りれば、水という字は水脈のかたわらに飛沫のような水点を配して、そのせせらぎのさまを形象している。人の命とそのいとなみに対して、深いかかわりをもつ聖なる水は生命を生み、汪洋たる大河はその流域に文明を育てる。「人は生まれおちたときの産湯から、死に水をとられるときまで、その重要な通過儀礼の度ごとに、また危機や禁忌のことに出あうごとに、禊《みそぎ》をし、水占をし、水垢離《みずごり》をとり、聖なる水の力にすがって生きる。死者を弔うときにも、墓に水をかけ、灯籠や流し雛を流す」（『文字遊心』）ということで、摯

（伊尹）の生涯を叙述するのに、「水」は重要なキーワードとなっている。

摯（伊尹）の母は夢のなかで伊水（いまの河南省を流れる川）の神女より神託を告知される。「近く洪水が起こる。家の臼に蛙が乗ったら、それは洪水の前触れだから、すぐさま十里走りつづけ、桑園の桑の大樹に児をあずけなさい」と。夢から醒めると同時に陣痛がきて、黎明、珠玉のような児を産む。この嬰児が夏王朝から商王朝への革命を成功にみちびいた伊尹その人である。

『創世記』の「ノアの箱舟」でもそうであったが、誰も神託を信じようとしない。やがて洪水は起こり、女だけが嬰児を抱き、桑園に走る。めざす桑の大樹の空洞に児を隠し、女は息絶える。桑の大樹は舟となって黄河を漂流し、済水の中流域に住む君主（有莘）に拾われる。嬰児は摯と名付けられ、宮室の料理人として養育される。

摯は十三歳になったとき、牛を割いてみせ、周囲を驚嘆させる。牛を料理するには普通三年はかかり、並の調理人だと牛の骨に刀を当てて刃こぼれをさせ、ために月に一回は牛刀を取り替えなければならなくなる。腕のよい人でも一年で替える。ところが名人となると、十九年に及んでも、ついぞ刃こぼれすることがなく、新刀のようであり、刀を動かせば、またたくまに牛は切り割かれ、肉は骨から離れてゆき、その刀さばきも、まるで舞いを舞っているかのようだ。摯がまさにそうであった。噂は夏王朝にもとどき、摯は王宮に招かれ、そこで料理ばかりでなく、故事や天象のことまで学ぶようになる。だが所詮料理人は料理人で、屈辱の日が続く。王の子（桀）はことごとく摯にあたり、迫害する。この淫虐なる王子桀が夏王朝の王になった頃から、群雄割拠の戦乱の世となり、摯の運命は木の葉のように翻弄される。摯はしかし次第に異能を発揮していく。

大河を背景とした戦争の叙述が鮮烈である。諸国の外交と権謀術数、参謀の知略、男たちの野望、裏切り、復讐、女たちの真情、悲しみ、悦楽等々、一瞬の一瞥すら深い洞察力の上に描破され、人智のかぎり、情愛のかぎりを尽した戦争が展開する。情愛のかぎりを尽した戦さとは妙な言い方かもしれないが、秋山駿氏風にいえば、「〝礼〟の深さと戦争の必死さとが、お互いに相手の深淵を覗き込むような戦争」ということになる。そんな戦争がかつてあったのである。

時の悠久な流れに比し、人間の生は一点にとどまらざるをえない。私たちの存在は引き裂かれている。その悲哀を埋めるべく、人類は無数の夢をはぐくみ、夢に形を与え、またそれを破壊したり喪失してきたのではないだろうか。それが歴史ではないか、人間というものではないかという著者の慟哭を私は戦いの描写の背後に聞くのである。

強調しておきたいのは、人間興亡の悲哀を描く場合も、著者の筆勢は静謐を失わないということである。それを可能ならしめているのは万象を永遠の相のもとに見つめる著者のまなざしの所在である。そのまなざしの下では人間の行為は卑小も矮小も含め、すべて光輝を帯びることとなる。たとえば摯の提案によって敵軍に生贄として献上された妹嬉。後に桀の王妃にまでなった妹嬉は、次第に別人のように華靡を好み、淫蕩に溺れ、政治に口を出し、権力を振うようになる。一生を神霊に奉仕するにふさわしいような聖女が妖婦に変貌するさまを唾棄すべき人物として拒けることなく、むしろ彼女がそうならざるをえなかった時の腐蝕を、殺伐とした心象の荒涼にこそ著者は思いを馳せる。

摯が高官への道を断念し、「野人になって、もう一度、わが身を修そう」と、野に下る場面に私たちは駘蕩の気分を存分に味わうことができるだろう。政争渦まく宮廷の日々から離れて、農機具を考案したり、土器を焼いたりして過ごす摯の牧歌的な生活を記す著者の筆致には心躍りのようなものさえ感じられる。木や石や動物の骨や貝などを加工して、農機具を工夫する摯の姿に、甲骨文や金文からあれこれ古代の形象を想像することを楽しんでいる著者の姿が投影されているといったらいいか。「三年、庭を見ず」という中国の故事があるが、著者は本書の筆を執るまえに、ほぼ十年という歳月にわたって研鑽を積んでいることを急いで付記しておこう。

この著者の英気、志の高さがそのまま本篇の点睛であり詩的乾坤といえる。読者は本書を昨今の経営雑誌に特集される「武田信玄に学ぶ経営哲学」式の、人生訓や処世訓を引き出すためのマニュアル本と誤ってはならない。経営のトップが推奨するそれらの書からは、自らの社を下剋上の戦場とでも仮想し、社員を将棋の駒のように動かしては権力意識を自足する手合いしか生まれないことは自明である。夏王朝と現代を想像の世界で往還し、彼我の政治状況や精神状況の酷似を指摘するのもわるくはないが、むしろその懸隔をこそ想ってみるべきではないか。

たとえば風。一陣の風が一国の運命を、人生の岐路を決定する——この事象を不合理として現代人は容易に一蹴する。しかしそれは鈍感という健康を得ただけではないのか。古代人にとって風は天外から地上の人間にむかって投げつけられる合図であり気配であった。人間のはかりしれない上方に在る超越者が神異めいた何かを送りこみ、そのために瞬間的な幻境が地上に発生する。そんな風のシグナルに古代人は敏感であった。雷光は神の光であり、一羽の鳥は霊界と現世を往復する使者として畏怖されたのだった。

都市からの天然自然の撤退で、私たちの季節への感応、自然をあるがままに見る能力はますます鈍くなりつつある。その意味でも著者が或るインタビューで「季節感、生活感を肌で感じられないのはいやですね。肌で感じる日常生活が文章を触発し、洗い直してくれるからだ」と答えていることは示唆的である。

『天空の舟』を繙読する読者は、この作者の文章が中国大陸一万里の自然に洗い直されていることを知るだろう。そして読了したとき、自らの心が洗い直されたことを爽涼の気とともに実感するに違いない。ついでに言えば、私は本書が刊行されてすぐ、小さな書評誌に感想を綴っている。こんな作品が登場したら司馬遼太郎氏も陳舜臣氏も脱帽する以外ないなと思ったことを覚えている。『天空の舟』はその年、三つの大きな文学賞にノミネートされている。直木賞候補になったあと、新田次郎文学賞を受賞、山本周五郎賞候補ともなった。ついで『夏姫春秋』で第百五回直木賞を受賞。目下の『重耳』のベストセラーと、著者はその驚くべき意欲と衰えをしらぬ筆力によって、現代文学の中軸的存在になりつつある。私にもいささか先見の明があったというべきか。生まれながらにして古典となるべく運命づけられた作品という思いはいまも確信に近いものとしてある。

第Ⅳ章

瀬戸内寂聴・菅原千恵子・北村薫・加納朋子・皆川博子

『まだもっと、もっと　晴美と寂聴のすべて・続』解説

瀬戸内寂聴『まだもっと、もっと　晴美と寂聴のすべて・続』（集英社）

生誕から七十六歳までの軌跡を、寂聴さん自身の言葉で綴った『晴美と寂聴のすべて1（一九二二―一九七五年）』『晴美と寂聴のすべて　2（一九七六―一九九八年）』に続く、八十五歳までの激動の十年間のドキュメントが、本書である。そして今年二〇一〇年（平成二十二）五月、寂聴さんは八十八歳を寿《ことほ》いだばかりだ。つまり〈寂聴のすべて〉シリーズは、まだまだ続く。未完の流動性を孕《はら》んでいるのである。

既刊の文庫二冊と合わせれば、一九二二年（大正十一）から二〇〇七年（平成十九）に至る八十五年間、大正・昭和・平成三代に亘るクロニクルが通覧出来ることになる。

「全軌跡を、年代順に取りあげた編集で、文章はすべて、私の著作の中から選び出していた。これが読物としても結構面白く、好評だった。また、私の仕事や行動を調べるのに、とても調法な資料になった。常に身近に置いて、辞書のように、自分の行跡について調べるのに利用した」（「まえがき」）とあるが、寂聴さん個人の自己史、文学・宗教遍歴を超えて、文化史の奥行きとひろがり、重層性がある貴重な

時代の証言が出現したという感じがある。フランスの女流作家ダニエル・サルナーヴは、自著のなかで、「真の作品とは、時間と記憶と人間性の貯蔵庫であり、未来の世代に宛てた遺書」と定義したが、本書は、まさにその「真の作品」に列せられる類いの一冊だろう。

ドストエフスキーの『作家の日記』が、随想、批評、注釈、評論、創作の集大成でありながら、なお長大なる小説集と称されるように、この〈寂聴のすべて〉シリーズは、長編の、それも未完の「真の作品」なのである。自己の文学・宗教思想の核心を衝こうと腐心し、政治や経済などの情況の変動をも含めた文明史的な視点を三代に亘って持ちつづけた作家は、世界でも稀れであろう。言及し、射程内に収めようとする対象は、文学、音楽、映画、絵画、演劇はいわずもがな、衣食住の万端まで幅広く豊饒である。

たとえば本書を交友録ないしは点鬼簿という視点から眺望しても、そのことは明らかである。この十年に限定してみても、寂聴さんは深い絆で結ばれた友人を次々と失い、悲傷と鎮魂に引き裂かれなければならなかった。遠藤周作、埴谷雄高、木山捷平、江國滋、中村真一郎、江藤淳、大原富枝、色川武大、河盛好蔵、田中澄江、山田風太郎、鈴木真砂女、水上勉、フランソワーズ・サガン、丹羽文雄、岡本敏子、久世光彦、吉村昭、大庭みな子、鶴見和子、小田実……。画家の三岸節子、女性解放運動の先駆者・櫛田ふき、出版社会長・嶋中雅子、文楽の吉田玉男、女優の岸田今日子、「すばる」編集長・片柳治……。惜別した多彩な仲間への悼みが、そのまま文学史、美術史、大衆文化史、精神史となる所以である。

川端康成は「葬式の名人」といわれたが、寂聴さんは、さしずめ「追悼文の名人」。私は『有縁の人』『人なつかしき』など、暗記するくらい読んでいるが、いまだに倦きない。本書からアトランダムに例を挙げよう。埴谷雄高のことでは、埴谷が歌うハウプトマンの『沈鐘』を聴き、

「ああ、埴谷さんの小説の原点はこれなのかと、私は納得した」とか、ボケや老衰の「たとえ話が蠟燭《ろうそく》でなく、電球なのが埴谷さんらしいと思った」とか、

「あっち（あの世）で会ったら（武田）百合子さんの手をしっかり握って、もう絶対離さないからな」というのに、

「泰淳が怒りますよ」と寂聴さんが咎めると、

「何をいうかあなた、地獄に所有権なんかないんだぞって、泰淳に云ってやる」と答えたなど、吹き出してしまう。こんな「埴谷雄高論」はこれまで無かったし、今後も誰ひとり書けない。

「飛行機が好きだ」と、隣り合わせた席で川端康成。「いつも乗っている時、この飛行機が落ちればいいと思っています」と静かな独り言のような口調でいったらしい。

「それからほどなく川端氏は自殺された」

「熱帯魚を飼っていましてね、それだけが愉しみ」と平林たい子。「魚は裏切りませんからね」と続けたという。

もうひとりが円地文子。「作家はね、生きてる間だけですよ。死ねば二、三年も持てばいい方です。忘れられてしまう」

寂聴さんは、それで何を語ろうとするのか。

「七十七年生き得て、最後に残る大切なものといえば何だろうと考えていた私に、答えるように浮かんできたそれらの言葉が私にはひどくなつかしかった。ふとした瞬間にもらされたそれらのつぶやきは、その方たちの本音ではなく、疲れた時のため息のようなものであったかもしれない。お三人ともその一瞬で忘れ去られた言葉であったかもしれない。しかしそれを確かに聞いたのは私ひとりであったというのは、偶然であろうか」(「三つの声」99・5)

むろん偶然であり、必然であったろう。それはまた寂聴さんの内なる声でもあったのではないか。「三つの声」も、寂聴さんという存在に感応して発せられたことは疑いない。

年の瀬も押しせまったある日、寂庵のスタッフの一人の実家が、石油ストーブから火事を出し、全焼するという事件があった。スタッフの両親は全財産をすべて焼失してしまう。火災を告げてきたスタッフの電話の声が、思いのほか落ち着いている。どうしてそんなに落ち着いているのかと訊いたら、

「だって、毎月の法話で、いやというほどこの世の無常を聞かされていますもの。形あるものは必ずほろびる。色《しき》(物質)は泡沫《うたかた》、幻の如しと頭に叩きこまれていますもの……こんな時、法話も案外役に立つものですね」と応える。

「まあ、けが人が出なかったことが不幸中の幸いと思いましょう」と、寂聴さんの方が涙声になるのである。

この十年、念願の『釈迦』を書き下ろし、さらに『場所』を書き、野間文芸賞を受賞。新作能の台

本『夢浮橋』を書き、引き続いて歌舞伎の台本『源氏物語』で大谷竹次郎賞。狂言、オペラにも挑戦し、これも大成功を収める。平成十八年、イタリアのノニーノ賞、そして文化勲章を受章。

文化功労者に選ばれたことで、美智子皇后に三度、四度と会う機会を得、お言葉をかけられている。

「『手毬』を読みました。貞心尼が良寛に贈った手毬の中に、鈴を入れる工夫をしましたね。あれは瀬戸内さんが思いつかれたことでしょう」

といわれたときは、心が舞い上がる。どんな批評家もこんなにこまかくは読んでくれたことがないからだ。映画では良寛を松本幸四郎が演じてくれたと話すと、皇后は女学生のように可愛らしい表情をされ、

「まあ、幸四郎さんが？」それで貞心尼は誰？　と、問い返されたらしい。対話される光景を想像すると、〈美しき邂逅〉という言葉が思い出される。

皇后の御歌集『瀬音』を読み、寂聴さんは、

「皇室の中でも皇后さまの御歌の才能は抜群だと拝していたが、一冊を通して拝見すると、いっそうその並々ならぬ文才に感嘆する」とし、歌集中の絶唱を〈子に告げぬ哀しみもあらむを柞葉《ははそは》の母清《すが》やかに老い給ひけり〉と措定する。また「ＩＢＢＹニューデリー大会」の基調講演を収録した『橋をかける』の「子供時代の読書の思い出」を、「中学の教科書に入れてもふさわしい名文である」（「純真と高雅の魅力」03・11）と述べられる。

ちなみに美智子皇后の歌を初めて特集、掲載したのは、私が編集した昭和六十一年（一九八六）十二月、

アサヒグラフ増刊『昭和短歌の世界』(朝日新聞社)で、題して「皇太子殿下、美智子妃殿下の御歌《みうた》」。当時、昭和天皇、皇后も御存命だった。『瀬音』刊行後の作品では、

知らずしてわれも撃ちしや春闌《た》くる
　バーミアンの野にみ仏在《ま》さず

が、絶唱ではないだろうか。平成十三年(二〇〇一)三月の作。

「春深いバーミアンの野に、今はもう石像のお姿がない。人間の中にひそむ憎しみや不寛容の表れとして仏像が破壊されたとすれば、しらずしらず自分もまた一つの弾《たま》を撃っていたのではないだろうか、という悲しみと怖れの気持ちをお詠みになった御歌」というのが宮内庁の「解説」である。この歌に、映画『カンダハール』のイラン人監督モフセン・マフマルバフのバーミヤンの大仏破壊に言及した言葉「仏陀の清貧と安寧の哲学は、パンを求める国民の前に恥じ入り、力つき、砕け散った。仏陀は世界に、このすべての貧困、無知、抑圧、大量死を伝えるために崩れ落ちた。しかし、怠惰な人類は、仏像が崩れたということしか耳に入らない」(『アフガニスタンの仏像は破壊されたのではない恥辱のあまり崩れ落ちたのだ』)を重ね合わせ、「内省を呼び覚ますものがある」と指摘したのは、皇室記者の岩井克己である。

かつて埴谷雄高は、武田泰淳と同時代に生まれ合わせたことを僥倖《ぎょうこう》とし、その理由に、「現代では人は自覚せずに殺人者(抑圧する側)に加担している。直接手をくださなくても、間接的に殺人者になっている。その自覚(原罪意識)が、武田にはあった」という意味のことを挙げたものである。美智子

皇后の御歌は、埴谷・武田・寂聴さんと同じ思想の表明といわねばならない。この御歌の前に、いまの歌人たちの歌は、恥辱のあまり崩落するであろう。

皇后の「文学的発言」、その〝編集者としての先見の明〟について、かつて私は『リテレール』やその姉妹誌『いち押しガイド』で、「まどみちおや竹内てるよといったマイナーな詩人を復活させるに与《あずか》って力のあった第一の功労者である。編集者はすべからく恥じよ。皇后を文化勲章に推薦したいくらいだ」と書いたものである。

寂聴さんが感動した美智子皇后の「子供時代の読書の思い出」はNHKで放送され、それがきっかけで「世界名作選」（一、二　山本有三編）が復刊、ベストセラーとなったのである。

竹内てるよも然り。「私は久しぶりに　ふるさとへ　旅をした／花々の咲く野をゆき／丘を越え／海鳴りを　きいてねむった／そして私は知った／ふるさとは　断じて環境ではなく／ふるさとは　思想であることを」（「ふるさと」竹内てるよ）

この十年間とそれに続く三年の〈現在〉、寂聴さんは東奔西走（地球的規模）、寸暇の休まる閑《ひま》もなく行動している。湾岸戦争犠牲者救済イラク行き、断食、意見広告、阪神大震災、中越地震被災地見舞い、連合赤軍事件の控訴審証人……。そして「八十八年生きてきて、今の時代が最も悪しき時代」だと発言される。有機水銀中毒や亜硫酸ガスによる大気汚染、非人間的な医療の実態、これら〈文明による虐殺の構造〉だけを指していっているのではない。人間における主体的な危機（不安、虚無、絶望）、「主体の死」をこそ末世、末法の世の証だと断じているのである。〈公害〉など言葉のごまかしにすぎぬ。私企業のあくことのない利潤追求によって引き起こされた〈私害〉が、あたかも公的な害のように主張されるところに本質があることを忘れてはならない。

過日、森有正の「木々は光を浴びて、………」を読んでいて衝撃を受けたのも、寂聴さんの「終末論」を反芻《はんすう》していたからだ。フランスから日本へ留学に来た女子学生が、殆ど一人言のように言ったという。

「第三発目の原子爆弾はまた日本の上へ落ちると思います」

とっさのことで森は何も答えられない。しばらくしてもその言葉を否定することが出来ない。「このうら若い外人の女性が、何百、何千の外人が日本で暮していて感じていて口に出さないでいることを、口に出してしまったのだということが余りにもはっきり分ったからである。かの女は政治的関心はなく、読書も趣味も友人も、ごく当り前の娘さんである。まして人種的偏見など皆無である感じたままを衝動的に口にしただけなのである、胸を掻きむしりたくなるようなことがこの日本で起り、そして進行しているのである。かの女がそう言ったあと、私は放心したように、大学構内の木々が日の光を浴びて輝くのを眺めていた」

『展望』（昭和四十五年十一月号）所収の稿である。進行する凄惨な情況に「放心したように」佇立《ちょりつ》する哲学者の姿は痛ましい。いや女子留学生の独り言を、みずからの思想的行為に媒介しえないことを痛ましいというべきか。寂聴さんには〈末法〉恐怖はない。この世はなお生きるに価すると信じている。なお生きるとなれば、言葉の刃《は》（自らの腐肉を切り裂く刃）を研《と》ぐ凄烈のきわみを己れの運命としてわが身に引き受けざるをえない。寂聴さんの「クロニクル」の全ては、その覚悟の開示であり、告知である。〈未来〉の世代へ宛てた書翰《しょかん》ではなく、不可視の〈現在〉へ宛てた黙示録というべきものであろう。

青春の書

菅原千恵子『宮沢賢治の青春〝ただ一人の友〟保阪嘉内をめぐって』（角川文庫）

平成八年（一九九六）は宮沢賢治の生誕百年にあたり、地元、岩手県花巻市は「賢治一色」に包まれたらしい。八月二十七日の誕生日に記念切手が発行されるなど列島全体をおおい尽すかのようなフィーバーぶりは私の記憶にも残っている。

誕生から数えると一世紀だが、没年（一九三三）だと六十三年を経ただけである。七十代・八十代の読者には賢治は同時代人だという感覚で受けとめている人もいるのではあるまいか。実際に今も賢治の生前の知人や親戚《しんせき》、農学校の生徒、羅須《らす》地人協会で指導を受けた農民たちが健在である。仄聞《そくぶん》するところ賢治と八歳違いの実弟宮沢清六氏もお元気らしい（賢治没後五十年の昭和五十七年十一月、私は詩人の谷川雁氏と賢治の生家を尋ね、清六氏にお話を伺っている）。賢治は私たちが考えているほど遥か歴史の彼方に聖人然として鎮座している人などではなく、ごく身近な存在といえるのである。賢治が広い読者層に読まれ、研究書の出版がひきもきらず、恒常的なブームが続いているだけに、この「同時代人賢治」という想念は人々の胸裡《きょうり》にたしかなものとして息づいているのではあるまいか。

賢治は近代文学者のなかで、漱鷗二家や芥川太宰とともに最も多く読まれている作家といわれる。三十七年と一ヵ月の短かい生涯に、自費出版で出した詩集『春と修羅』（大正十三年）と童話集『注文の多い料理店』（同）の二冊の著書しか持たず、生前、世間にまったく知られぬ一地方的存在でしかなかった賢治は、いまでは漱石・芥川を超え、世界中で読まれている。殊にネイティブ・アメリカンや北欧の人たちが深い共感を寄せているとのデーターもある。「時代がやっと、賢治に追いついた」という物言いが流行し、「ドストエフスキーに匹敵するし、じつはドストエフスキーを超えているのではないかとさえ考える」（山中康裕）とか「明治以降の文学者の中で世界的に通用するのは賢治だけだ」（梅原猛）とまで言い切る人もいる。世界文学史に類例のない、いずれ世界の古典となる作家であることだけは確実とおもわれる。「内にコスモスを持つ者は世界の何処の辺遠に居ても常に一地方的の存在から脱する。内にコスモスを持たない者はどんなに文化の中心に居ても常に一地方的の存在として存在する。岩手県花巻の詩人宮沢賢治は稀《まれ》に見る此《こ》のコスモスの所持者であつた。彼の謂《い》ふ所のイーハトヴは即ち彼の内の一宇宙を通しての此の世界全般のことであつた」と書いた高村光太郎は賢治の全体像をいち早く予見していたといえよう。

賢治の作品は戦前から教科書に採録されてきた。戦後の小・中・高校生が賢治の作品を読まずに卒業するということはまずありえない。教科書で賢治と出会うことは、私たち日本人の通過儀礼となっているといっても過言ではないだろう。賢治が国民的作家といわれるまでに名を知られ、作品が広く流布されるとともに新しい〈読み〉の試みも出てくる。この十年間に刊行された「賢治本」は三百冊をゆうに超えるといわれる。賢治が詩人、童話作家、教育者、科学者、農業、宗教と多面的な生を生きただけに、さまざまな分野（たとえば天文、気象、地学、地理、農業、動植物、園芸、美術、仏教、心理、民俗学ｅｔｃ）のエキスパートからのアプローチが試みられることになる。

菅原千恵子氏の『宮沢賢治の青春――。〝ただ一人の友〟保阪嘉内をめぐって』はこうした氾濫《はんらん》する凡百の書の中にあって突如として現われた画期的な（というより衝撃的）一書であった。累々と積まれる「賢治本」のなかで、この一冊は世界からも人間からも遠く離れた場所で一種静謐《せいひつ》な孤独の光芒《こうぼう》を放っているという印象があった。その感じは今もかわらない。「賢治本」といえば、その大部分は賢治へのオマージュ、それも文学者というより人間賢治の生き方にのみ関心が示されるといった人生論的色彩の濃い〈読み〉、「聖人賢治」とか「真摯《しんし》な求道者」というイメージを押しつけるものと相場がきまっていた。でなければ、その裏返しの性急なる否定。著者の言葉をかりれば、「それぞれの研究家が自分の立っている位置から森に入り、そこに沼があったとか、鳥がいたという報告をしているようなもので、森全体を立体的に眺めたようなものに出くわすことはほとんどないといってよい」のだ。賢治に対する絶対なる讃仰も、性急なる否定も、ともに批評が陥る。〝陥穽《かんせい》〟というものだが、菅原千恵子氏の書はそのいずれでもなかった。久しく研究家を呪縛《じゅばく》してきた真木悠介氏の〝嘆き〟もこの本の出現で霧消するだろうと思う。

真木氏は、「宮沢賢治は、これまで二回殺されている。一回はほめたたえる人たちの手で、一回は批判する人たちの手で。一九三一年十一月三日の病床のメモ（「雨ニモマケズ」ではじまっている）は、ことにそのような賢治の運命を象徴している。それはまず、世の道徳や修身の先生たちに通俗道徳の水準でもてはやされることをとおして、たいくつな道徳教育の標語のようなものにされてしまった。ここで一回、賢治は圧殺されている。感性の鋭い詩人とか思想家たちが、このような賢治の像に反発して一斉に十字砲火を浴びせた。彼らはこの手帖の中に、賢治の敗北とか詩想の涸渇《こかつ》とか、あるいはかくされたエゴイズムとか自虐に変形した上昇欲求とかを嗅《か》ぎ出してもう一度ずたずたにした」（一九八三年）と指摘したのである。新しい衣裳《いしょう》をまとって現われる「賢治本」の殆《ほと》んどが、この指摘に収束されることが了解される。菅原本はその弊をまぬがれ、画期的な読み方を提出することで、これまでの賢治研究に根底からの訣別《けつべつ》を告知する。

菅原氏は宮沢賢治の文学のモチーフを、サブタイトル（「〝ただ一人の友〟保阪嘉内をめぐって」）通り、盛岡農林学校で知り合った友人保阪嘉内との恋慕といっていいほどの交友関係とその後の訣別にあったとみる。嘉内の存在を明確にするきっかけとなったのは昭和四十三年（一九六八）に刊行された『宮澤賢治―友への手紙』（保阪庸夫・小沢俊郎編）である。賢治の手紙四八八通の半分以上の二八五通が、わずか三人に宛てた手紙で占められていることが知られている。保阪嘉内に宛てた七二通は、手紙というより業務報告に近い鈴木東蔵宛の一一七通と、これまた会計報告に近い父親政次郎への九五通に次ぐ三番目に多い。著者の賢治と嘉内へのこだわりの端初である。「もし友人保阪嘉内に宛てた賢治の手紙が、この世に発表されることもなくそのまま埋もれていたとしたら、私たちは賢治の青春の核ともいえる部分を知らずに作品解釈をしていたかもしれないのだ」――激しく内面を告白したこの青春の手紙を縦糸として織りこむことで、著者は複雑に絡みあったかにみえる賢治作品の不可思議の糸をほどいていく。

保阪嘉内は山梨の人で、盛岡高等農林学校に入学、自啓寮に入って、室長だった賢治と出会い無二の親友となる。人の幸のために、まことの国を目指して生きていこうとの志を二人は同じくする。嘉内とともに法華経によって人々を救済することを願う賢治。だが法華経に限界を見て地道に農業に生きようとする嘉内にその思いは届かない。次第に生じたすき間は大正十年（一九二一）七月十八日、決定的な亀裂となり、訣別がくる。「訣別がもたらした衝撃波は、賢治の内面に眠っていたあらゆるものを揺さぶり、巻きこんで、しだいに大きなうねりとなっていった」。その年を境にして賢治は変容する。「氷のかけらをくぐってきた」後の賢治はひたすら書き続けたが、あの難解で厖大《ぼうだい》な作品群はすべて「私が保阪嘉内、私が保阪嘉内、私を棄てるな」とまで言った。〝ただ一人の友〟へのメッセージ、ラブコールだと、著者は結論するのである。ここでの「恋」を通俗的な同性愛と解することを著者は退ける。恋の相手を異性に限定しない自由さや、魂が求め、引きつけあうものを「恋」とよぶのである。

実証の手続きは精緻《せいち》を極め、鮮かで、その叙述は整然としている。この種の書にありがちな牽強《けんきょう》付会《ふかい》など一行もない。目から鱗《うろこ》が落ちるとはこういうことをいうのか、と私は何度唸《うな》ったかしれない。たとえば、「修羅」という言葉は賢治の文学と人生のキーワードとして、賢治のオリジナルな愛用語と思われてきたが、これは嘉内が盛岡高等農林時代に書いた戯曲の中ですでに使っていたという指摘。「冬のスケッチ」に出てくる「電信ばしら」「青い眼」「杉」「気圏」「犬」「空の椀」など、賢治と嘉内にしか意味が通じない言葉であったことを、二人で交わした手紙などから実証していく条《くだ》りなど、心理小説、推理ドラマを読むような興奮を覚える。「無声慟哭」「オホーツク挽歌」を読むにあたっては賢治の法華経信仰の唯一の理解者であった妹トシの死が、賢治の転機となったとする通説を退け、詩を一読すれば「賢治はトシより嘉内のことを考えている」のは明らかだといい切る。

本書は三部の構成からなり、第一部と第二部が全体の九割の紙幅を占め、それだけでも十分に圧倒されるのだが、文字通りのクライマックスが用意されている。第三部「『銀河鉄道の夜』は誰のために書かれたのか」が、それである。「ここに到るまでの長い前置き、つまり、第一部と第二部と書き述べて来たのは、この『銀河鉄道の夜』のモチーフこそ、賢治と嘉内の別れであったことを言わんがためである」と、著者がわざわざ付記するほど、それだけに全身的格闘の気魄《きはく》のこもった叙述がすすめられる。『銀河鉄道の夜』の謎《なぞ》めいた難解さ、語句の晦渋《かいじゅう》、物語の唐突な転調といった不可思議な糸がここでは完全にほどかれる。乱れた心を抱きながら、一生黙し通した賢治に、もし青春の告白があるとすれば、それはまぎれもなく、この作品だと著者はいう。

ひるがえって私はこの菅原千恵子氏の一書も青春の告白の書だと思うものである。私は店頭で『宮沢賢治の青春』という本書の書名を最初に目にしたとき、何と芸のない書名かと半ばあきれ、手にとることをためらったくらいである。しかしいまではこれ以上の題がないことが納得される。「賢治と嘉内の青春を書きながら、私は何度自分の青春を書いているような気がしたことだろう」と著者は「あとがき」に録す。賢治の青春の哀しさ、息苦しさが時空を超えて、著者のそれと重なり、私たちは殆んど絶句させられるのだ。この書を稀有《けう》の「青春の書」たらしめているのは、他でもない著者のその苦悩の深さである。

賢治の作品の殆んどすべてが未定稿であった理由も菅原本から多くの示唆を得ることができる。私はかつて「『未完』の賢治」と題して、ガウディの建築やシューベルトの「未完成」交響曲がそうであるように、賢治の作品は自体、完成しているといえる、否、時間に腐蝕することのない生成を孕《はら》む流動性において、その作品は永遠に「未完」だと結んだものだったが、ここにきて、賢治は常に作品を手元において推敲《すいこう》し続けたいがために、（ひたすら嘉内を想い続け、魂の一体感を持ちたいと願ったために）ついに「未定稿」としたと軌道を修正したい衝動に駆られる。賢治の「大衆目当てで決して書いてゐる次第でありません。全くさびしくてたまらず、美しいものがほしくてたまらず、ただ幾人かの完全な同感者から『あれはさうですね』といふやうなことをぽつんと云はれる位がまづのぞみといふところです」（母木光宛ての手紙）の、完全な同感者こそ再びあいまみえることのなかった保阪嘉内に他ならないという菅原氏の指摘があるからである。

蛇足をつけ加えることになるが、この書は賢治文学に親しんだことのない人にも開かれている。理想と現実との乖離《かいり》、人と人との出会いと訣別を無垢《むく》ともいえるほどのひたむきな純粋さで受けとめ、哀しみ苦悩したことのある人間なら、「傷つくことを恐れるあまり、適当にかわして生きることに慣れてしまっている現代の私たちには、その友情を求めていくことの激しさや妥協しない一途さを見て息を呑《の》む」はずである。永遠の「青春」の書という所以《ゆえん》である。

『朝霧』解説

北村薫『朝霧』（東京創元社）

北村薫氏の新著、ことに女子大生の〈私〉と噺家の春桜亭円紫師匠が活躍するシリーズが出ると、取る物も取り敢えず書店に駆け込み、平積みの一冊を抜いて購い、「雛買うて日向を帰る山の町」といった体で陶然となって帰ってくる――これが平成元年来の習いとなっている。

一介の読書人として、こういう意中の作家を持てることは僥倖といわねばなるまい。瀧口修造や埴谷雄高、三島由紀夫や澁澤龍彥、中井英夫や寺山修司らが不在になったこの地上ではとりわけそうである。これら一連の作家たち、いわば「一個の黒い太陽から徐々に生まれた数多い黒い太陽たち」（オーディベルティ）には、共通して〈ビブリオテカ〉とでもいった相貌があるが、北村氏もまたこの系列に属するひとりであることは疑いない。

北村氏の驚嘆すべき読書量。作品中に引用される広範な作家をつれづれなるままにノートしてみたことがある。F・コッペ『獅子の爪』、バルザック『従妹ベット』、泉鏡花『天守物語』『外科室』、リラダン『残酷物語』、『梁塵秘抄』、ソログープ『小悪魔』、『江戸俳諧歳時記』、A・フランス『エピクロスの園』、芥川龍之介『奉教人の死』、伊藤整『鳴海仙吉』等等、こうして引き写しながら、世界最長の小説『人間喜劇』を書いたバルザックと世界最短の詩型とされる俳諧とが、北村氏の頭の中ではどう融解されているのか、その脳の一襞なりを把えイメージしてみたいと思ったが、到底私の力の及ぶところではないと断念した。北村氏が「燃える精神の薔薇園」から地上に想像力と驚異という名の純血の血を滴らせている件《くだん》の作家に伍しているということだけは確実であろう。

私はかつて「北村薫氏がデビューした一九八九年三月十五日は、ミステリー史上に特筆されるべき日である」(「出版ニュース」九一年四月上旬号)と、この覆面作家に最大級のオマージュを呈したものだが、(大袈裟な身振りだったとはいえ)その思いに今も変わりはない。氏の博覧強記、あるいは感性豊かな瑞々しい詩的文体のよってきたる所以《ゆえん》は、『詩歌の待ち伏せ』『謎物語』といったエッセイや、『謎のギャラリー』などのアンソロジーが刊行されることで明らかになったかにみえる。あたかも埴谷雄高の小説『死霊』の難解さが、『鞭と獨樂』『濠渠と風車』といった評論集が出ることで解消されたように。だが一向に事情は変わらない。北村氏が探しあてた場にとどまっているはずがないからだ。辿りついたという間を与えず、氏は遙か前方を歩いている。博覧強記もまた……。

女子大生〈私〉と円紫師匠が出てくる物語を私はミステリーというより、どこかビルドゥングスロマン(教養小説、成長物語)として読んできた。『空飛ぶ馬』『夜の蟬』『秋の花』『六の宮の姫君』と順に読んでいくと、〈私〉が一歩一歩成長していくさまが読みとれるであろう。作中の人物が新作の出るごとに、成長していく。作者の張りめぐらす伏線が、その巻にはなく次に出る作品に及ぶなど、北村作品のミステリーの迷宮の奥は深い。

北村氏の「伏線」が自己の作品を逸脱し、現実の世界にも及んでいることの一例を挙げてみよう。『六の宮の姫君』で、〈私〉は、文壇の長老田崎氏から、君は菊池寛の作品を読んだかと訊ねられ、「文学全集で読んだことがあります。短編にいいものが多いので驚かされました。もっと評価されてしかるべき作家だと思います」と答え、「短編に、というと長編も読んだ？」との突っ込みに、「『真珠夫人』は読みました。テレビの原作にぴったりの本だと思いました。波瀾万丈ドラマが流行《はや》ってますけれど、新しく作らなくても『真珠夫人』をやればいい筈です」と答えている。

周知のように「六の宮の姫君」の刊行は一九九二年である。そしてテレビドラマ『真珠夫人』が高視聴率をあげたのは、二〇〇二年のことである。大手二社から文庫本が出版され、「菊池寛ルネサンス」が叫ばれ、「真珠夫人」は、流行語大賞にも選ばれるという経緯があった。この現象を、北村氏の仕掛けた「伏線」とみるのは、牽強付会だろうか。「非現実」界から現実の世界に前もって「伏線」を張ることでは、『虚無への供物』の中井英夫が天才的手腕を発揮したが、北村氏にも同様の才を感じる。

氏が「精神がひじょうに緊張しているときには、そのための努力をしなくても、求めるものが与えられる」というクルティウスの言葉を愛誦していることを知り、私はその確信を一層強くする。

俳句に造詣の深いことは、書名に『夜の蟬』や『秋の花』といった季題を付けていることからも推測がついていた。『秋の花』は秋海棠、断腸花を指し、作品の主題を暗示するが、何より秋海棠の季語における本意を見事に剔抉《てっけつ》していることに感嘆する。俳句の季語をそのままタイトルにした『山眠る』も、俳句の伏線を縦横に張りめぐらし、さながら俳句小説の趣がある。文壇の長老田崎翁と交わす俳句問答の丁々発止も「書誌学ミステリー」の変型として、国文研究者や俳句愛好者には舌舐《なめず》りものであろう。

〈私〉が、芭蕉の『海くれて鴨のこゑほのかに白し』の句について、近世文学の授業で教授から、「中と下を逆にした《ほのかに白し鴨のこゑ》の方がいい」といわれたとし、「私はずっと、五五七の破格になっているからいいと思っていました。それでこそ大きな景色から鴨の声に焦点が絞られると思います。白さが上下にかかると、ぼやけてしまうような気がするんです。いかがでしょう」と訊ねる。それに対し、田崎翁は言下に、「そりゃあ、《ほのかに白し鴨のこゑ》がいいだろう」と答え、あまつさえ、「いずれにしても、たいした句じゃあない」という。

海くれて鴨のこゑほのかに白し
海くれてほのかに白し鴨のこゑ
海くれて鳴く鴨のほのかに白し

俳聖芭蕉が右のような句形を考えなかったはずはなく、推敲の上で破格としたこと。声という聴覚的なるものを、白しと視覚的な印象で把えたものとして、俳諧に一新風をもたらした——という俳諧史の定説は、〈私〉によって十全に理解されている。ちなみに江藤淳が山本健吉の鑑賞家としての繊細な神経、どんなわずかな詩句のふるえさえもとらえうる感受性が端的にあらわれたと称讃したのが、この「海くれて」の句の批評で、「鴨の声に見出した感動は、芭蕉の発見の驚きでもあったが、その声をほの白いと感ずる知覚は、その姿のさだかには見えない夕闇を媒介として生じたものである。……言わばはてしもない薄暮のなかにさらに仄白い実体が感じられるのである」というものである。先の〈私〉の感想も、山本健吉に拮抗していて、芭蕉の「驚き」の彼方に、自身の「驚き」を反響させていて見事である。

淋しさにつけて飯くふ宵の秋　夏目成美

かなしさに魚喰ふ秋のゆふべ哉　高井几董

この場合でも、〈私〉は几董の句を選ぶ。几董をよしとしたことで、〈私〉は田崎翁に、「几董のような暗い悲劇的な生き方に感傷的な眼を向けることはいかにも若い。本当にいいものはね、やはり太陽の方を向いているんだと思うよ」と諭《さと》される。俳句鑑賞では几庸な発言に終始した田崎翁だが、この言葉にはさすがに千鈞の重みがある。そして〈私〉の「勿体ない言葉を頂戴した、おっしゃる通りだと思った」という述懐にも、翁に対する阿《おもね》りや卑下は微塵もない。本当にいい芸術は、向日的なものではないか、と心に留める〈私〉に感情移入し、その内面的な豊饒に共感するのも、読者の喜びというものである。

さて、〈私〉が遭遇したのは、幼稚園の頃から一緒だった本郷美紗の父親が書店で春本を大量に買い込んだという衝撃的な出来事である。小学校の校長で、有名な俳句雑誌の重鎮でもある本郷先生は、公民館で愛好者のために開いてきた俳句教室を閉鎖し、句作も止めてしまうという。先生が最後に披露した句は、「生涯に十万の駄句山眠る」というものであった。

「山眠る」は、「冬山惨淡として眠るが如し」（「臥遊録」）に由来する冬山を擬人化した季語である。風も雪もない眠っているが如き冬の山。精魂込めて作った十万余句が駄句であったという痛恨の思念を刻んだその句には、雪山に十万の句ともども俳句と人生への執念を埋葬してしまおうという諦観が秘められているのだろう。

「生涯にまはり燈籠の句一つ」という高野素十の句がある。友人の須賀田平吉を弔った悼句で、「そういえば彼にはまわり燈籠を詠った句があったなあ」の意だ。素十の名句として人口に膾炙しているが、後世の人々からは、友人の名も燈籠の句も完全に忘却されている。

無垢の精神の眼には、子供の眼がそうであるように、日常生活に起こる出来事すべてがミステリアスに映るものであろう。〈私〉は就職かなったみさき書房で、出版社ならではの謎にしばしば遭遇する。謎の解明を誘掖するのが円紫師匠である。

円紫師匠が『雑俳』という演目で披露する句が、「八五郎《はちごろ》も俳諧《へえけえ》をする夜寒かな」である。ハイカイではなく、ヘエケエがミソ、「八五郎もハイカイをする」では、「どうも、八五郎がね、その辺をうろついているようでいけません」と笑わせる。少しく敷衍すれば、現代俳壇の荒廃は、俳人たちが皆、八五郎のような徘徊（うろつき、さまよい歩く）精神を喪失したことに起因するといえないか。俳人の「俳」は、人と、そむく意を表す非（ヒ・ハイ）とから成る。俳人は人に非ず＝非人・人非人・人でなし、「常人ならざる漂泊者」（柳田国男）、「まれびと」（折口信夫）というのが原義である。俳人は徘徊者として、現代日本の共同幻想秩序を顚倒させる、異端の装置としての機能を奪還すべきなのではあるまいか。八五郎のような徘徊者が出現することで、文化人類学に倣えば、「秩序の顚倒が行なわれ、秩序の対極にある混沌の力が導入され、村の世界は通常の日のコントロールされた組み合わせと全くことなるカーニバル的宇宙に導入される」（山口昌男）ことになる。

円紫師匠は、『新撰百人一句』の中で山本健吉氏が採った「日本語をはなれし蝶のハヒフヘホ」（加藤楸邨）のよさがわからず、仲間に聞くと、その宗匠は「いい」といい、楸邨の別の句「にこにこせりクリスマスケーキ買ふ男」に対しても、「楸邨でなければ出来ない、大変な句だ」と賛嘆を惜しまない。晩年の楸邨に親炙したひとりとして一言するが、「日本語を」の句はともかく、後句についての宗匠の評価は過褒というものであろう。

もう一言加えるならば、「アサヒグラフ」増刊『俳句の世界』（一九八五年十月十日号）で「昭和百句抄」の巻末「選を終えて」で山本健吉氏が記している通り、その選を依頼したのは、私である。山本選は文人や詩人の短詩や詞章を交えるなど、心の優遊が窺えるユニークなものであった。「桜の樹の下には屍體が埋つてゐる」（梶井基次郎）や、「てふてふが一匹韃靼海峡を渡つて行つた」（安西冬衛）、「渡し場に／しやがむ女の／淋しさ」（西脇順三郎）、「今朝は初雪あゝ誰もゐないのだ」（太宰治）などを、俳句とみなし、新撰百人一句としたのである。

〈私〉が幻の連山を透視しながら、本郷先生に語る季語「山眠る」の本意は、どんな歳時記にも見出されない創見に充ちている。「冬の山に雪が積もるのにも、きちんとわけがある。春になって、新しい草木が芽を出す。その日に備えて、自然が、命の水を溜めておくんですって」「幼い芽が水を欲しがる。そうすると春の陽が少しずつ、山の雪を融かす。雪は水となって流れ、地を潤す」

〈私〉は気付いているだろうか。本郷先生の「山眠る」の句を語るうちに、いつしかめぐりくる春の山の明るい感じをさす季語「山笑ふ」に言及していることを。「春山淡冶にして笑ふが如く」(「臥遊録」)から生まれ、「山眠る」の対になる「山笑ふ」。その転調に籠められた思い遣りを俳人の先生は理解した筈である。本郷先生は俳句を止めることはないであろう。「本当にいいものはね、やはり太陽の方を向いているんだと思うよ」という言葉を深いところで受けとめた〈私〉の真情が、氷のように閉ざされた本郷先生の胸を融かした一瞬である。

『走り来るもの』は、フランク・R・ストックトンの小説『女か虎か』というリドル・ストーリー(起承転結の《結》を示さず、結末を読者にゆだねる)の代表作と、そのヴァリエーションともいうべきショート・ショート『走り来るもの』をめぐって、人間性の信と不信を問う物語である。

『女か虎か』で描かれる国では、裁判の代わりに被告は二つの扉のどちらかを選ぶという方法が採られていた。片方には猛虎、片方には美女。美女の扉を選んだら無罪となり、美女を得ることが出来る。さて、ある青年がこの国の王女と恋におちいる。王族との恋愛はタブーであったため、青年は裁きの場に引き出される。青年は縋るように王女を見る。むろん王女は〈美女〉の扉を知っていた。その〈美女〉が前から自分の愛する青年に秋波を送っていたことも。そして王女は一方の扉を示す。青年は扉を開けた。王女が指し示したのは〈虎〉か、〈美女〉か。

〈私〉、飯山さん、天城さん三人三様の答えが、単に各人の性格・気質の違いを浮き彫りにするにとどまらず、それぞれの生き方、魂のかたちをも顕在化させていて、興趣深い。

「走り来るもの」は、編集プロダクションの赤堀さんの書いたもので、どうやら自身の苦い実体験をそのまま反映した寓話らしい。登場人物は〈わたし〉と妻のマリアン、マリアンと恋をしているアーサーの三人。〈わたし〉はアーサーに唆され勇気を証明するために、草原に出てライオンを撃つことになる。十分に引きつけて引き金を引かないと命中しない。はずしたら、アーサーは助けてくれるだろうか。好機とばかり見殺しにするだろうか。猛り立つライオンは、〈わたし〉を引き裂かんと走り来る。「自分がなすべきことをなせる人間か、そして、マリアンの心が冷えきったものかどうか、その二つの答えを、わたしは、次の一瞬に悟った」で、本文は中断されている。この話の結末はどうなるか。「わたしは引き金を……」以下の二センテンスをどう記述し、完結させるか。むろん作者の赤堀さんは、その答えを書きおえている。

〈私〉の二行に赤堀さんは、「可愛いわね」と頷く。天城さんの二行には、「これは、きびしい」との感想が出る。円紫師匠の二行が意表を衝く。思わず息を吞むような回答といってもいい。最後に作者の赤堀さんの示した二行は、円紫師匠の書いた二行と同じものであった……。

私は円紫師匠の推理の冴えに驚嘆する一方で、赤堀さんが生身を裂かれるほどの痛ましい裏切りに遭いながらも、弱い自分を見つめつつ、真剣にこのショート・ショートを書こうとしたのだと〈私〉が気付いた、そのことに深い感動を覚える。他者に誠実にかかわろうとする〈私〉のナイーブな精神は、私たち読者に精神の自己純化、自己浄化を根底から促すものである。

このリドル・ストーリーそのものが、円紫師匠の落語の演目『天狗裁き』の構図をなぞっているようだが、私はJ・D・サリンジャーの『ナイン・ストーリーズ』所収の『笑い男』を想起する。〈わたし〉の目を通して進行する、少年団の団長とその恋人の悲恋。そして団長の恋の破局と、笑い男の死の物語が〈入れこ構造〉となって展開する。ただサリンジャーの作品の結末と異なり、『走り来るもの』には、明るい結末が用意されている。

『朝霧』は、職場の先輩同士、天城さんと飯山さんの結婚式の会場から始まる。受付係の〈私〉が見覚えがあると気付いた新郎側の客は、『六の宮の姫君』で、すでに伏線として登場している。飯山さんから貰ったインバル指揮の都響公演、「レクイエム」（ベルリオーズ）。サントリーホールで〈私〉の右隣の席に座っていた男の人。彼が膝の上で広げていた本がデイヴィッド・ロッジの『交換教授』。

式場で聞くどこかの大学教授のスピーチに関しても、そのロッジの本が伏線となっていて……。〈私〉の登場するシリーズは、こんな風に前作の伏線が、忘れた頃になって、新しい作品で生かされることがある。この種のミステリー、いや小説、これまであったかしらんとついつい考えこまされる。

〈私〉は父から渡された祖父の日記を読み、月に一回ほど顔を出す「鈴ちゃん」という下宿先の娘の名に興味を覚える。そして、祖父の学生生活最後の年にあたる昭和六年の日記の十一月に入ったあたりに、文字通り奇妙な記述としかいいえない一行を見出す。

《忍　破脳袖毛太譽太勘破補煆摸補泉當颪勘空太周摸隨以擲法補雲觀勇露無》

この暗号めいた漢字は何か？　なぜ鈴ちゃんは蒼い顔をしたのか？　〈私〉の推理は過去へと遡行

する。

想起されるのは、ロバート・A・ハインライン『夏への扉』で時間を超える愛の熾烈さに作者の号泣を聴きとったことであろうか。〈私〉は祖父の日記の謎を解くことで、祖父と鈴ちゃんの恋を成就させようとする。あたかも伊藤左千夫『野菊の墓』の、実ることなく終わった政夫と民子の恋を今に結ぶかのように。〈私〉のモノローグが哀しいまでに美しい。

「ここは墓所である。《鈴ちゃん》は、ここに、心を葬った」

この〈私〉のパセティクな内的衝迫の世界は、北村氏がデビュー当時、「小説が書かれ読まれるのは、人生がただ一度であることへの抗議からだと思います」と発言したそのことに通底しているのではないか。小林秀雄だったら、「歴史は決して二度と繰返しはしない。だからこそ僕等は過去を惜しむのである。歴史とは、人類の巨大な恨みに似てゐる」とでもいうところである。とまれ寒い初冬の空の下、祖父と鈴ちゃんを寄り添わせようとする〈私〉の健気さは深い余韻とともに、いつまでも私たちの心を領するものとなろう。

朝霧のほのに相見し人ゆゑに命死ぬべく恋ひわたるかな
折口信夫の口語訳によれば「ほんの少し許り出逢うた人だのに、其人の為に、命がなくなる程、焦れ続けてゐることだ」の意とか。新興俳句の驍将渡辺白泉の「われは恋ひきみは晩霞をつげわたる」は、この歌から発想を得たのかもしれない。この歌がいずれ伏線になるのではないかとの思いがする。どうやら次回作で、私たちは〈私〉の恋愛譚を繙くことになりそうである。その推理は私をなごませ、そしてちょっぴり切なくさせる。

『詩歌の待ち伏せ』解説

北村薫『詩歌の待ち伏せ』（東京創元社）

〈詩歌の待ち伏せ〉は、メタフィジックな広がりにおいても語られ得る含蓄のある書名といえないだろうか。待ち伏せという言葉からは不意打ちを食らう側の驚き、狼狽から、ときめき、翹望《ぎょうぼう》といった感情までを含むさまざまな心理の詩弦《リィル》が鳴動しているようにおもわれる。待ち伏せをするものは、人間、音楽、絵画、風景など何でもいいが、ここでは詩歌である。

待ち伏せは、ふいの不可測の閃光のような一撃でありながら、人の運命を決定する根源的な衝迫といったものがある。道元なら「我逢フレ人ニなり、人逢フレ人ニなり、我逢フレ人ニなり、出逢フレ人ニなり」（「有時」）とでも言うところだろう。出会いは偶然と見えて、互いがおのおのの生の律動を共有することで、我は我自身に会い、人は人みずからに会う。出会いが出会いに出会う。つまり必然の一環となってゆく。

一種の狂暴な〈詩歌の待ち伏せ〉に震撼された先行者に小林秀雄がいる。「僕が、はじめてランボオに、出くはしたのは、廿三歳の春であった。その時、僕は、神田をぶらぶら歩いてゐた、と書いてもよい。向うからやつて来た見知らぬ男が、いきなり僕を叩きのめしたのである。僕には、何んの準備もなかつた。ある本屋の店頭で、偶然見付けたメルキュウル版の『地獄の季節』の見すぼらしい豆本に、どんなに烈しい爆薬が仕掛けられてゐたか、僕は夢にも考へてはゐなかつた。而も、この爆弾の発火装置は、僕の覚束ない語学の力なぞ殆ど問題ではないくらゐ敏感に出来てゐた。豆本は見事に炸裂し、僕は、数年の間、ランボオといふ事件の渦中にあつた」（「ランボオⅢ」）

〈待ち伏せ〉が、こころに何の準備ももたない人間を捕え、荒々しく叩きのめすといった出会いの秘儀が鮮やかに余すところなく綴られている。ここで小林は「数年の間、ランボオといふ事件の渦中にあつた」と言うが、「数年の間」どころではない、大阪の道頓堀で耳にしたモーツアルトのト短調シンフォニイと同じく、たえずなまなましいデーモンの蠢動《しゅんどう》に揺さぶられた八十一年の生涯であったことを私たちは知っている。

北村薫氏における〈詩歌の待ち伏せ〉体験はこの小林秀雄の男性的な出会いと比べれば、ホフマンスタールの典雅な女性的な出会いに近い。『道と出会い』（一九〇七年）に、「しかし何はともあれ、行く、探す、出会うということがエロスの秘儀に属しているのは、確かなのである。迂曲する人生の道の上では、われわれは自分自身の行為によって前に押しやられるだけにとどまらない。いつもどこかに潜んで待ち受けているらしい何ものかが、われわれを誘引しているらしいということも、確かなのである。（略）出会いのときのように官能が精神的になり、精神が官能的になる瞬間はない。そのとき、すべてが可能になっているのである（略）出会いは、抱擁によって支えられた以上のものを約束する。こう言ってよいなら、それは事物のより高い秩序に、星々の運行、思想の相互の受胎を司るあの秩序に、属しているように見える」とある。

北村氏が三好達治の詩集『測量船』中の「乳母車」や「雪」「甃《いし》のうへ」など、「心躍る待ち伏せをしていて、否応無しにわたしを捕らえた詩句」を書き写しながら、「こう書いていても、うっとりしてしまいます」と呟くあたり、まさにホフマンスタールの「官能が精神的になり、精神が官能的になる瞬間」を全的に生きているといえよう。ただその出会いの現象学をホフマンスタールと同型ときめつけるのは早計でもあろう。「読者諸氏には、すでにおなじみの言葉が、次々と登場することでしょうが、《あいつは、そんなところで、そんな出会いをしたのか》と思っていただければ幸いです」と付言することを忘れないのである。つまり北村氏はこの本で、読者それぞれの出会いの瞬間を己が詩魂で照射してみよと提言しているのである。

『詩歌の待ち伏せ（上）』につづき、『詩歌の待ち伏せ（下）』さらに『続・詩歌の待ち伏せ』が上梓されてきたが、そこに引かれるのは、詩、俳句、短歌（連歌、俳諧を含む古典詩歌）から童謡、唱歌、歌曲に及ぶ豊饒多彩な詩歌群である。通観すれば古典と現代を貫流する日本詞華の一大アンソロジーが出現することになる。待ち伏せに会った場所は古書店であったり、デパートの書道教室の作品展示会場であったり、授業の教室であったり、ラジオ・テレビの舞台中継であったりと、ごくごく普通の日常的な場所においてである。それは北村氏のミステリが、「日常の謎」を解く構図になっているのと相同じいものである。

私たちは北村薫という稀有の詩魂をもった作家の詩的遍歴を辿りながら、詩歌の巨海を航行することになる。何気無しに口遊《ずさ》んでいた詩や俳句が北村氏の言葉の錬金術（批評）によって、まったく新しい相を帯びることを目のあたりにする。頁を繰るたびに、新たな詩句の待ち伏せに会うというミステリアスな読書体験に耽溺《たんでき》することが出来る。たとえば児童書コーナーに並ぶ『あなたにおくる世界の名詩』（川崎洋編）中の「集団」（アンドラーシ作）という詩に「アンドロマック」（ラシーヌ作）を想起するという。その正確無比の比較考証に息を呑んだとき、もはや私たちは北村薫の世界に脱け出すすべもなく嵌《は》まっている次第となる。「集団」というたかだか学校のクラスの単位を示すものが、〈地上〉とか〈人間界〉の象徴にまで膨張し、人生の真実がこの八行にもみたぬ詩行に凝縮されていることに愕然とする。児童詩と大人の読む詩の境界はすでにない。

石川啄木編集の同人雑誌『小天地』（明治三十八年刊）の復刻版、なかでも啄木の長詩「佛頭光」の活字の組み方には、北村氏ならずとも思わず目を剥くだろう。寄稿した岩野泡鳴や与謝野鉄幹、正宗白鳥らお歴々の作品を差しおいて、自作のみを一段組み、題名を初号活字、全篇を四号活字で組んでいる。その版図が本書にも実物大で掲載されている。私たちは啄木の時代にタイムトリップし、その時代の読者の眼で、「佛頭光」を読むことを強いられる。それはバッハの曲をその時代の古楽器を使用した演奏で聴くときの眩暈《めまい》にも似た体験である。

啄木の「ある朝のかなしき夢のさめぎはに／鼻に入り來し／味噌を煮る香よ」を引き、「一家の主婦は、暗いうちから起きて、一人で火をおこし、朝食の支度をしている。その物音、気配が台所にある」と北村氏は遠い郷愁のように沁々《しみじみ》とした人生の詩情を読みとっている。〈かなしき夢〉が絶妙で、甘く切なく、子供のロマンチシズムをくすぐるとも言う。「起きてから電子レンジでコーンスープをチン」する現代を嘆く氏に、柳田國男の原体験を痛恨こめて回想した桶谷秀昭氏を重ねてみる。柳田の原体験とは、子が目を醒ましたら、すでに母親はかまどに火を焚きつけている。母親のかまどにうずくまる姿から、子は人の世のくらしの根源の想いを自覚するというものであった。

小学校四年生の松田豊子さんの「じ」という詩についての章は抱腹絶倒の章だ。「子供の感覚というのは大人が見る以上に、したたかなものだと思います」と北村氏はいう。魯迅は、子供を救えといったが、むしろ子供に学べというべきだったのである。いつぞや詩人の谷川雁さんと子供の詩について話しあったことがある。雁さんは詩誌「現代詩」の「富士特集」に掲載された「ふじはかみさんがいるみたいな山です」という子供の詩を絶讃し、「神さま」ではなく「神さん」がいいと褒めそやす口で、同じ特集号の金子光晴の詩「富士」を、「子供はつぶらな眼をひらいて富士そのものを見た。老詩人はおのれの衰えた脳味噌しか見なかった」と一笑に付したものである。

学生時代に北村氏は文学部の教室で、坐った机に落書きされた短歌に出会う。「不運つづく隣家がこよひ窓あけて眞緋《まひ》なまなまと耀る雛の段」「醫師は安樂死を語れども逆光の自轉車屋の宙吊りの自轉車」の二首。歌の作者は誰か、そして退屈紛れに落書きをした学生はいまどうしているかと、氏は考える。ほどなくして手に入れた文庫版『日本人霊歌』で作者は塚本邦雄だと知り、友人から残り一首は『緑色研究』中の作と教えられる。北村氏は机の上に二首を抜き出し揃えて置いた未知の学生にアンソロジストの才能を認める。三一書房版『現代短歌大系』も『定本塚本邦雄湊合歌集』（全歌集）

も未公刊であった時代、膨大な作品のなかから、二首を抜いたのは凄いというのである。そして「不運つづく」隣家といい、胸苦しい宙吊りの不安が迫る自轉車屋といい、何という町であろうと半ばあきれながらも、「選者は、教室の机の上にそういう町を作ったのです」と推理の錘を下ろす。朔太郎の『猫町』のような町内風景には、同じ『日本人霊歌』に録され、澁澤龍彦氏の愛誦した「はつなつのゆふべひたひを光らせて保険屋が遠き死を賣りにくる」を加えたいところである。

「アンソロジストは、どんな学生さんだったのでしょう」という問いに、時間軸を無視して推理するなら、当然、早大短歌会の歌人、そう、佐佐木幸綱、伊藤一彦、福島泰樹、加藤治郎、道浦母都子、俵万智、米川千嘉子、水原紫苑といった顔ぶれが浮かぶが、彼ら彼女らは歴史的旧かな、正字体で落書きしそうにもないとなれば、正解にはたどりつきそうにもない。因みに三一書房版『現代短歌大系』(全十二巻)は、編集した『中井英夫作品集』のヒットによる論功行賞で実現した私の企画である。中井英夫、大岡信、塚本邦雄の責任編集で、一九七二年に刊行されている。

テープ化された『現代歌人朗読集成』のなかで佐佐木幸綱は「じりじりと追い上げてゆく背景としてふさわしき新芽の炎」の自作を朗読する際に、歌い出しを三回繰り返すという北村氏の指摘に、私も久しぶりに秘蔵のテープを聞きなおしてみた。確かに「じりじりと、じりじりと——じりじりと追い上げてゆく背景としてふさわしき新芽の炎」と朗読している。朗読の妙味、醍醐味に陶酔しながら、俳句ではどうだろうかと思案した。秋元不死男の「鳥わたるこきこきと罐《かん》切れば」や「ライターの火のポポポポと滝涸《か》るる」は、「鳥わたるこきこきこきこきと罐切れば」とか「ライターの火のポポポポポポと滝洄るる」となり、これでは罐の蓋《ふた》は余すところ切りとられ、ライターはオイル切れになってしまうので朗読中止に至る。

佐佐木幸綱氏の歌が次の章にも引かれる。「サキサキとセロリ噛みいてあどけなき汝《なれ》を愛する理由はいらず」に、北村氏は青春の甘美な瞬間を感受する一方で、「《十年後の目》を仮定し、そこから見ると、実に哀しい歌にも思えました」と繊細な感受性の煌《きら》めきをみせる。「《十年、新鮮さを保つセロリはないだろう》と思ってしまうからです」という胸奥に去来する想念は、「ふるさとの／小野の木《こ》立《だち》に／笛の音の／うるむ月夜や。／／少女子《をとめご》は／熱きこころに／そをば聞き／涙ながしき。／／十年《ととせ》経ぬ／おなじ心に／君泣くや母となりても」（三木露風）の絶唱ではなかったか。

北村氏が小学生の時、〈身体〉を〈毀傷〉し、つまり骨折した話から「身体髪膚《はっぷ》之を父母に受く。敢えて毀傷《きしょう》せざるは孝の始めなり」の名言の話に及ぶ第八章を読み、こうした名言を拳々服膺《けんけんふくよう》したのは、北村氏たちの世代で終焉したのではないかと痛感した。それ以後の世代はそれこそ同詞を「寝臺白布受之父母、不敢起床孝之始也」などとパロディ化し、私たち先行世代を歯牙にもかけずに生きていくのではないだろうかという一抹の寂寥といおうか。〈孝の終わり〉は〈身を立て道を行い、名を後世に揚げて、以て父母を顕わす〉こととか。「身を立て　名を揚げ　やよ励めよ」と故郷からの離脱を強いられた近代の日本人は〈故郷喪失〉という病いを内に抱えながら近代化の道を歩んで来たのだった。「知識に向けて上昇しようとする近代日本人は、あまさず蕩児だったのではあるまいか。彼らは草深い故郷で老いていく親たちの辛苦によって、親たちの見知らぬ〈近代〉へ旅立つ自分を鋭く自覚していた」（渡辺京二）し、〈坂の上の雲〉をみつめひたすら邁進したが、登りつめた果てには一片の白雲が寂しく浮かんでいただけ……。旧き〈身体髪膚の世代〉と自嘲する所以《ゆえん》である。

北村氏が待ち伏せに会った詩には子供の詩が多い。無垢に開かれている魂の所在を証すものだろう。詩をめぐってお二人のお子さんとの会話も本書の楽しい読み所である。三歳児の豊田敏久くんの作品『れ』は三行詩で「ママ／ここに／カンガルーがいるよ」というもの。「前にちょこんと突き出された手、膨らんだお腹の袋、右に長く伸びた尻尾。まさに《れ》という形は《カンガルー》そのものです」と北村氏の明快なる解説。『れ』に比べると三好達治の「海よ、僕らの使ふ文字では、お前の中に、母がゐる。そして母よ、仏蘭西人の言葉では、あなたの中に海がある」（海という字には、母という字があるし、フランス語の mère〔母〕という字には mer〔海〕という字がある）が少々理屈っぽく感じられてくる。

芭蕉、炭太祇、三橋敏雄と、俳句に多くの頁が用意されている。〈閑かさや岩にしみ入る蟬の声〉は、芭蕉が『奥の細道』の旅の途中、山寺立石寺で作句したもので、蟬の句の最高峰といわれてきた。北村氏は「ただ一匹の油蟬の声が長く長く響いて来る。（略）ニイニイ蟬や法師蟬では軽すぎるし、日暮らしはもともと寂しい声だから使えないと感じました。油蟬が一匹だから、ジー、と染み込んで行くのです」と鑑賞する。この句をめぐって「諸説あることを知りました」とだけ記しているので、斎藤茂吉と小宮豊隆との間で行われた「蟬論争」に触れておこう。『文学直路』所収の「立石寺の蟬」で油蟬説を出した茂吉に対し、豊隆は『芭蕉の研究』でニイニイゼミを主張。茂吉は「立石寺の山から捕えてきたというにいにい蟬と油蟬の実物標本」をわざわざ取り寄せるなどしたが、結局、澄んでいて細い声のニイニイゼミの方が正しい解釈とする豊隆説に脱帽する。「事実と真実は違います」という北村氏の姿勢はヴァレリーのそれで、豊隆説に転じる前の茂吉の意気軒昂の面影を今にして窺う思いがする。蟬が単数か複数か。私なら「一即多、多即一」とでも答え、あとは沈黙する。後章で再びこの句についての解釈が出てくる。本書のカットを描いている群馬直美氏のその解釈は実にユニークである。

「かもめ来よ天金の書をひらくたび」（三橋敏雄）の句は、俳人が百人いれば百人が、「天金の《本を海辺で、あるいは海の上で潮風に吹かれながら読んでいるのである》」と鑑賞するに違いない。北村氏は間髪入れず異議申し立てをする。「《かもめよ、来い》と夢想するのに、場所が海辺ではいけません。現実の鷗の色を帯びてしまうからです。この《かもめ》とは象徴。書をひらく時、羽を広げる思いであり、喜びの筈です。となれば、この句の舞台は、最も海から離れた書斎に決まっています」と。別の「読み」を提示した須永朝彦氏に対して嘆声をあげた北村氏の口ぶりを私はそのまま真似たい。そう、「次の読みには、目を開かされました。（略）いえ、開かされたというより、これにはも情をたたえる北村ワールドでだけ聞くことの出来る言葉である。」

鞦韆の句で最も人口に膾炙《かいしゃ》しているのは恐らく三橋鷹女の「鞦韆は漕ぐべし愛は奪ふべし」であろう。私もその句や高橋睦郎氏の初期詩篇「ブランコ」、それに小泉八重子氏の「ふるさとにふらここの揺り残し来し」の、胸奥で永遠に揺れているぶらんこを愛している。最近、偶々《たまたま》、待ち伏せに会ったのは『樹林』(三〇七号)に掲載された添ひろみ氏(大阪文学学校在校生)の『夜のブランコ』もそうである。「来ない人を待つ/くらがりの公園/ブランコに揺られて/来るか来ないか/冷えていくコトバを/宙吊りのあしもとに/いくども沈めながら/それでもからだじゅうで/闇のうちがわから/漕ぎだすブランコ/光のかけらもない冬空へ/せりあがり視界/振り仰いだイチョウの木を/いちべつし/今わたしがいた位置を/俯瞰する/そして一瞬のうちの下降/――たしかに見たのだろうか/瞼をとじると/わたしのなかで/揺れるブランコ/あなた/ではなくてどこかとおい/かたむく天体の/いってんに支えられて/公園のふかいねむりの底で/揺れている」が全詩行である。編集委員の千原小雨氏は「暗闇の中で素早く移動する視点。孤独、その寂しさと安堵感をブランコの上昇と下降によって表現している」と書きとめている。作者は無名かもしれないが、誰かが録しなければ忘却される名詩である。

西條八十については三章も頁が費されているのは、八十ファンとしては心躍る。八十は純粋詩、童謡、歌謡、民謡、訳詩、詩論、少女小説などなど、あらゆるジャンルを自在に横断した天才であった。著書は二百冊に近く、作曲された詩謡は二千曲を越える。一人の詩人の作品で、二千曲もの曲を持っていることは世界にも例がないといわれている。詩人西條八十の神髄を時流に乗じることなく、一貫して喧伝してきた作家が久世光彦、皆川博子、そして北村薫氏である。

察知されるように北村氏の西條八十へのアプローチの視角はユニークである。八十が戦前のミステリをかなり読んでいたこと、レイモンド・チャンドラーと洋の東西を隔てて、同じフランスの詩人アロオクールを好んだこと、講談社版『少年少女世界探偵小説全集』の監修者を務めたこと、等々、かなりの八十通でも初耳の挿話が次々と披瀝《ひれき》される。取り上げられる一篇が「蝶」という詩である。自らの終わりのとき、地獄で待つ父母や友人に懐から「蒼白《あおざ》め、破れた」「蝶の死骸」を取り出し、渡しながら、「一生を／子供のやうに、さみしく／これを追ってゐました、と」言うというのだ。何というペシミスティックな詩かと驚く北村氏はペシミストか否か。蝶という名の真実を、さみしく追っている一人であることは疑いない。しかし八十のこの絶望的な詩篇を引いた後で、思わず息を呑むようなどんでん返しのエピソードが待ち伏せている。北村ミステリの醍醐味はエッセイにも充塡されている。

「蝶」を口遊むと、その蝶に幻の〈荘周の夢の蝶〉が降り立つ光景が彷彿する。荘周が夢のなかで蝶になったのか、蝶が夢のなかで荘周になったのか。夢と現実のどちらが真実の生なのか。私たち読者も蝶と化し、夢と現実の境を往来することになる。それは措いて八十という詩人は私たち日本人にとっては祭りの夜店のアセチレンの匂い、『サーカスの唄』、『東京行進曲』、『誰か故郷を想はざる』、『青い山脈』のノスタルジックな旋律とともに生涯忘れ得ぬ存在となっていくのではないかとの思いを抱く。

〈詩歌の待ち伏せ〉という現象学は、待ち伏せを待つ精神にのみ生じるという特徴がある。その辺のことを詩人真壁仁は「美しき邂逅のために遍歴せよ」と喝破したのである。また中島敦の『山月記』が餌物を狙い「待ち伏せする」猛虎を詩人李徴の変身譚という設定にしたことに留意したい。李徴は秀才のほまれ高く、科挙にも合格し、官吏としての栄達のコースに入るが、「性、狷介、自ら恃む所頗る厚く、賤吏に甘んずるを潔しとせず、「詩家としての名を死後百年に遺」そうと思い「官を退き、「人と交を絶つて、ひたすら詩作に耽つた」が、「文名は容易に揚らず」数年の後、貧窮に堪えず、妻子の衣食のために節を屈して、再び職につく。一年の後、公用の旅先でついに発狂し、行方不明になる。彼の友人の袁傪が勅命で嶺南への旅に出た先に、山道で出会ったのが一匹の虎、李徴だったのである。待ち伏せによる劇的な再会。虎は身を恥じて草むらに姿を隠し、袁傪に語りかける。

李徴の願いは、自作の詩数十篇を世に伝えてほしいということであった。「一部なりとも後代に伝へないでは、死んでも死にきれない」と李徴はこの胸の悲しみを誰かに訴えたいがために、山頂の巌の上から空谷に向かって吼える。光を失った月を仰いで、咆哮する虎は世の詩人をおもわせる。いつの時代にも詩人は李徴のようにしか生きられないのではないか。李徴が『月に吠える』朔太郎や北村薫氏に二重化される。『詩歌の待ち伏せ』に引用されるのは、李徴が「産を破り心を狂はせてまで自分が生涯それに執着した」詩数十篇、後代に口遊まれ伝えていきたいと願う珠玉とみていいだろう。まさに読む詞華アンソロジーの生誕を告知する一書である。

『ななつのこ』解説

加納朋子『ななつのこ』（東京創元社）

加納朋子さんは『ななつのこ』で第三回鮎川哲也賞を受賞、作家としてデビューされている。いうまでもなく私たち読者は通常そうしたことを契機に、作家と作品に出会うものであろう。だが、このあまりにも当り前の事実から、私はときに自分を少しばかり離陸させてみたいという衝迫を覚えることがある。それは「もしミステリーの賞を受賞した作品という知識なしに、『ななつのこ』を読んでいたら、どんな受けとめ方をしていただろうか」といったものである。

ミステリーの評論家が作品を論ずるにあたって、犯人やトリックや動機などを示唆したとしたら大方の袋叩きに遭うだろう。ならば作品に予めミステリーとかファンタジーとかSFとか純文学とか、レッテルを貼ることも許されるべきことではないのではあるまいか。何か無茶なことをいっているような気がしないでもないが、『ななつのこ』のような清澄と純正のハーモニイを流露させる作品を前にすると、自分が頑是無い子供になってしまうのを感ずる。折角、「解説」の役を仰せ付かったことだ。新しい読者には『ななつのこ』は一切の先入観を棄てて、虚心に読まれんことを勧めたい。

加納作品との邂逅――私の場合は、何しろ名にし負う鮎川賞作品である。少しく身構え、それに「雨の日にはミステリーでも読もう」といったいつもの軽いノリが加わったというのが正直なところだった。だが頁を繰るうちに、そんな浮いた気分は霧消し、敢えていえば、そう、岩波文庫の「心に残る作品」のアンケートで一位に選ばれた中勘助の『銀の匙』の何章目かを読んでいるような感銘に背骨を貫かれ、いつしか襟を正していたのである。

『ななつのこ』に出会う少し前に、この種の清冽な詩的戦慄を味わった作品に北村薫の『夜の蝉』があった。こういう深遠な詩情で染め上げ、人生への涙ぐましい郷愁と、やるせない寂寥とを揺曳させた物語を、わざわざミステリーと分別する必要があるだろうか。大岡昇平はあるエッセイで、漱石の『彼岸過迄』を探偵譚として読んだことを告白していたが、私は『ななつのこ』を芥川龍之介『藪の中』、谷崎潤一郎『武州公秘話』、室生犀星『性に目覚める頃』、埴谷雄高『死霊』などと地続きの作品として読んだとしても不都合はないと考える。

もとより、「『ななつのこ』のような純文学系の作品を受賞作にするほど、鮎川賞の懐は深く、現代のミステリーが多様化している証左だ」との論理もあるだろう。しかし私が些細なことに拘泥してきたのはそれなりに理由がある。それを一言でいえば、わが国のマスコミ、ジャーナリズムにいまなお存在している「純文学」と「エンタテインメント」の二項対立の図式に対する異議申し立てである。その二項対立を頑迷に信じている「純文学」信仰の徒がミステリー、ファンタジー、SFを「純文学」より価値が下位なるものと位置づけることに腐心する。それがどれほど当の作品を歪めてきたことか。

悪しき文壇意識の蔓延する風土に、『ななつのこ』が供出されるのを単に手をこまねいて見過ごすわけにはいかないのである。

贔屓目で言っているのではない。『ななつのこ』は堅固な連作という構成の中に、宝石のような魂の輝き、永遠の郷愁をうかがわせ、詩的イメージで染め上げた比類のない作品である。凶悪な事件が起きたり、屍体の椀飯振舞があるわけではない。犯罪や殺人函数方程式、恐怖の形而上学を期待する向きは肩すかしを喰うことになろう。しかし何の変哲もないような日常の消息に一つの深淵、謎、人生の背面を直覚する魂たちにとっては、本書はミステリーの神品として陸離たる精神の光芒を放ちつづけていくに違いない。「こころ」というもっとも不可解なミステリアスなものを主題としていることで、言葉の本質的な意味において至極のミステリー作品といえる。「こころ」なる深淵を探索することにミステリーの淵源はあったはずであり、『ななつのこ』はそのポーに始まるミステリーの正系にある。

『ななつのこ』は七話の連作短編からなる。「私」こと女子短大生の駒子は書店で偶然、佐伯綾乃という作家の『ななつのこ』というタイトルの童話集を衝動買いしてしまう。本には七編の童話が収められていた。作品に魅せられた「私」は作者にファンレターを出そうとする。最初に出した手紙の冒頭の部分が、本書『ななつのこ』のエピグラムとして引かれている。

「いったい、いつから疑問に思うことをやめてしまったのでしょうか？　いつから、与えられたものに納得し、状況に納得し、色々なことすべてに納得してしまうようになってしまったのでしょうか？

いつだって、どこでだって、謎はすぐ近くにあったのです。何もスフィンクスの深遠な謎などではなくても、例えばどうしてリンゴは落ちるのか、どうしてカラスは鳴くのか、そんなささやかで、だけど本当は大切な謎はいくらでも日常にあふれていて、そして誰かが答えてくれるのを待っていたのです」

作者自らが本書の内容を解説したものとも、作者のミステリー観を吐露したものとも読める。日常の深淵に眼差しを投げかけ、「なぜ?」と問いかける――これが加納朋子さんのミステリーの方法である。そのことは自身のアドレッセンスの論理を探索することと等価であっただろう。「なぜ?」との問いを続けるということは自己の生に対して絶えず覚醒しているということにほかならない。加納さんは深い洞察力と豊かな想像力を武器に日常の生活やものの考え方を幾重にも覆い尽くしている不可視のベールを切り裂き、真実を白日の下に露出させようとする。

さて、本書に出てくる童話集『ななつのこ』の主人公は〈はやて〉という少年と、サナトリウムにいる〈あやめさん〉という女性である。〈あやめさん〉は少年〈はやて〉の身辺で起こる些細な、しかも不思議な事件の謎を、いつも鮮やかに推理してみせる。その童話が推理仕立てになっているため、私たち読者は劇中劇というか、二編の作品を同時に読んでいくことになる。つまり『ななつのこ』は、この童話と関連した事件が「私」の身の回りで起こり、その謎を童話集の作者〈佐伯綾乃〉が「私」宛の手紙で解決するという凝った「入れ子構造」の形式になっているのである。

「私」は〈佐伯綾乃〉へのファンレターで事件について(ときに事件と意識されることもない身辺雑記を)

報告するが、その手紙文がすべて伏線になっているのである（そのことを叙述している「私」自身気付いていないし、もとより私たち読者も同じであろう）。〈佐伯綾乃〉からの返信で、トリビアルな日常の描写であったものが、「事件」の端緒であり、事件そのものであったことを知らされる。返信により初めて事件が成立し、事件の指摘が謎の解決でもある、という複雑な構成の妙にはただただ息を呑むばかりだ。連想されるのはアンリ・ジョルジュ・クルーゾー監督のドキュメンタリー映画『天才の秘密』だ。ピカソの絵画制作過程をそのまま撮影したもので、一本の直線や曲線が最後にどんな絵として完成するのか誰にも予測がつかない。あの映画と同じく、『ななつのこ』の七つの連作は「何が事件か」が、最後までわからないのである。

第一話の友人の愛犬行方不明。第二話の画廊での絵画のすり替わり。そして余韻を残す第三話の「一枚の写真」。「私」のアルバムから紛失した一枚の写真が郵便で返送される。誰が、何のために、何故、今になって返してきたのか。ここには母なるものの深層が剔抉されている。第四話の「バス・ストップで」は、金網や塀で仕切られ、立入禁止と札が掲げられている米軍住宅地区に対する違和を描く。老婦人の意表をついたレジスタンス（抵抗）。私はゆくりなくもいまでは歴史の絵巻物となってしまった砂川基地反対闘争の渦中で起きたエピソードを想起させられたものである。砂川を訪れた文化人の帽子が風で飛ばされ、有刺鉄線の向う側に落ちた。そこはもう日本人の立入ることのできない区域だ。祖国の中の異国にほかならないから……。

この挿話について、そんなステロタイプの感慨にすがって悲憤の歌をうたうよりも、自ら一個の帽子となって、基地の現実に舞いおり、ひからびた通念におおわれたこの未知の領域を、冷静に分析し、解剖し、推理し、判断すべきだったのだ、と糾弾したのは美術評論家の針生一郎氏であった。私はこの一編に表われた加納朋子さんの鋭い現実批判の目を信じる。

さて、全編中の白眉は、第六話「白いタンポポ」ではなかろうか。開高健の『はだかの王様』や五所平之助監督の映画『黄色いからす』を連想する読者もいるかもしれない。もし干刈あがたさんが生きていて、「ミステリー」を書いたら、きっとこんな作品になるのではないかとおもわしめる涙、涙、涙滂沱の佳品である。「この一編を読むだけでも本書は買って損はない」とまで私は書き記したことがある（「出版ニュース」九二年十一月上旬号）。「私」と真雪という儚げな少女との魂の交流。少女は絵を描くと、全ての花を、タンポポまで真っ白に塗りつぶしてしまう。教師たちはその行為を少女の両親が離婚していること、少女が親戚に預けられていたトラウマによるものとみる。

だが「私」は納得しない。やがて少女は「私」にその閉ざしていた心をひらいていく。「まったく無意識に、私は少女を抱き上げていた。今日出会ったばかりの小さな女の子が、無性に愛しかった。そのか細い見かけ通り、少女はふわりと軽かった。野菜の入った箱はあれほど重たかったのに、そして少女は確実に野菜よりも重いはずなのに、ちっともそうは思わなかった。そんなことを考える自分が、自分で可笑しかった……」

「私」の孤独な幼年期の回想も、亡き祖母への追憶も物語に融和し、しみじみとした感動の波動を伝える。〈佐伯綾乃〉の手紙もまた圧巻といえる。北原白秋の『桐の花』から「廃れたる園に踏み入りたんぽぽの白きを踏めば春たけにける」が引用されることの絶妙さ。この一首を引用するために、第六話は生まれたのではないかとまで考えさせられるのである。この白秋の歌が謎を解く鍵になっており、しかもこの歌をめぐって、従来、国文学者や専門歌人によってなされてきた解釈と鑑賞を、まるごと否定してみせる。白秋の歌を新しく読解することが、物語の謎ばかりではなく、少女の心の謎までをも解く。そのことがそのまま作品の主題となっている。実に見事というほかない。

「少女があなたに出会えたのは、まったく救いだったと思います……あなたは自分でそうと気づかないうちに、一人の少女に出口を示すことができたのです……あなたは白いたんぽぽの花に似ていますね。ありふれているようで、本当は滅多に出会うことができない、つまらない既成概念や価値観や常識を、その存在だけで控え目に、けれどあっさりと否定してしまう。白い花の傷つきやすさと、そして何よりたんぽぽの逞しさとを持っている……」と書く〈綾乃〉の手紙は「私」いな作者加納さんの自画像であり、本書『ななつのこ』が既成のミステリー史に占める位置の自らなる吐露のふうにもおもえる。加納さんは「自分でそうと気づかないうちに」停滞し閉塞感を深める文学に「出口を示すことができた」ということである。

最終話「ななつのこ」で、これまでの六話がすべて伏線であったという仕掛けが明かされる。一話が一章としての役割りをもつ、まぎれもない長編小説であったという破天荒のどんでん返しである。蛇足を加えると、作品には通奏低音として童謡『七つの子』（野口雨情作詞、本居長世作曲）がたえず響いており、私たちを失われたアドレッセンス期の夢の追懐へと誘《いざな》うのである。

『蝶』解説

皆川博子『蝶』（文藝春秋）

皆川博子さんが一昔も前に新聞に発表されたエッセイ「ミステリー回顧録」の切り抜きが見つからず、おぼろな記憶を頼りに書き始めるが、それほど的をはずしていないと思う。「美と様式を持ってこそ、ミステリー」というのが主旨で、その二つを併せ持った〈美の祭司たちの系譜〉として、三島由紀夫、中井英夫、塚本邦雄、葛原妙子、澁澤龍彥、久生十蘭《ひさお》、日影丈吉、久世光彦、赤江瀑氏らを挙げられたのである。選ばれたのは作家、歌人、仏文学者、翻訳家と多彩な顔触れで、日常の透視者、魂の飢餓感の表現者皆川さんの関心の在り処を感得せしめるものであった。

この一昔前に描出された系譜を今日、増補すればどんな作家が招聘されることになるだろうか。私論（試論）を提示すれば、三島の前に泉鏡花、谷崎潤一郎、堀口大學、石川淳、そして赤江瀑氏の後には倉橋由美子、山中智恵子、寺山修司、山尾悠子、小池真理子、皆川博子さんが加えられるのではないか。私は世代的拘束性から鏡花、潤一郎、十蘭にこそ逢うことはかなわなかったが、他の方々には公私ともにお世話になってきた。もっとも逢うといっても道元が『正法眼蔵』の「有時《うじ》」の章でいう「我人に逢ふなり、人人に逢ふなり、我我に逢ふなり、出出に逢ふなり」という高尚なそれではなく、幻想山脈のたたずまいを裾野から眺望しているに過ぎないのではあるが。

ところで皆川さんの言う〈美の祭司たち〉を、私流に言えばアルチュール・ランボオの〈ヴォワイアン〉の系譜ということになる。このヴォワイアンを小林秀雄は〈千里眼〉、江原順、安東次男、飯島耕一氏は〈幻視者〉〈見者〉と訳している。ランボオ詩の翻訳では上田敏、中原中也、金子光晴、鈴木信太郎、寺田透、粟津則雄、宇佐美斉、齋藤磯雄らより唯一、小林訳に酩酊してきていながら、この〈千里眼〉の訳語には当時も今も不満がある。私は皆川博子さんを当代随一の幻視者と畏怖している。ここはいま少し小林「ランボオ」論に拘泥してみたい。

小林秀雄は、「ランボオは、早くから、詩人に就いて異様な考へを抱いてゐた」と言いその考えが一八七一年五月十五日付の手紙に圧搾されているとして一部を引用する。「手紙はイザンバアル宛とドムニイ宛と、殆ど同じ内容のものが二通あるが、後者に拠る」として、ドムニイ宛を引くのである。これを奇だと指摘した人を寡聞にして知らない。

「千里眼でなければならぬ、千里眼にならなければならぬ、と僕は言ふのだ。詩人は、あらゆる感覚の、長い、限りない、合理的な乱用によつて千里眼になる。恋愛や苦悩や狂気の一切の形式、つまり一切の書物を、自分を探つて自分の裡で汲み尽し、たゞそれらの精髄だけを保存するのだ。言ふに言はれぬ苦しみの中で、彼は凡ての信仰を、人間業を超えた力を必要とし、又、それ故に、誰にも増して偉大な病者、罪人、呪はれた人、——或は又最上の賢者となる。彼は未知のものに達するからであ

る」（傍点ランボオ）

小林秀雄が殆ど同じ内容というイザンバアル宛の手紙を次に引く（『ランボオ全集』人文書院刊）。因みに彼はシャルルヴィルの高等学校でのランボオの修辞学の教師である。「今のところは放蕩のかぎりをつくしています。何故と仰言るのですか？　僕は詩人になりたいのです。そしてヴォワイアン（見る人）になりたいと努めています。貴方には何のことかさっぱりお判りにならぬでしょう。僕だって殆んど説明の言葉に苦しむのです。凡ゆる感官を放埒奔放に解放することによって未知のものに到達することが必要なのです。苦悩は大へんなものですが、しかし強くあらねばならず、生れながらの詩人であらねばなりません。そして僕は自分を詩人であると確認したのです。でもこれは何も僕が悪いわけではないのです。吾れ思う、なんて言うのは誤りです。他人が吾れについて考える、と言うべきです。地口を言っているようで御免下さい。『吾れ』は他者であります。木片がヴァイオリンであることが判ったとしても止むを得ないことです」

何故、小林は思想史やシュルレアリスム芸術に影響を及ぼすことになった「吾れ」は「他者」なりという公式の結晶を黙殺したのであろうか。ここはそれを論ずる場所ではないので、話を端折《はしょ》ることにし、皆川博子幻視者考に移りたい。私がこれまで編集したアンソロジー集は、おおむね幻想文学関係のものである。『現代詩殺人事件――ポエジーの誘惑』や『短歌殺人事件――31音律のラビリンス』にしろ、書名に殺人事件が入っているものの、ミステリーというより幻想文学の範疇に列せられるのが相応《ふさわ》しいシリーズである。皆川作品では「あの紫は」「お七」を収載させてもらったが、「お七」の超短篇が読者の度肝を抜いたことは編集者の間でも語り草になっている。

ボルヘスやレムの幻想小説に通底する蠱惑《こわく》的なコラージュの燦爛《さんらん》のうちに、お七の像を彫琢する超絶技巧。コラージュされるのはランボオ、小林秀雄、イヴ・ボンヌフォア、泉鏡花、狭野茅上娘子《さののちがみのおとめ》らの作品断片で、時代も国境も異にする。これら先行者の断片が、あたかも「お七」のために用意されていたかのように、場所を得て収まるのだ。お七（?—一六八三）は、江戸本郷追分の八百屋太郎兵衛の娘。天和二年の大火で駒込正仙寺（一説には円乗寺）に避難し、そこで寺小姓の生田庄之助と恋仲に。やがて庄之助恋しさのあまり、火事があれば逢えると思い込み、放火を決行。捕えられ、鈴ケ森の刑場で火刑に処せられている。西鶴『好色五人女』や歌舞伎『お七歌祭文』、浄瑠璃『八百屋お七恋緋桜』のヒロイン、河竹黙阿弥、岡本綺堂、眞山青果、寺山修司らの小説、戯曲のモデルとなった。お七を擁護することの徹底性において突出しているのが堀口大學と皆川さん。「八百屋お七が火をつけた／お小姓吉三に逢ひたさに／われとわが家に火をつけた／／あれは大事な気持です／忘れてならない気持です」（「お七の火」堀口大學）

さて『蝶』は、現代文学の砂漠の沖に光輝まれなる孤帆として、美の水脈を一筋曳いてきた皆川博子文学の一頂点といえる短篇集である。単行本の帯には「夢幻へ狂気へと誘われる戦慄の八篇」だの「現代最高の幻視者が紡ぎ出す瞠目の短篇世界」といった活字が眼を射るが、全く偽りはない。戦慄、瞠目、醇乎たるロマンティケル、その通りである。大袈裟でも何でもない。

八篇の作品に俳句や詩が象嵌《ぞうがん》されている。ポオル・フォル（堀口大學訳）、ロオド・ダンセイニ（西條八十訳）、ハインリッヒ・ハイネ（上田敏訳）にまじって横瀬夜雨、薄田泣菫、伊良子清白といった象徴詩人の珠玉が引かれることに眼を瞠《みは》る。これは偉観といえないか。西條八十は近年、塚本邦雄、久世光彦、皆川博子、北村薫氏らが、伊良子清白は平出隆氏が、顕彰に努めてきたが、横瀬夜雨、薄田泣菫となると皆川さんの独擅場である。石川淳の名作『紫苑物語』を、叙事詩的な象徴小説と讃仰した評論家がいたが、『蝶』八篇にこそその名辞は相応しいのではあるまいか。そして象徴派詩人ルネサンスは本書から始まるという予感がする。

皆川さんの文体は流麗な叙事詩のそれで、引用される詩に拮抗している。マラルメの芸術論に、「詩には必ず謎語あるべし」「暗示は即ち幻想に非ずや。這般《しゃはん》幽玄の運用を象徴と名づく」（上田敏訳）とあるが、皆川文体も謎を孕んだ象徴詩の光芒を放つ。たとえば「空の色さえ」の冒頭、「二階」の描写を見られたい。

「上り口から見上げると、竪穴のような階段は、見果てぬ高みにいくほど闇の濃さを増し、はては暗黒に溶け入り、なにやら湿っぽく恐ろしげで、それでも怖いものほど覗き見たくもあり、下の段に両手をつき、前足を胸の前にそろえた狛犬みたいな恰好で、首をおそるおそるのばすと、闇がぞわぞわと蠢《うごめ》きながら、黒い霧のように階段を流れ下りてくるので、あわてて縁側で縫い物をしている祖母のそばに這《は》いずって逃げた」とある。急階段の危うさを、蒼穹が瀧のごとく崩落するように描くのだ。ここに「われ、非情の河より河を下りしが（略）流れ流れて思ふまゝ、われは下りき」（ランボオ『酩酊船』）と続けても異和はない。皆川作品にはしばしば出てくる「二階」には〈異界〉の不気味さがある。

産婆をしている祖母と両親の家をねえやの押す乳母車で往還する「わたし」。左足の内翻足《ないはんそく》は出産時の祖母の措置が悪かったからだと、母は責めたらしい。祖母はみんなから疎《うと》まれているが、わたしは親しみを感じている。祖母が口ずさむ「空の色さえ陽気です、／時は楽しい五月です。」は、歌詞はモダンだが、節は御詠歌の哀調がある。祖母が入ることを禁じていた二階でわたしは父の弟、つまり叔父が結核で寝ついているのを知る。戦争が激化し、疎開、敗戦と世はめまぐるしく変わりゆく。祖母も叔父も死ぬ。だがもう一人のわたしは、生き残り、今も祖母の家の二階にいる。そこではうつろう時は存在しない。「わたしは歌う。空の色さえ陽気です。誰あって、泣こうなどとは思わない。誰が死のうと殺そうと、戦があろうとなかろうと、時は楽しい五月です。海は流れる涙です……」と。太宰治の短篇『トカトントン』は「トカトントン」という音が聞こえてくると途端に脱力感に襲われる主人公が描かれるが、ここでは「空の色さえ」（ポオル・フォル、堀口大學訳）がそれに当たる。この歌に希望と見まがうほど晴朗無上な絶望の翳りを掬っているのは皆川さんの世代的悲哀の然らしめるものであろう。

「蝶」の主人公がインパール戦線から復員したとき、妻は情夫と同棲していた。ひそかに持ち帰った拳銃で男は二人を撃つ。出所後、小豆相場で財産をつくり、海にほど近い木造家屋〈司祭館〉に住みつく。特攻帰りの玄吉を下男仕事をすることを条件に同居させる。そこに映画のロケ隊が闖入してくる。彼らは真の悲劇と死が不在の現代にあって虚構の場面を撮るために懸命だ。カチンコの合図で氷の海にむかって走る少女と犬。男は拳銃の照準を遥かな一点にあわせ、引金を引く。そのあと銃口を自分のこめかみにあてる……。

物語は「冬に入る白刃のこころ抱きしまま」（別所真紀子）、「萬緑や死は一弾を以て足る」（上田五千石）という引用句の出現にそって展開する。終章の「次の世もまた次の世も黒揚羽」（今井豊）、「滾り立つもの皆眠らせよ春の雪」（音羽和俊）の句が、J・D・サリンジャーの「バナナフィッシュにうってつけの日」のような、戦線で精神的に傷ついた男が現実の社会から疎外された果てに迎える暗澹たる結末を暗示する。

「艀《はしけ》」には横瀬夜雨の詩が五篇引かれるが、登場する詩人も夜雨その人に酷似している。彼が少女に語る「小学校に通いだしたら、からかわれ、苛《いじ》められた。代用教員が黒板に僕の似姿を白墨で描いた。それっきり、僕は登校をやめた」という話は、心ない教師に辱められた夜雨の履歴そのものである。夜雨も幼時、脊椎を傷め、その宿痾《しゅくあ》に生涯苦しんでいる。いやヒロインのしのぶこそが、いまひとりの横瀬夜雨かもしれない。彼女にも夜雨の面影がある。かつて逍遥した渚に艀はなく、流木が打ち上げられているばかりだ。木片が艀であることが判ったとしても止むを得ないことです、とランボオなら口走るだろう。

「想ひ出すなよ」は引かれるロオド・ダンセイニの詩句（「罌粟《けし》のねむたげな葩《はな》をゆする風は〈想ひ出すなよ〉〈想ひ出すなよ〉と呟いてゐた」西條八十訳）が暗示するような眩暈と狂気の夢である。転校生のわたしと三人の女ともだちのアドレッセンスともいえない幼い思春期初葉の物語だ。子どもは無垢で無邪気で純粋という神話が残酷に否定される。吉本隆明の「少年期」の少女版といえようか。少年の世界といえど、そこには「異常な掟てがあり　私刑《リンチ》があり」（略）「仲間外れにされたものは／そむき愛と憎しみをおぼえ／魂の惨劇にたえる／みえない関係が／みえはじめたとき／かれらは深く訣別している」ことになるのは必至なのである。

「妙《たえ》に清らの」は、澁澤龍彥風に言えば「痙攣的な美を感じ、金縛りになる」珠玉。母屋と渡り廊下で繋がる離れに起居する叔父。眼帯をしているのは、義眼を隠すためだ。叔父は子どものころ友だちの射た弓矢の矢が逸れ眼に突刺さったのだった。その叔父の蔵書の美術全集で、少年は裸体のアダムとイヴがエデンを追われる『楽園追放』図を見て衝撃を受ける。叔父と結婚した綾子は頬に痘痕のある女性だったが、〈妙に清らの〉を歌うその声はコロラチュラソプラノで美しかった。叔父が住みこみの看護婦とも関係を持っていることを知っているのか、涙ぐんでいることが多い。少年を見ると、いそいで涙をぬぐい、笑顔をつくる。カタストロフィの訪れ。少年が叔父の部屋で見た『楽園追放』さながらの光景。二重三重に波状化される衝撃。グロテスク、酸鼻、凄惨、猥雑、淫靡……言葉が追いつかない。しかしこの世のものとも思えぬ至高の美が現出する瞬間に私たちは立ち会うことが出来る。そして知らず呟くに違いない。「美——美という奴は恐ろしい怕《おっ》かないもんだよ！　つまり、杓子定規に決めることが出来ないから、それで恐ろしいのだ。なぜって、神様は人間に謎ばかりかけていらっしゃるもんなあ」（ドストエフスキー『カラマーゾフの兄弟』）。淡い紅の振袖を着た叔母綾子の天使と見まがう姿を私たちは瞼の裏に焼きつけるであろう。皆川さんは従来のヴォワイアンの営為に百尺竿頭を進め、神をも竦ませるていの謎をかけたのである。因みに私のベスト二位だ。

「龍騎兵《ドラゴネール》は近づけり」はベスト一位。わたしと弟とねえやは都会を離れ、一夏を海辺で過ごす。母は父の身の回りの世話をするため、すぐに帰京したのだった。隣家はしもたやで二階に若い五人の楽士が住んでいた。彼らは砂浜に横たわる漁船の中の仮設舞台で演奏するらしかった。わたしは楽器では絵入りの本で知った、「捕らえた異端の子供の皮で造った」というバグパイプに興味を持つ。そのうち漁村の勝男と仲よしになる。彼はわたしに鬼ヤンマの首を勲章がわりに呉れたのだ。勝男に誘われ、わたしと弟とねえやは小舟に乗せてもらう。弟がわたしの失くした鬼ヤンマの首の勲章をつけている。勝男から貰ったという。カッとしてわたしは弟を突く。勝男が水に飛び込み、弟を抱え舟に投げ入れた。が飛び込んだとき、勝男は足を櫓杭《ろぐい》にぶつけたため、傷口から血の澪《みお》をひいて、沈んでいった。「二階にいた男たちが、勝男のふくらはぎに食いついていた」

母が迎えにきていた。四人で東京行きの列車に乗った。事件のことは何も言わず、そのまま時が過ぎた。二年か三年後、戦争がひどくなり、空襲で両親は焼死し、弟も栄養失調で死んだ。音楽祭の招待状が舞い込む。舞台に五人の楽士、聴衆はわたしひとり。わたしも舞台にのぼり、バグパイプを取った。バグパイプは勝男の躰で造られていた。勝男のくちびる、つまり管の先端にくちびるを寄せ、歌った。「龍騎兵《ドラゴネール》は近づけり」。勝男のくちびるも小さく動いて、ハミングした……。映画『シャイニング』と吉岡実の名作『僧侶』『死児』を彷彿する怪奇で猥褻で醜悪で、鮎川信夫風にいえば、「風土化されたシュールレアリスムの趣き」のある一篇である。恐怖の詩情は海彼の国の作家も含め、他の追随を許すまい。

「幻燈」もベスト入りさせたい名品。十五で奉公に出され、東京のお屋敷に雇われたわたし。家族は旦那様と奥様だが、住み込みの女中たち、書生たちなど五、六人。軍需関係の工場を経営している旦那は妾宅に入り浸り。わたしは奥様の添い寝の役もつとめる。幻燈機を買い、写真屋に命じて奥様の写真を種板に細工してもらう。奥様と演ずる儀式はエロティックだ。戦前戦中から戦後の急転が実存主義的自由への冒険の相貌をうかがわせ、思わず息を呑むほど鮮烈である。田村泰次郎『肉体の門』、坂口安吾『堕落論』よりも、哀しみが深い。

「遺し文」はベスト三位だが、感銘度（落涙度）からいうと一位に君臨する。涼太は数えで十五歳。海産物問屋を営み、町会議員でもある伯父の家に住み込みで働くことになる。そこに伯父の恩人の孫、秋穂が身を寄せることになる。十八歳で銀行員と結婚し、夫の上海支店転勤に伴って海を渡った。昭和十二年八月、通商の地で自宅に華人の強盗が押し入り、夫は殺され、秋穂は恐怖から精神の安定を失い、内地へ送還される。伯父は恩返しになると、秋穂を引き受けることにしたのだ。秋穂は事件の後遺症で今も口がきけない。伯父は酒宴の席で人々に秋穂が暴徒に強姦されたことをもらす。涼太はそんな秋穂に思慕の念を抱く。秋穂が持ってきた数冊の書物の中に伊良子清白の詩集の『孔雀船』があった。秋穂はそのなかの一篇「初陣」を朗誦した。「父よ其手綱《そのたづな》を放せ……」

ここからエンディングまでの二十二行を、私は記述していくことが出来ない。清白の雄勁《ゆうけい》たる声調が貴種流離譚の結末を、即ち流離の果てに薨《かむあが》って再び天上の存在となるという筋を予知せしめ、涙で読み進めることが出来ないのだ。ここでの涼太と秋穂の会話ほど美しくも悲しい会話があったろうか。流離の相を刻印する地上の二人に清白の縹緲《ひょうびょう》たる神韻は照応し、人をして流涕《りゅうてい》せしめるのである。太平洋戦争の戦死者たちは、この「遺し文」一篇で鎮魂されることを私はしかと信ずる。

「艀」「妙に清らの」「龍騎兵は近づけり」そして「遺し文」は短篇の名手三島由紀夫の短篇の傑作を凌駕している。『蝶』八篇は、存在の岸辺から、〈非時《ときじく》〉の世界の消息を告知するヴォワイアンによる魂鎮めの短篇集である。皆川博子さんが、昭和五年（一九三〇）生まれであることを知り、私は第二次大戦後に突如として出現し、現代美術史に新しい戦慄をもたらしたウィーンの〈幻想的レアリスム〉派を想起しないわけにはいかなかった。エーリヒ・ブラウァーとアントン・レームデンは一九二九年、エルンスト・フックスは一九三〇年に生まれている。全員少年時代に戦争を体験している。皆川さんも少女期の記憶に爆撃や崩壊、別離や闇市のそれを持つ。意識下の世界への願望、夢想を描くことは、〈幻想的レアリスム〉派の共通の志向であった。

皆川さんの生まれる前年十月二十四日は、ニューヨークのウォール街で株式が大暴落、世界恐慌の発端となっている。小林多喜二の『蟹工船』が発禁となり、巷では「東京行進曲」「君恋し」の歌謡曲が流行——皆川さんの想像力の種子はこうした終末的風景裡に育まれたことは間違いない。二十代で夭折した詩人ノヴァーリスは、「見えるものは見えないものにさわっている。聞こえるものは聞こえないものにさわっている。それならば、考えられるものは考えられないものにさわっているはずだ」（『断章』）と言った。それを敷衍《ふえん》して、「有限なるものは無限なるものにさわっているはずだ」と録したのは大岡信氏だ。無限を希求する皆川さんをヴォワイアン（幻視者）と断言する所以《ゆえん》である。書名の『蝶』も荘子の〈胡蝶の夢〉に淵源するのはいうまでもない。荘周（荘子）が夢で胡蝶になり、醒めたあと自分が夢で胡蝶になったのか、それともいま現在の自分こそが蝶の見ている夢かもしれないとも思う。皆川作品も夢の中で紡がれているのかもしれない。
『蝶』全篇を貫く主題に接近するものとして、以下の詩を録しておこう。

イシュメエル——「白鯨」より　　鮎川信夫

イシュメエルよ
惨劇のおわりにはうず潮がひとつ
にんげんの運命をすいこむもの
きみが見た大きな虚無はふかくぼくらをひきつける

（最終連）

第Ⅴ章　「殺人事件」シリーズ 解説

『俳句殺人事件　巻頭句の女』解説

『俳句殺人事件　巻頭句の女』齋藤愼爾 編（光文社）

松本清張《まつもとせいちょう》（一九〇九―九二）は昭和二十七年（五二）「三田文学」に発表した『或る「小倉日記」伝』で芥川賞を受賞。ついで三十一年（五六）、短編小説『顔』で日本探偵作家クラブ賞を受賞。翌三十二年（五七）、『点と線』『眼の壁』がベストセラーとなり、推理小説界における清張時代の到来を告知するのである。清張と俳句の関わりでは、まず二十八年（五三）、「文藝春秋」（八月号）に発表された短編『菊枕』がある。清張と同じ小倉の女流俳人杉田久女《すぎたひさじょ》をモデルにした小説とされる。とすると作中の「コスモス」は「ホトトギス」、宮萩栴堂は高浜虚子《たかはまきょし》ということになる。

清張には橋本多佳子《はしもとたかこ》、西東三鬼《さいとうさんき》をモデルにした『花氷』（昭和四十一年）という短編もあるが、面白さでは本文庫収載の『巻頭句の女』（昭和三十三年）が抜きん出ている。「巻頭」とは俳句雑誌の雑詠欄（投句欄）での第一位（巻首）をいう。俳句作家にとって巻頭は夢であり栄女流俳人が三ヵ月も欠詠しているいることが物語の発端《ほったん》となる。文芸評論家の平野謙《ひらのけん》は「最初この作品を雑誌で読んだとき、犯罪行為の卓抜な着想に思わず感嘆したものである。ほとんどそれは悪魔的な完全犯罪の着想といってもいい。

ただ犯人は被害者が俳句をたしなんでいる、という一点をみのがしたばかりに、その悪魔的な完全犯罪も破れざるを得なかったのである」と絶讃している。

清張は小説のなかに、しばしば俳句を趣味にしている主人公を登場させる。『眼の壁』では事件を追う会計課長の萩崎《はぎざき》が俳句の愛好者という設定になっていて、彼の句が紹介される。「春昼に消えては浮かぶ群れたる眼」「陽の下を看護婦よぎる音もなく」「一望の夏野に孤独なる日輪」「荒涼と冷えてゆく身に湖《うみ》引きよす」。

異色の現代小説『強き蟻』（「文藝春秋」昭和四十五年一月〜四十六年三月号）の、題名は西東三鬼が「天狼」（昭和二十三年一月号）に発表した「墓の前強き蟻ゐて奔走す」から取られている。「この題名で表わしたかったのは、一人の人間の死という厳粛な事実をよそに、生活の資を得るために激しく走り回る、欲望に身を焼かれている人間のことであろう」（権田萬治《ごんだまんじ》）という指摘がある。『時間の習俗』の容疑者の専務はアマチュアの俳人で、句が何句か出てくる。『喪失の儀礼』は医師と製薬業界の荒廃した関係がもたらした連続殺人事件を描く本格推理長編だが、登場する医師や製薬会社の外交員の作る俳句が、トリックにからむ形で織り込まれる。「虹崩れぬうちに声のけたたまし」「駆け回る曼珠沙華の撩乱と」がそんな中の一句だ。

『聞かなかった場所』『二つの声』は絶品。ことに夜の軽井沢で、野鳥の声を聞きながら連句を巻く風雅な試みが、計画殺人と結びつく『二つの声』は必読。関係者が俳句とつながりがあり、しかも絶妙のトリックが提出されるのである。

子に教へ自らも嚙む木の芽かな　清張

障子洗ふ上を人声通りけり　同

戸板康二《といたやすじ》（一九一五―九三）の『句会の短冊』（「小説宝石」一九七一年三月号）は、歌舞伎界の老優、中村雅楽《ががく》を探偵役にしたシリーズの一編。ルポライターの「私」は取材のために出席した古池句会で床の間に飾ってあった芭蕉《ばしょう》の短冊が紛失するという事件に遭遇する。出席者は古池句会の長老格六名と会員が三十数名。このなかの誰かが宗匠が家宝としていた芭蕉の「道のべのむくげは馬にくはれけり」の短冊を偽物にすり替えて持ち出したようだ。犯人は誰か、動機は何か、そしてどのような方法で持ち出したのか。謎を解明してもらうため、「私」は中村雅楽を訪ねる。

戸板康二は、東京・芝の生まれ。昭和十三年（一九三八）、慶応義塾大学国文科卒。二十四年（四九）、『わが歌舞伎』『丸本歌舞伎』などの歌舞伎評論で戸川秋骨《とがわしゅうこつ》賞、二十七年（五二）、『今日の歌舞伎』で芸術選奨文部大臣賞受賞。推理小説を書くことを勧めたのは江戸川乱歩《えどがわらんぽ》で、デビュー作は「宝石」（昭和三十三年七月号）誌での『車引殺人事件』。題名の脇に乱歩の推薦文が付くという恵まれた出立であった。歌舞伎の老優・中村雅楽が事件の謎を推理する――これはエラリー・クイーンの四つの小説に登場するシェークスピア役者ドルリー・レーンにあやかって付けたという。

岡本綺堂《おかもときどう》の『半七捕物帳』の作風を継承する珍しい小説の書き手として注目され、七作目の『團十郎切腹事件』で第四十二回直木賞を受賞（司馬遼太郎《しばりょうたろう》『梟の城』と同時受賞）し、作家としても一家を成すに至った。その後も中村雅楽探偵シリーズは書き継がれ、『グリーン車の子供』は第二十九回日本推理作家協会賞を受賞。ちなみに『句会の短冊』は犯人当て小説という形で発表され、見事に謎を解いた読者が歌舞伎俳優・市川猿翁《えんおう》の弟の市川小太夫で、自分でも推理小説を書いていて、筆名を小納戸容《こなんどいる》と称していたという。戸板の俳句を素材とした長編推理小説は、昭和三十四年（五九）、東京新聞に連載した『松風の記憶』で、中村雅楽が句会に出した俳句で犯人がわかるといった結末が鮮烈な印象を残す。

修二会はや白々明けの熱き粥　康二
廃帯の浅きねむりやほととぎす　同
海がすぐ下に来てゐる障子かな　同
梅若忌ひともとすすき風の中　同
殺し場の男の鎌や夏の月　同

五木寛之《いつきひろゆき》氏（一九三二―）の『さかしまに』（「オール讀物」昭和五十年五・六月号）は、昭和十年代の俳壇に彗星《すいせい》のごとく現われ眩い光芒を放ちながらも、なぜか俳壇の〝正史〟から抹消《まっしょう》され、歴史の闇に消えた鬼才の運命をめぐるドラマである。五木氏が「歴史上の事実に作想をえた」と語っているように、この作品は昭和十五年、新興俳句の自由主義的傾向に対し、特高警察が治安維持法を濫用して「京大俳句」のメンバーを集団検挙した〈京大俳句事件〉がテーマになっている。

「京大俳句」は昭和八年一月、三高・京大俳句会から創刊された俳誌で、当初からリベラリズムを主唱、閉鎖性の強い俳壇に新風を導入した功績がある。「人民戦線的イデオロギーに基づく広汎な活動」が体制側に睨まれるところとなり、十五年、渡辺白泉《わたなべはくせん》、平畑静塔《ひらはたせいとう》、三谷昭《みたにあきら》、仁智栄坊ら十五名が、翌十六年には秋元不死男《あきもとふじお》ら十三名が検挙されることとなる。『さかしまに』では特高は検挙の理由に、「赤き実」を詠えば、これは社会主義の成果の象徴だの、「菊枯れる」といえば皇室を呪う心を詠んだのだなど、無理無体の珍解釈が押しつけられたとある。私の師・秋元不死男の場合、鶴見製鉄所での嘱目吟《しよくもくぎん》「冬空をふりかぶり鉄を打つ男」の句が、「この〝鉄〟は資本主義を象徴し、それを労働者が打つのだからプロレタリア革命を暗示謳歌《おうか》したものだ」と非難されたときく。『さかしまに』の鬼才灯痩のように獄中で抵抗の方法を考えようとしなかったことが、即ち〈内なる俳句事件〉を主体的に克服《こくふく》しえなかったことが、今日の俳壇の荒廃を、さかしまに傾く時代を招来せしめた所以《ゆえん》といえないだろうか。

私はかつて文春文庫『さかしまに』（八六年）の解説で「『さかしまに』には白昼の正統の俳句史からは黙殺され流砂のごとく埋もれた人々――時代の苦い情況の中で、一個の人間存在の相をあらわにしながら、世界についての己れの魂の諧調を十七音律に籠《こ》め、傷つき斃《たお》れていった非命の俳人たちへの鎮魂がある」と書いた。再読してそのことを改めて痛感したのであった。

五木氏が俳句に言及した対談がある。「季刊俳句」創刊号（昭和四十八年十月）で、歌人の塚本邦雄《つかもとくにお》氏との「幻視のなかの荊冠詩型」、そして『さかしまに』の取材を兼ねて「俳句」（昭和五十一年九月号）

で行なった三谷昭との「歴史と民衆文芸」という対談である。

結城昌治《ゆうきしょうじ》(一九二七―九六)の『紺の彼方』(「オール讀物」一九六六年十一月号)は、戦争末期、自分を裏切った夫を殺害し、完全犯罪を目論んだ女の物語である。昭和十九年(四四)八月の末、「私」は内科医の村田と結婚する。だが結婚して一と月目に木浦奈津枝という出征軍人の妻が村田を訪ねてきたことから運命の歯車が狂いだす。奈津枝は村田が学生時代に部屋を借りていたアパートの女主人であった。戦事下の異常な情況下に展開する三人の異常な関係の緊張が沸点にまで高まったとき、「私」に殺意が……。戦後、「私」は父の影響で始めた俳句に生き甲斐を見出している。句集も何冊か出し、たまに舞い込む雑誌の依頼に応じたりしている。彼女がひそかに口遊《くちずさ》むのが「朝顔の紺の彼方の月日かな」である。この石田波郷《いしだはきょう》の一代の名句に奔流のように流れた戦後の歳月を重ねた手法が鮮かである。愛の残酷さ、悲劇を描き、三島由紀夫《みしまゆきお》の短編に通底するものをもつ。

結城は早稲田大学専門部を卒業後、検察事務官として東京地検に勤務したが、肺結核のため清瀬村の国立東京療養所に加養中、石田波郷と福永武彦《ふくながたけひこ》(加田伶太郎《かだれいたろう》)を知る。所内の俳句会に加わって俳句を始め、病癒えて社会に復帰し、小説家として活躍するようになってからも、友人らと「くちなし句会」を催し、波郷風の諷詠に洗練味を加え、風格ある句を作っている。

句集に『歳月』(昭和五十四年)がある。

降る雪や余生といふもやすからぬ　　昌治

初蝶や死者運ばれし道をきて　同

椿落つたびの波紋を見てをりぬ　同

この冬は半死半生にて候　同

指させば満月かかる指の先　同

世に佐野洋《さのよう》伝説というものがある。それは一九六〇年度版『推理小説代表作選集』（日本推理作家協会編）から連続三十三年間、作品が収録されたということである。同選集は年一回刊行され、その年の推理短編の傑作、名作だけを収録するミステリー・アンソロジーの決定版だが、収録されるためのハードルは当然のごとく高い。選考委員たちの熟読吟味した十数編が選出され、さらに討議されるという超難関の基準がある。作品の完成度、斬新さがなくては入集は不可能とされる。一九五九年の作家デビュー以来、九一年まで三十三年間の連続入集は記念的快記録で他の追随《ついずい》を許さない。

佐野洋氏（一九二八―）の『紙の罪』（「小説現代」一九八八年八月号）は『折々の犯罪』（一九八九年刊）に収められた連作短編のなかの一編。このシリーズは数ある名句・名歌の解説でつとに世評の高い大岡《おおおか》信《まこと》氏の『折々のうた』に想を得ている。大岡氏は旧制一高時代からの友人とのことだ。これまでに『折々の殺人』『折々のうた』『折々の犯罪』『折々の事件』『折々の憎悪』が刊行されていることからも、このシリーズの人気を証しているだろう。

作者が連載開始時に自ら執筆の意図を語っている。「『折々のうた』のシリーズだけは座右に置き、何度もページを繰っている。それを読むことで想像力を刺激され、推理小説的なイメージがふくらむことに気づいたからだ。そこで、ふと思いついたのが、『折々の殺人』と題するシリーズであった。つまり、大岡の『折々のうた』の一部を借り、それに関連した短編を作るという試みです」(『折々の殺人』前書)と。つまり各編は、まず『折々のうた』から引用、詩歌が引かれ、大岡氏の解説がある。それに触発された作者の想像力、アイデアの一端が前口上として述べられ、その後に当の実作が披露されるというスタイルをとる。『紙の罪』では武玉川の「うまい事書いた文《ふみ》見る鼠の巣」の句から、絶妙にして意想外な現代の愛の神話を織りあげる。

〈吟行〉という俳句用語がある。俳句を作る目的をもっての旅で、名所や旧蹟《きゅうせき》などに出かけていって、実際に自然の風物に接しながら句作三昧《ざんまい》にふけることをいう。泡坂妻夫《あわさかつまお》氏(一九三三―)の『恋路吟行』(「小説すばる」一九九〇年五月増刊号)は、表題の通り能登・恋路海岸を巡る吟行が物語の背景となる。「猿の会」(八木東蘭主宰)の企画した二泊三日の吟行の旅で桜井めぐみは浜島夕子の夫の景一から、夕子が吟行といって、しばしば家を空けるのは口実で、本当は男と二人だけの旅ではないかと疑念を持っていると告げられる。その一方で景一はめぐみに、「妻との仲がしっくりいっていない」とか「僕だって、あなたの美しさを盗みたいんです」などと誘いを口にしたりする。めぐみも今の夫を青春の燃え殻としか思っていないだけに、その囁きに心揺らぐ思いがする。不倫に揺れるこころと複雑に絡《から》む男女の殺意が収斂《しゅうれん》するのは、夕子の嘱目吟「梅のうち枝をはらいて空青し」が内包するおそろしいほど寂寞《せきばく》たる世界であった……。

単行本の帯を宮部《みやべ》みゆき氏が執筆しているが、その一行、「短編小説の真髄は、人生のある断面をすっぱりと切り取り、そこに閃く一瞬の真実を描き出すことにあります」は、俳句の特徴をも合わせて指摘している。

虚無《きょむ》と流浪の渡世人《とせいにん》〈木枯《こがら》し紋次郎《もんじろう》〉というヒーローを生み一世を風靡《ふうび》した笹沢左保《ささざわさほ》氏（一九三〇―）が、若さ日の俳人、小林一茶《こばやしいっさ》を探偵役にしたミステリーが『俳人一茶捕物帳』である。この連作は当初、「涙の弥治郎兵衛」の題名で「小説宝石」の昭和六十二年二月号から平成元年十月号まで連載され、後に「新・一茶捕物帳」と題名を変えて、「野性時代」の平成三年二月号から四年一月号まで連載された総計二十四話から成る。信州野尻湖に近い農家に生まれて、継母との折り合いが悪く、十五のとき江戸へ奉公に出た弥次郎兵衛、後の俳人小林一茶が深川に住み、北町奉行定回り同心・片《かた》山九十郎《やまくじゅうろう》のなくてはならない知恵袋として、さまざまな難事件を解決する。すべての真相がよめたとき、一茶の両眼に涙が溢《あふ》れ出て、頬を伝わり落ちる、という設定が何ともユニークだ。作者は「真相の裏側に悲しいこと、嬉しいこと、怒るべきことを見出して、一茶は涙するのである」と説明する。事件を彩る四季折々の江戸の風物詩も俳句ファンにはこたえられないだろう。

『虻《あぶ》は一匹なり』で、一茶は深川伊勢崎町の通称お月見長屋に引っ越してきている。寛政三年のことで、遭遇するのは蠟燭問屋吉野屋の手代の文吉が裏の空地で刺殺された事件だ。片山九十郎は柳橋の芸者おもとの兄の又造が下手人だという。おもとは文吉に惚れたが、ままならず、失意のうちに自害して果てた。文吉を恨んでの兄の復讐だとする片山、一茶は合点がいかないと反対する。事件は二転三転、意外な方向へと展開する。そして毎回、物語の最後は一茶の俳句で締めくくられる。従来の一茶俳句の解釈はここで棄却《ききやく》され、まったく新らしい相貌を帯びて屹立《きつりつ》するのを私たち読者は知ることになる。なお笹沢氏に俳聖松尾《まつお》芭蕉を探偵役にした『狂乱　春の夜の夢――松尾芭蕉と八百屋お七』という時代ミステリーが光文社文庫として刊行されている。

高橋義夫《たかはしよしお》氏（一九四五―）の『殺すとは知らで肥えたり』（「小説歴史街道」一九九四年四月号）は珍しや「点取俳諧」の世界を舞台に俳諧宗匠と軍学者が悪知恵をめぐらし〝大悪〟を懲らしめるピカレスク小説である。「点取俳諧」は元禄時代に大流行した俳諧宗匠に句の評点を乞い、高点を競い合う遊戯的俳諧をさす。「当初、初心者指導のため採点したことが始まりで、俳諧の流行に伴い、収入の多きを図る点者宗匠の営業政策により、大衆の娯楽と化し、俳諧の堕落の一因をなした」（村山古郷）。賭け金の乱舞などで幕府から禁止令が出たくらいである。

『殺すとは知らで肥えたり』は『五・七・五は悪の香り』（一九九五年十一月刊）に収録された連作五編中の第一作。五・七・五を口遊み、発句を賭けごとにする主人公の宗匠・隅田久間市。彼が出題した句は「かわゆがられて育つものかな」で、客がこれに前句を付ける。「烹《に》らるると知らで肥えたり庭の鶏《とり》」と意表をつく前句を付け、他を制したのが軍学者の佐治象水。実は二人はコンビで稼いでいたのである。ところが好事魔多し、句会が行われていた時間に本所横網で乾物問屋・水戸屋の隠居が死体で発見されるという事件が起き、妾のお駒が容疑者として番所に引っ立てられる。お駒とは宗匠は顔馴染みだった。解決策を模索する宗匠にひらめいたのは「烹《に》らるると知らで肥えたり庭の鶏」ならぬ「殺すとは知らで肥えたり贄《にえ》の牛」という句であった。

新宮正春《しんぐうまさはる》氏（一九三五―）の『旅の笈』（「小説宝石」一九九二年七月号）は『芭蕉庵捕物帳』（九四年刊）に収められた時代推理連作九編中の一作。時は元禄《げんろく》の世。次々と起こる事件を、本所廻同心・笹木仙十郎は俳諧師・桃青《とうせい》こと松尾芭蕉の助けを借りて事件の解決をはかってきた。今回の事件も不可解極まるものだ。墨田川の川っぺりに打ち込まれた乱杭に女の水死体がひっかかっており、しかも首がなかったのである。首の行方、身元の見当もつかない。かくて芭蕉の登場となる。芭蕉は「笈の小文」のみちのくの旅に出立する直前で準備に大童《おおわらわ》だったが、事件の背景に大恩のある当代随一の俳諧大名、風虎《ふうこ》・露沾《ろせん》父子を巻き込んだ藩の内紛が複雑に絡んでいるとみて乗り出さずにはいられない。其角《きかく》、嵐雪《らんせつ》らが出席する句会や百韻興行など、江戸俳諧の事情が史実豊かに描かれる。芭蕉がひそかにとった行動とは何か。そして事件の意外や意外の真相。巧緻な構成をもつ異色の時代ミステリーである。

千年紀の終焉に殉《じゅん》ずるかのごとく廃刊となった「アサヒグラフ」（朝日新聞社）が、まだ健在であって増刊『女流俳句の世界』（一九八六年七月）を刊行したとき、私は編集者として〈言葉の錬金術師〉中井英夫《なかいひでお》と塚本邦雄氏に「俳句掌編小説」を依頼した。一句から物語を紡《つむ》ぎ出してほしいという注文に、両氏が中村汀女《ていじょ》作品を選んだ偶然に吃驚《びっくり》したものである。二人なら三橋鷹女《みつはしたかじょ》か橋本多佳子を選ぶだろうという予想は覆されたのである。

塚本邦雄氏（一九二二—）の作品を読んだあと、焼き鳥屋の暖簾《のれん》を分けることができるだろうか。汀女の「囀《さえず》りのしばらく前後なかりけり」の句から、かくもグロテスクな暗黒のメルヘンを紡ぎ出すとは、汀女も茫然自失するのではないか。この博覧強記、破天荒なまでの想像力の飛翔。掌編なのに中編を読了した気分になる。ラストに至り、全身を根柢《こんてい》から揺るがされること必至。狂気、夢、欲望……人間というものの不可思議に迫る、これはやはりミステリーという以外にない。氏を評して三島由紀夫は、「Ⅰ・塚本氏は短歌を時間芸術から空間芸術へ移し変へた。氏の短歌は立方体である。Ⅱ・塚本氏は短歌に新しい祭式を与へた。この異教の祭司によって、短歌は新しい神を得た。Ⅲ・塚本氏は天才である」（「律」第三号、全集未収録）と頌歌《しょうか》を捧げている。塚本氏は「十七音律は、三十一音律より、時として遥かに重く、したたかな魅力を秘めてゐる」という。句集に『斷絃のための七十句』『燦爛』『甘露』、俳句評論集『百句燦燦』がある。

曼珠沙華かなしみは縱横無尽　　邦雄
眼より肉なみだぐむ夏至の天　　同
鬱金櫻父が誕《うま》れし夜がおそろし　　同
甘露てふもの冬瀧の遠しぶき　　同
木賊刈るや雪のにほひと絶縁状　　同

中井英夫（一九二二―九三）は、『虚無への供物《くもつ》』一編で向後千年の文学史に名を留《とど》めるであろう不世出《ふせいしゅつ》の天才作家である。同作品は「ポーから始まる本格ものの歴史のしめくくりの役を果たす」（日高晋《ひだかひろし》）とまでいわれている。これを超えるミステリーは平成十三年の現在まで出現していない。『目をとぢて……』は、周到な作者のことだから、当時の時刻表を参照しているにちがいない。上野発一六時二三分の特急と万座鹿沢口一六時四四分発「白根2号」との、すれちがい。私はO・ヘンリーの『賢者の贈りもの』を想起せずにいられない。

中井は「短歌研究」「短歌」編集長時代に、塚本邦雄、中城《なかじょう》ふみ子、寺山修司《てらやましゅうじ》、春日井建、葛原妙子《くずはらたえこ》らを発掘した名伯楽としても知られる。戦後における新しい歌のルネサンスは中井英夫の存在抜きに語ることはできない。「短歌」編集長時代に中井の隣に「俳句」編集部があり、当時、編集長を務めた西東三鬼がいて、俳句を教示したらしい。ただし「私が生まれついての俳句痴であることはすでに紛れもなく、三鬼から口を酸っぱくして誓子《せいし》の『夏の河赤き鉄鎖のはし浸る』のすばらしさについて講義をうけ、でもやはり首をふり続けた」（全集未収録エッセイ「未完の刺青図」）と記している。

さて勝目梓《かつめあずさ》氏（一九三二―）の『死の肖像』は、この文庫のために特別に書き下ろされた新作オリジナル作品である。超多忙にも拘《かかわ》らず、「意気に感じ」無理をお引き受け下された由、お礼を申し上げたい。『死の肖像』で初めてダイイングメッセージとしての俳句が登場する。東京郊外の静かな住宅地で日本画家の津川信之と妻の志保子が死体で発見される。現場には蕪村の「菜の花や月は東に日は西に」の句が血文字で書き遺されていた。捜査員たちの見方は、津川の妻殺しとその後の自殺という説に傾く。事件の真相に迫るのが堀井刑事と、彼と同じマンションに住む俳句好きの笠原老人。解決の糸口は蕪村の句にあり、事件は決着する。だがなお蕪村句の謎が残り、その句が物語の主人公のごとく聳立《しょうりつ》してくる。国文学界の新説が紹介され、私たちの抱いていた「菜の花や」の句に対する解釈が大幅に変更を迫られることになる。この句が萩原朔太郎《はぎわらさくたろう》が『郷愁の詩人与謝蕪村』で描いた「明るい近代的の俳句であり、万葉集あたりの歌を連想される。万葉の歌に『東の野に陽炎の立つ見えて顧みすれば月傾きぬ』というのがある」とだけでは片付けられないことを知らされるのである。ついでに佐藤和夫氏が紹介しているエピソードを録しておこう。「菜の花や月は東に日は西に」をアメリカで翻訳した人がいた。菜の花は英語では rape flower 西洋カラシナだ。だがアメリカの人たちは rape で菜の花（西洋カラシナ）を思い浮かべるよりも、もう一つの rape を思い浮かべる。「強姦や月は東に日は西に」となり、日本の俳句というものは超前衛的なモダンなものだと吃驚したというのである。

この文庫にはユニークな仕掛け（トリック）がある。偶数ページ下段に横組みで夏目漱石から対馬康子、黛《まゆずみ》まどかまでの「現代名句」が象嵌《ぞうがん》されている。読者は推理小説の珠玉を読了したあと、もう一度、名句味読の愉悦にひたれる。「推理小説集」プラス「現代名句辞典」。それが本書だ。これは絶対に買いである。是非とも座右に置いていただきたい。

俳句がトリックに絡むミステリーはほかに『眠れるままの女』（小嵐九八郎《こあらしくはちろう》）、『山頭火《さんとうか》うしろ姿の殺人』（日下圭介《くさかけいすけ》）、『「おくのほそ道」殺人紀行』（海庭良和）、『正岡子規殺人句碑』（辻真先《つじまさき》）、『芭蕉羽《は》黒山《ぐろやま》の殺人』（檜山良昭《ひやまよしあき》）、『女高生俳句殺人事件』（斎藤栄）、『美濃牛』（殊能将之《しゅのうまさゆき》）などがある。

短歌とミステリーの婚姻

『短歌殺人事件　31音律のラビリンス』齋藤愼爾 編（光文社）

「『短歌』とは何か。この問いからしてまず謎だらけである」（『短歌の謎』）と書き出すのが、佐佐木幸綱氏である。「心の花」編集長の歌人にして早大政治経済学部教授、というより『サラダ記念日』の俵万智さんの師匠といった方が通りがいいかも知れない。

佐佐木氏は、M・アントニオーニ監督の映画『情事』でモニカ・ビッティ扮するクラウディアが、「なぜ？　なぜ？」とサンドロに矢継ぎ早に訊ねるように、「なぜ短歌形式は六〇〇年代半ばに成立したのか」「なぜ五七五七七、五句三十一拍なのか」「なぜ天皇（制）と深い関わりがあるのか」などなど、「なぜ？　なぜ？」と性急に問いかける。

ここはその本質を追究する場ではないので（論述には一巻を要する）、正解を知りたい読者は、佐佐木論文なり短歌論の類いに当たってほしい。ただ折角だから、ミステリー・ファンが興味を持ちそうな珍説を二、三、同論文より紹介しておきたい。まず短歌形式の謎だが、五七五七七、五句三十一拍となった理由を、『玉伝集和歌最頂』では、五句は五行思想に基づくとし、『悦目抄』では、五句は仏の五体に相当するとしているという。さらに不思議なのが『冷泉家和歌秘々口伝』の伝える説で、三十一という数字は、天体の運行が永遠であることを示している。一ヵ月は三十日で終わり、それから次の月の第一日がやってくる。天をめぐる月が一周りして、さらに周りつづけてゆく「天道循環無窮」を象徴する数が三十一だといっているらしい。「五行思想」「仏の五体」「天体の運行」といずれももっともらしいところが胡散臭いところでもあり、佐佐木教授も「これらを単なる数字合わせとして笑い棄てるわけにもいくまい」と少々呆れ顔ではある。

短歌は三十一音律と素朴に信じている読者は、教授が引く昭和初期に流布した〈型破り〉短歌、「オーバーを着ると僕はたちまち岩丈になります　靴の音がビルディングの窓へ飛込んで　みんな　灯になつてしまひました」（「短歌建設」創刊号、昭和五年刊、山名徹の作）には仰天するのではあるまいか。いわんや五行九十五拍の山田あきの短歌、百三十拍を越える三田英助の歌があると聞くにおよんでは、である。いくら正岡子規が「字余りの句は一句にても少きが善しなどいふ人は字余りの趣味を解せざるものにや候べき」（「九たび歌よみに与ふる書」）といっても、これではあんまりというものであろう。

閑話休題、「短歌なんて知らねえよ」と嘯《うそぶ》く人でも幼少の砌《みぎり》、正月や桃の節句などで「かるた」（歌留多・骨牌）や「百人一首」に興じたことがあるだろう。いやこんな言い方をしたらカマトトといわれるのがオチだ。団塊の世代を含めて今の壮年、若ものたち、子どもたちが興じているのはテレビゲームであり電子メールであろう。戦前・戦中派世代までは『万葉集』も『古今集』も『百人一首』も教養の一つだった。『百人一首』の幾つかを諳んずるのが普通だった。高度経済成長によってこの国の農業が解体され、「天然自然が都市のなかから退場してゆく現在のすさまじい生活空間の開化」（吉本隆明）に、明らかに伝統的な季語・行事・習俗は失われていき、和歌は外国語よりも難解に思われている、というのが実情ではないか。

それでも私たちは日常の挨拶や手紙などにおける存問《そんもん》で和歌・短歌を引いたりする。洒落ているし、格好がいい。これらの歌に記紀万葉以来の歌人や連歌師・俳諧師らが磨き上げてきた美意識・感受性・叡智の結晶があるのを漠然と知ってもいる。季語や詩語が今日、死語になったからといって精神史から消えたことにはならない。ある種の唱歌や童謡を教科書から貝殻追放するなどは愚民政策の極というべきであろう。

鍛冶屋や苫屋《とまや》が周囲から失われたからといって唱歌『村の鍛冶屋』が、『われは海の子』（「煙たなびくとまやこそ／我がなつかしき住家なれ」）が抹消されるのなら、「見渡せば花も紅葉もなかりけり浦の苫屋の秋の夕暮」（藤原定家）の歌も『古今集』『新古今集』も早晩、この国の文化史から消失することになる。和歌や短歌を小説の要として書かれる推理小説なども危機に瀕することは疑いない。

推理小説では和歌・短歌がしばしば題材になってきた。『短歌の呼ぶ殺人』（前田芳彦）というガイドブックが出版されていることは作品が多いことの証であろう。同書が取り上げている作品は、二、三を除けばすべて長編なので、中・短編のミステリーを集成した本書『短歌殺人事件　31音律のラビリンス』と重なることはない。短編探しの手だてにはならなかったが、折口信夫『死者の書』や円地文子『小町変相』、秦恒平『秘色』を、ミステリーとして考察するなど、『短歌の呼ぶ殺人』の切り口には啓発されることが多い。取り上げている上宮真人『額田王の挑戦』、深谷忠記『「万葉集の謎」殺人事件』、邦光史郎『幻の近江京』、内田康夫『日光殺人事件』、紀和鏡『万葉殺人紀行』、赤瀬川隼『潮もかなひぬ』、水上勉『銀の川』、山村美紗『百人一首殺人事件』、井沢元彦『六歌仙暗殺考』、山田正紀『幻象機械』など、ほとんどが文庫化されている。短歌との関わり抜きでもむろん面白い。本書と合わせて一読されんことを勧めたい。

　ミステリーで短歌・和歌が用いられるのは、この文芸形式の持つ独特の修辞（枕詞や序詞、懸詞《かけことば》〈掛詞〉、縁語）が記号性に富んでおり、作家の想像力をかきたてるということにあるだろう。本歌取り、パロディー、暗喩、オノマトペ、象徴といった方法も暗号として使用可能である。相手への挨拶、相聞、贈答歌としてのメッセージ性。佐佐木幸綱氏は、「短歌的レトリックは、われわれの日常語から距離のある〈あや〉のある言葉だからこそ〈言霊〉がやどるのであり、呪詞として、また詩語としても重視されることになったようだ」（「短歌の謎」）という。大岡信氏も同様なことを言う。『新古今集』の賀歌は「暗喩や掛詞や慣用句のさかんな駆使によって、一首の歌の含意を可能なかぎりふくらませようとしつつ、〝てにをは〟の働きによって三十一文字の流れのあちこちに微妙な屈折を与えようと力をつくしており、当然、歌は情緒のヴェールによって柔らかく覆われ、意味と韻律との不可分な結びつきが、多義的な曖昧さを呼びよせてくることになる」（『詩の日本語』）と。

　短歌的レトリックの多義的な曖昧さが、呪詞としての働きを呼び寄せ、フレーズに〈言霊〉をやどりやすくする――ここからミステリーにおける暗号、トリックとして使用されるまでにはあと一歩である。佐佐木理論を応用すれば、恋のダイイングメッセージが、どんなに複雑・難解なレトリックを駆使したとしても、「あなたならば、読み解いてくれるはずだと信頼していますよ」という合図になるということになる。一首はさまざまな「読み」を可能にするのである。

織田正吉氏は『百人一首の謎』で、「百人一首」の全歌がクロスワードを構成する構造を持つ暗号であるとし、藤原定家の撰歌に隠されたメッセージ（後鳥羽上皇への鎮魂と式子内親王への思慕の想念）を読みとる。

そして古事記や日本書紀、万葉集の歌の持つ最大のミステリーを白日のもとに暴き出そうとしているのが、『万葉集の向こう側』の著者室伏志畔氏だ。二十世紀における日本古代史のコペルニクス的転回は、まず七〇年代の古田武彦氏の大和朝廷に先在する九州王朝・倭国の発見に始まり、九〇年代には大芝英雄氏の大和朝廷の原郷としての豊前王朝の発見、それに梅原猛氏の万葉論が加わる。二十一世紀になって、これらの成果に立って室伏志畔氏は、記紀や万葉集を従来のようにその指示表出から読むのではなく、当時の国家の幻想表出から読み進む方法＝幻想史学を提唱し、「読み」の越境を試みている。一千三百年にわたり「大和一元史観」に洗脳されてきた私たちの「読み」は、いま根柢から覆《くつがえ》されようとしているのである。

室伏幻想史学の一例を挙げてみよう。

「田児の浦ゆうち出でて見れば　真白にぞ不尽の高嶺に雪は降りける」（『万葉集』巻三　三一八）

斎藤茂吉が「古来人口に膾炙し、叙景歌の絶唱とせられたものだが、まことその通りで赤人作中の傑作」(『万葉秀歌』)としたものだが、室伏氏はこの〈反歌〉の〈長歌〉にこそ注目する。

「天地の　分かれし時ゆ　神さびて　高く貴き　駿河なる　布士の高嶺を　天の原　振り放け見れば　渡る日の　影も隠らひ　照る月の　光も見えず　白雲も　い行きはばかり　時じくそ　雪は降りける　語り継ぎ　言ひ継ぎ行かむ　不尽の高嶺は」(巻三　三一七)

この長歌の解釈では梅原猛氏のそれが屈指としながらも室伏氏は〈梅原猛は大和朝廷一元史観を取るため、この長歌にある「日」や「月」や「雲」を自然ではなく観念としても、それが何を意味するかについに思い及ぶことはなかった〉と一蹴した。

「日」→天照大神→倭国東朝(豊前王朝)→大和朝廷
「月」→月読命→倭国本朝(筑紫王朝)
「雲」→出雲王朝→大和の物部王国
「不尽」→藤王朝→藤原天皇制

こう読みこむことで、赤人の前に威圧するばかりにある「不二」のそそり立つ現実、そこで「日」や「月」や「雲」が「不二」に今は這いつくばうばかりという藤原氏による奈良の時代というのが見えてくるとした。赤人は単なる自然を歌うかにみせて、それに共同幻想を仮託し、時代の一切を絵解きした不尽の歌を成したのだと。

近代の写生説の影響をもろに受けた茂吉や私たちには、叙景歌としか見えなかった歌が、歴史の変遷をもなぞる内容をもつものであったという驚き。これはミステリーのなかで少年期や少女期に教科書で習った近代短歌や現代短歌が登場したときに覚える不意打ちにも似た驚きと同じものである。無意識の淵でまどろんでいた記憶、深層の意識に亀裂が走り、私たちは根柢から存在を覆されるような衝撃を覚える……。海外のミステリーで童謡「マザー・グース」が、モチーフになったりするのも同じような理由ではあるまいか。

こうしてみてくると、短歌の暗号的要素を利用するミステリーは今後も多産化の傾向をたどることが予想されるが、問題がないわけではない。それは前田芳彦氏が件《くだん》の書で指摘するように、「その暗号的要素を利用することが出来ても、歌を支える理解の基盤がなくては暗号理解の手も届かない。例えば百人一首はもはや国民的な教養や遊びでなくなっており、現代の若者にとって平安の都も長安も共に異であることに変りない。暗号は論理的に解釈出来なければ理解の範囲を越える。本文中で一々細かく解説したのち行文をすすめなければならない状況では大した謎解きを構想するわけにはゆかない」。歌が愛誦される共通の基盤の広がりを期待出来ないとしたら、膂力衆に優れる作家の登場を願うばかりである。

仁木悦子さんの「アイボリーの手帖」(「小説新潮」七七年三月号)は、作者円熟期の作品である。仁木さんの登場は日本の推理小説の歴史に一つのエポックをつくったといっても過言ではないだろう（江戸川乱歩自身がそう証言している）。一九五七年、『猫は知っていた』で江戸川乱歩賞を受けるや、新聞は社会面で写真入りで大きく報じたが、これ自体が異例のことであった。推理小説がジャーナリズムの脚光を浴びたのは、仁木さんの登場をもって嚆矢とする。殊に珍しいのは、ＡＰ通信はこの二段六十数行を費やした記事を、「ジャパン・タイムズ」をはじめ世界に報道、「これは探偵小説界には稀有の出来事で、面くらったのは仁木さんばかりではなく、わたしなどもいささか驚いている次第である」（「宝石」五七年十一月号）と乱歩は祝福している。若い女性の読者が増加し、『猫は知っていた』は半年で十三万部という当時としては前例のないベストセラーを記録。「推理小説は五、六千部で一万部も出ると、よく売れたといわれた」とは元「小説現代」編集長三木章氏の回顧である。

「アイボリーの手帖」は、象牙色《アイボリー》の表紙の手帖に書き留められていた短歌が事件の謎を解くキイワードとなる。私立探偵の三影潤は井草敦雄から妻（千鶴）の失踪調査の依頼を受ける。千鶴は短歌を始めていて、月一回は例会に出席していたという。残された手がかりは彼女が愛用していた象牙色の表紙の手帖。短歌が数首書き込まれている。失踪の理由が考えられない。結婚後一年で互いに愛しあっており、妊娠もしていた。

デスクの下に落ちていた〈私は悪い女です。すみません。私のことを忘れて幸せに――〉との書きかけの遺書めいた紙くず。失踪前に「奥さん宛に男の人から電話があった」というお手伝いの美那の証言。「結婚前に千鶴には新左翼学生の恋人がいた」という保津輝子。やがて山梨県の石和の近くの林の中で千鶴の死体が発見される。自筆の遺書もあるので、睡眠薬による自殺であることが確定的となる。だが三影潤はこれが自殺を装った殺人と考える。そして千鶴の短歌を熟読する。犯人像は二転、三転し、意外な真犯人が姿を現わす。

松本清張には俳人や俳句、それに短歌を題材にした作品が何編かある。『万葉翡翠』では、万葉考古学がトリックに用いられている。短歌誌「花影」に掲載された「越の山はるか来にけり谷川にのぞきて咲けるフジアザミの花」に対する選者の批評と、それに反駁する歌の作者とのやりとりで事件の真相が明らかになるという展開がスリリングだ。『点と線』では、博多湾香椎潟で、男女の変死体がみつかる場面に、大伴旅人の「いざ子ども香椎の潟に白妙の袖さへぬれて朝菜摘みてむ」(『万葉集』巻六)を引き、現代の事件現場に歴史的な奥行と詩情とを与えることに成功している。

「たづたづし」(「小説新潮」六三年五月号)は冒頭に「夕闇は路たづたづし月待ちて行かせわが背子《せこ》その間にも見む」と万葉集(七〇九)の一首が引かれる。作者は大宅女《おおやけめ》といわれ、歌の意は清張訳で「月が出るまでの暗がりの路は、たどたどしくて分りにくいものです。あなた、どうか月が出るまで待って、その上でお出かけ下さい。その間にもあなたのお側にいとうございます」となる。最初の方は歌に忠実に「夕闇のころは、道が暗くて心もとのうございます」と訳した方がいいかもしれない。それは措くとして、官庁の課長になったばかりの妻子ある主人公の隠された情事の顚末を描くに、暗示の富んだ歌を選んだことには感心する。

『松本清張全集』(三十八巻)の「あとがき」で、「『たづたづし』を書いたときは少しイヤ味な題だと思ったが、いまはそれなりに落ちついている。この小説に使った場所は、わたしが以前に住んでいた練馬区の上石神井のあたりである。いまから十七、八年前は、上石神井も武蔵野の名残りがあって、雑木林の小径がいたるところで見られたものだ。暗い木立の下を抜けると月光の路に出、また闇の林の中に入るといった風情であった。いまは雑木林がとり払われ、団地や建売住宅地になっている」と記している。「たづたづし」の題名に私は不満はない。事件が孕む謎ばかりでなく、人生航路の茫洋、人間の宿命の暗冥、こころの深淵も含め、「たづたづし」という言葉は見事に象徴していると思うからである。

「たづたづし」は、現在、新潮文庫『眼の気流』に収められている。

「明治村の時計」（「オール讀物」七二年八月号）の作者戸板康二氏に推理小説の執筆を勧めたのは江戸川乱歩。「戸板さんを口説いた話」で乱歩は「初めて会ったのは昭和三十一年、創元社が『世界推理小説全集』を刊行するについて座談会を開いたときで、作家側から戸板さんと、花森安治さんと、私とが出席した。花森さんも戸板さんも推理小説愛好家で、その方の『通』として知られていたので、創元社がこの座談会に招いたのである。（略）昭和三十三年、著名俳優諸氏の懇親の会『十一日会』の五周年の大会が日活ファミリー・クラブで催され（略）戸板さんは劇作家として当然その席に居合わされたので、お互いに酒に酔った気やすさで、同じテーブルに向かい合って、『一つ探偵小説を書いてみませんか』と口説いたものである。すると戸板さんは『筋の腹案はあるから』という色よい返

事であった」(「宝石」六二年十一月号)

かくて「宝石」三十三年七月号に処女作『車引殺人事件』が登場する。「明治村の時計」は、著者が得意とした文芸ミステリーの醍醐味を十分に味わわせてくれる。大学で近代文学の講義を持つ高畑一郎教授の研究の方法はユニークなものだった。作品のみを追わず、文献にのみ頼らず、作家周辺のデータを丹念に集めて、作家個人の秘密を探り当てようとしていくもので、反対派の学者からは、「ゴシップとスキャンダルを植物のように採集する学問」と陰口を叩かれてもいた。高畑はゼミナールに集まってきた学生たちの中で、倉石明と白戸秋子を嘱望している。倉石の父が詩人の石山登で、白戸の父が歌人の白戸弥吉であることを知り、高畑は二人の家庭悲劇を追究することに研究のテーマを見つけだす。高畑流の研究からは白戸秋子は白戸の父と石山登の妻とのあいだで生まれた子、つまり不倫の子という結論が導かれる。倉石明と白戸秋子は異父兄妹になり、二人は愛しあっているようだが、結婚はできる筈がない……。文献尊重派の教授の挑戦も加わり、結末のどんでん返しには、昨今の大学教授や研究者に対する皮肉のスパイスが強烈である。

赤江瀑氏には、奇妙な言い方だが、〈恩寵の作家〉というイメージがある。デビュー作『ニジンスキーの手』(第十五回小説現代新人賞)に、早くもその曙光はみられた。思えば土方巽や笠井叡の暗黒舞踏や唐十郎の「紅テント」の桟敷で、瀧口修造、澁澤龍彥、中井英夫らが幕間《まくあい》にしばしば話題にしたのが、伝説の舞踊家ニジンスキーであった。

処女作でニジンスキーにオマージュを捧げた氏だけに、舞踏、舞踊、歌舞伎や能といった古典芸能から、華道、和歌、短歌、俳句、詩と造詣は深い。系譜は泉鏡花―谷崎潤一郎―三島由紀夫―中井英夫という稀有の系譜になろう。『海峡』『八雲が殺した』の二作で第十二回泉鏡花賞。同賞に最もふさわしいと思ったものである。その『海峡』が入った白水社版『日本風景論』（全六巻、装幀吉岡実）の執筆陣を瞥見すれば、〈恩寵の作家〉説が了解されよう。

飯島耕一『港町――魂の皮膚の破れるところ』、中井英夫『墓地――終りなき死者の旅』、塚本邦雄『半島――成り剰れるものの悲劇』、澁澤龍彦『城――夢想と現実のモニュメント』、池内紀『温泉――湯の神の里をめぐる』、そして赤江瀑『海峡――この水の無明の真秀ろば』。各冊ともオビの文章が見事だ。『海峡』に附されたのは「流れる潮が魑魅《ちみ》色に輝くとき、藍のふかみからゆらめきながら立ち現われるあやかしの花々、幻の海の肉体。さらには古寺の血天井に開かれる潮のどよめき――海峡のほとりに住まう著者が、絢爛たる美学をくりひろげて綴る海峡幻視行」とある。この惹句に赤江文学の特徴を示す詩語が象嵌されている。曰く魑魅魍魎、藍、あやかしの花、幻、肉体、古寺、血、幻視、耽美、幽玄、情念、絢爛、美学……。

「葡萄果の藍暴き昼」（「問題小説」八〇年八月号）は、万葉集や古事記、さらにはギリシア悲劇、映画『オルフェ』『黒いオルフェ』までのイメージを狩り、ワルプルギスの夜における愛と死のロマネスクの世界を出現させる。題名は登場人物の辞世「葡萄果の藍暴き昼　盲たり　夜見路《よみじ》知らしめ　よもついくさめ」からとられている。古事記の中で伊邪那岐《いざなぎ》の命《みこと》が髪飾の黒蔓《かづら》を取って投げると、それに野葡萄の実がなり、黄泉津醜女が拾って食う間に命《みこと》は逃げた故事をふまえている。私は「盲たり」に「白き空盲ひてありて／白き風冷たくありぬ」（中原中也）を重ね、現代の罪と罰に対する作者の断罪を聞く思いがする。

連城三紀彦氏の「戻り川心中」（「小説現代」八〇年四月号）は、直木賞の候補になったあと、日本推理作家協会賞を受けた。テレビ化、映画化（神代辰巳監督）が相次ぎ、二社から文庫が出版されるなど、読者層は厚くまた広範囲に及んだ。私なども処女短編「変調二人羽織」（第三回幻影城新人賞。選者は、横溝正史、中井英夫ら）からのファンである。

「戻り川心中」の主人公の苑田岳葉は大正歌壇の寵児。十九歳で村上秋峯に師事するも、個人的な諍《いさか》いがもとで、二十六歳のとき師の門を飛び出す。女性遍歴も名高く、ミネと結婚後も放蕩はやまず、作品に荒涼の影を深める。そんな中で良家の子女、桂木文緒と出逢い、魂の救済をもとめる一方、大正十四年、嵐山の宿で二人は心中をはかる。未遂におわり、岳葉はその情死行を「桂川情歌」百首にまとめた。翌十五年、岳葉は再びカフェーの女給、依田朱子と千代ヶ浦で心中事件をおこし、女は死ぬ。岳葉は今度も「蘇生」五十六首を遺し、三日後に自害する。同じ日、桂木文緒も自宅で自殺した。しめし合わせての死といわれた。

岳葉の友人で、岳葉の死後三年目にその生涯を小説「残燈」にまとめた某（「戻り川心中」の筆者）は事件の真相を探る。二人の女を死なせてまで岳葉が求めたものとは何か。心中未遂事件の背後にある闇の部分（まったく別の意図が隠されていたその真相）を探り、歌の創作の驚くべき秘密に及ぶ場面の迫力は圧倒的である。滅びの歌の道連れにされる女の哀れを唯美の限りを尽して描く文芸ミステリーの珠玉といえよう。

連城氏の「創作ノート」によれば、読者から苑田岳葉の歌集が見つからないという手紙を貰い、戸惑ったらしい。読者の思い違いで、苑田岳葉は氏の創作による架空の歌人だ。「戻り川心中」の「戻り川」は、岳葉の若き日の歌「世の中は行きつ戻りつ戻り川水の流れに抗ふあたはず」によっているというが、現世の無常を嘆いたあの旋律、「ゆく河の流れは絶えずして、しかも、もとの水にあらず。淀みに浮かぶうたかたは、かつ消えかつ結びて、久しくとどまりたる例《ためし》なし。世中《よのなか》にある人と栖《すみか》と、またかくのごとし」（『方丈記』）の悲傷が響いている。

海渡英祐氏の「杜若の札」（「小説現代」八七年七月臨時増刊号）の時代背景は明治二十九年（一八九六）の東京。新聞社という設定が新鮮である。日清戦争に勝利をおさめ、列強の仲間入りをしようと、懸命に富国強兵政策をおし進めはじめた時代。変動期にさしかかっている新聞界の動静を活写する導入部が冴えている。十指にあまる新聞、即ち古参格の『東京朝日』と『報知新聞』に、福沢諭吉の『時事新報』、徳富蘇峰の『国民新聞』、俳人の正岡子規が加わった『日本』、三遊亭円朝の高座を連載して当りを取った『やまと新聞』、一大旋風を巻きおこした「蝮の周六」こと黒岩周六（涙香）の『万朝報』（後にクリスチャンの内村鑑三や社会主義者の幸徳秋水なども社員として参加）、秋山定輔の『二六新報』などが、たがいにしのぎをけずっている。（ここらはノンフィクションであろう）

さて「杜若の札」は主人公、『東洋日報』の有沢敬介が遭遇した殺人事件を当時の新聞記者の生態をも紹介しながら描く。『東洋日報』は敬介の上司である安原湖風の読物が売りものであった。湖風は源氏物語から江戸時代の洒落本にいたるまで、国文学に造詣が深い。文筆の才にも恵まれ、現実の事件を脚色し、面白い物語に仕立てあげ、読者に大いに受けていたのだった。

その湖風が本郷の自宅で胸を刺され殺害された。右手に握られていたのは杜若の花札。「唐衣《からごろも》きつつなれにしつましあればはるばる来ぬる旅をしぞ思ふ」在原業平の歌で、『古今集』にも採られ、『伊勢物語』第九段に出てくる。短歌的修辞の一つ「折句」（五音からなる特定の語・句を各句の頭または終りに置く）の例として、よく取りあげられる歌だ。業平の歌では「かきつはた」を詠み込んでいることになる。この杜若の札がダイイングメッセージなのか。敬介は必死に思索にふける。そして彼は、杜若の札の意味を、この事件の真相を見破るのである。そしてそのことを新聞に書くことが、彼の社会部記者としての〝初仕事〟でもあった……。

伊井圭氏の「魔窟の女」は、『啄木鳥探偵處《きつつきたんていどころ》』（九九年五月、東京創元社）に第五話として収録された。第二回創元推理短編賞応募作「浅草情思」の改題作で、第一話「高塔奇譚」が第三回創元推理短編賞を受賞している。一話と五話の二作を加筆、修正、残りの三話（「忍冬」「鳥人」「逢魔が刻」）が、書き下ろされている。連作短編集なので、全作品に探偵役として天才歌人と謳われた石川啄木と言語学者の金田一京助が登場する。啄木＝ホームズ、金田一＝ワトソンという役がふられている。

啄木＝探偵という設定は必ずしも奇異ではない。啄木自身がミステリアスな部分を多分に持っている。啄木研究の第一人者岩城之徳氏が、履歴上の空白として五つの謎を挙げている。①啄木の明治十八年誕生説の真偽（戸籍届出の明治十九年二月二十日か、本人のメモのある十八年十月二十七日か）②啄木が自分の結婚式に出席しなかった理由③啄木が再度の上京時に知り合った植木貞子との関係④父一禎が宝徳寺住職再任に失敗した理由⑤親友の宮崎郁雨（妻節子の妹の夫）と義絶した理由である。私ならもっと大きな謎、「金田一を殺そうとする一瞬がある」（明治四十二年四月十六日の日記）とまで憎悪した「金田一との晩年の不仲の理由」を知りたい。

「魔窟の女」は、啄木が逝って十一回目の春、即ち大正十二年四月十三日の、金田一京助の手記で始まる。回想されるのは、明治四十二年の春、啄木と京助が浅草・凌雲閣下の私娼窟に出かけ、京助の相手をした娼婦が匕首《あいくち》で喉を突かれて殺害された事件である。部屋には京助の上着と啄木の『ローマ字日記』が残されていた。警察から事情を聴取されたが、一度で済みそうもない。啄木と京助ともに相手に対して疑心暗鬼だ。そこに一部始終を目撃していた少年が現われ、真相を推理する。感心した啄木が少年に与えた二銭銅貨。後日談は再び金田一京助の大正十二年四月十六日の日記になる。買ってきた『新青年』（四月増大号）に懸賞小説の入選作が掲載されている。『二銭銅貨』江戸川乱歩――。あの時の少年はこの作者だったのだろうか。

なお啄木をテーマとしたミステリーには、近藤富枝『あこがれ殺人事件』、鷹羽十九哉『石川啄木殺人事件』、日下圭介『啄木が殺した女』、山田正紀『幻象機械』、小嵐九八郎『遥かなる啄木一握の殺意』、辻真先らの作がある。

古川薫氏の「野山獄相聞抄」(「別冊文藝春秋」七八年夏季号)は、第八十回直木賞の候補作ともなった佳品。ちなみにこの時(七八年)の直木賞は宮尾登美子『一絃の琴』と有明夏夫『大浪花諸人往来』の両作受賞であった。「野山獄相聞抄」は、国じゅうが攘夷か開国かをめぐってわきかえっていた時代、萩の野山獄に幽囚の日を送っていた時期の吉田松陰と、同じ獄中で過ごす未亡人高須久子との内面の交流を綴った相聞抄である。

〈相聞〉は万葉集の部立のひとつで、贈答歌を示すが、恋愛歌が多い。〈相聞——あいぎこえ〉で、男女が互いに相手の様子を尋ねて思いを打ち明けることである。近代短歌以降では、モノローグに等しい「単純に思いを吐露した恋愛歌も広い意味の相聞歌」(三枝浩樹)とされる。

吉田松陰(一八三〇—五九)は、萩に下級武士の次男として生まれ、明倫館で九歳にして教授見習、十歳で藩主毛利慶親の面前で講義するという秀才ぶりを発揮。十九歳で独立師範に就任。国禁を破って二度に亘って海外へ密航を企てたことでその短い生涯に二回の野獄投獄と、安政の大獄による伝馬町下獄を強いられる。獄中で俳諧、連句、書道、『孟子』などを講義するが、これが伊藤博文、山県有朋、高杉晋作ら、数多くの明治維新の英傑を生み出す母胎となった松下村塾に発展する。安政六年、松陰は江戸送りとなり、同十月、伝馬町の獄内で斬首。享年三十。辞世の一首は「身はたとひ武蔵の野辺に朽ちぬとも留め置かまし大和魂」であった。

「野山獄相聞抄」は、あくまでも野山獄に背景を限定し、江戸送り以後にまでは書き及んでいない。野山獄での松陰とさまざまな獄囚たちの暮らしぶり、さながらドストエフスキーの安政版『死の家の記録』といえようか。作者は獄内に視点を据えながら、外の世界の混乱——騒然たるペリー来航の嵐の中に三百年の徳川幕府が崩壊していく時代の跫音をひびかせる。蛇足だが、一九七〇年十一月二十五日、三島由紀夫が楯の会隊員四名とともに市ケ谷自衛隊に乗り込み、割腹して四十五歳の生涯を終えた、その十一月二十五日は、旧暦によると吉田松陰の命日に当たっている。

皆川博子さんの「お七」（「朝日新聞」一九九八年一月二十三日夕刊）。皆川さんといえば、『壁 旅芝居殺人事件』（日本推理作家協会賞）、『恋紅』（直木賞）、『薔薇忌』（柴田錬三郎賞）、『死の泉』（吉川英治文学賞）など、長編作家のイメージが濃厚だが、短編にも名手ぶりを発揮していることは改めて言うまでもない。私などは皆川ファンのおひとり、久世光彦氏と電話で話題にする皆川作品は、もっぱら短編である。「『ゆめこ縮緬《ちりめん》』のベストはどの作品ですか」といったミーハー的な質問を、私がする。久世氏は「『文月の使者』だね。末期の刻に、何か一つだけ物語を読んであげようと言われたら、迷わずこの作品をリクエストする。笑って死ねそうな気がするからね」

それにしても「お七」の短編というにもあまりにも短い作品と、超絶技巧というか巧緻というしかない技法には驚かされる。ボルヘスやレムの作品に通じる蠱惑的なコラージュを散乱させ、お七の像をクロッキーのように瞬時に描出してみせた。ああランボオ、小林秀雄、そして狭野茅上娘子。皆川さんにかかると、まるでお七のために用意されていたかのように感じられる。八百屋お七（?—

一六八三）は、江戸本郷追分の八百屋太郎兵衛の娘。天和二年の大火で駒込正仙寺（一説には円乗寺）に避難したお七は寺小姓の生田庄之助と恋仲に。やがて庄之助恋しさのあまり、火事があれば会えると思い込み、放火を決行。捕えられ、鈴ケ森の刑場で火刑に処せられる。西鶴『好色五人女』や歌舞伎『お七歌祭文』『其往昔恋江戸染』、浄瑠璃『八百屋お七恋緋桜』『伊達娘恋緋鹿子』のヒロインとして知られる。河竹默阿弥、岡本綺堂、真山青果、寺山修司らにもモデル小説や戯曲がある。

私が高校時代から愛誦しているのが、堀口大学の「お七の火」。

八百屋お七が火をつけた
お小姓吉三に逢ひたさに
われとわが家に火をつけた

あれは大事な気持です
忘れてならない気持です

向井敏氏は、「理想の女性もしくは意中の女性」として、山田桂子さんを挙げた。倉橋由美子さんの『夢の浮橋』『城の中の城』に登場する聡明で、立居振舞はさわやかで、匂うような気品があるヒロインだ。

私は、お七さんを挙げよう。

舞踏劇「復讐の美学」については作者寺山修司の「作品ノート」がある。「この日本舞踊の台本は藤間瑛乾の依頼によって書かれ、一九六三年九月に大阪サンケイホールで、上演された。演出は和田勉、音楽は広瀬重平であった。これは、私としてはなかなかたのしい経験であった。私は、日本舞踊の『関節の力を抜いた』所作の中に、自分自身の肉体の構造を侵蝕してゆく意志力を感じた。それは、この作品にえがかれたように、自分の血を吸う吸血鬼を思わせたからである。

私は平家琵琶と、盲目の狂言まわしを用いて、その『肉体解体作業』に意味的なコンストラクションを与えようとしたが、和田勉はそれを拒み、実に数十人の素人を舞台の上にあげて、藤間瑛乾のまわりで、走らせたり、伏せさせたりした。

たちまち、そこには無意味の空間が生まれ、そのなかで藤間瑛乾だけが、美しく踊った。火事の中に投げこまれた壜の中で、一羽の蝶が狂っている——といった印象で、この作品の成果は、あまりにもラジカルにすぎて成功と呼べるものではなかった。しかし、私自身は、日本舞踊にますます興味を抱くようになったのである。」(『寺山修司の戯曲2』一九六九)

「復讐の美学」のような舞踏劇の小品にも、〈血・母・故郷〉の三位一体もしくは三律相背反の寺山的主題が貫かれている。「両瞼の暗黒をナイフの刃で切り裂き」といった戦慄的なフレーズに映画『アンダルシアの犬』や『地獄草紙』の紅蓮図を重ね、私たちはあたかも紙上で暗黒の舞踏を観ている幻覚にとらわれる。寺山の戯曲には舞台を彷彿させるイメージの喚起力がある。ただその幻想(虚構)を支えているものが苛酷な現実であることを忘れてはならないだろう。青森で生まれ、青森で育った彼は、下北半島のかたちを、『罪と罰』のラスコーリニコフの振り上げた斧、直下の青森市こそ老婆の割られた血まみれの頭蓋と〝幻視〟した。現実の貧しい風土から目を離さなかった。

青森は、また「青い森」で、「四十七都道府県のうち色彩の入っているのは、青森県ただひとつだ」「どことはなしにフィクショナルで、幻想的なイメージが漂う（略）日本ばなれした異郷のようである」とは小池光氏の指摘。舞踏劇中で、「盲目の鳥はどこを翔んでいるだろうか」と問う詩人に反歌をもって応答しよう。

揚雲雀死より遠くは行きゆけず　　河原枇杷男

倉橋由美子さんの登場はセンセーショナルな〝事件〟であった。明大仏文科大学院在学中に学生小説の懸賞で、明治大学学長賞を受賞した『パルタイ』（「明大新聞」六〇年一月十四日号、後に「文學界」三月号）を読んだ平野謙氏は文芸時評で「革命運動の根源の純粋性と観念性を一学生に文学的イメージとして具象化した作品で、大江健三郎の処女作をみつけた時に似た興奮をおぼえた」と、最大の賛辞を以て紹介したものだった。

平野謙氏の興奮は、私たちのそれでもあったろう。以後、日本の文学風土から自由な倉橋さんの文学世界（奔放大胆な想像力、イメージの豊饒さ、鋭い感覚と形而上学的思考、内的観念や思想をメタファー（暗喩）によって表現）の虜《とりこ》になって、ざっと四半世紀にもなろうとしている。奥野健男氏の口振りを敷衍してもきた。「ぼくは倉橋由美子こそ、今日において唯一の天才と言える作家だと考える」と、氏は発言し、あわせて六一年の夏、軽井沢の山荘に室生犀星を訪ねた時の挿話を語ってくれたものである。犀星はいきなり、「倉橋由美子という新人、あれは君、齢はいくつぐらいかね、ホオッまだ二十五か。君、倉橋君というのは大変な作家じゃよ。ぼくは残らず読んでいるがね、あんな文章めったな才能じゃ書けるもんじゃない。あれは二十年か三十年に一人という天才だ」(『素顔の作家たち』奥野健男)

「月の都」は「婦人と暮らし」(潮出版社一九八四年七月号)に発表されたあと、『倉橋由美子の怪奇掌篇』(潮出版社)に収録された。現在は「新潮オンデマンドブックス」で復刊されている。いつの頃からか、倉橋さんは霊界の人たちとお付き合いをするようになっているらしい。もともと文学の巫子《みこ》だから不思議はないのだが、『夢の浮橋』以来、懇意にしている山田桂子氏の影響もあるのだろう。散文詩的作品「月の都」では千九百歳になる呉氏と月の世界に行くなど、現世の肉体や時空の制約を超越し、自在に往還している。背景の日本や中国の古譚、怪異譚を指摘するなんぞは野暮で小賢しい評論家にまかせとこう。それをいうなら記紀、万葉以来の美意識、叡智の自家薬籠的結晶にこそ驚嘆すべきなのだ。私はただその緻密にして知的な文体、「神話的な抽象性を帯びた語り口」(清水良典)に酩酊するばかりだ。そして月見の縁側に戻ってきてからつぶやく藤原家隆の和歌に託された倉橋さんの悲哀に衝《う》たれる。

この文庫には光文社文庫『俳句殺人事件　巻頭句の女』同様にユニークな仕掛け(トリック)がある。ページ下段に横組みで正岡子規から俵万智、永田紅さんまでの「現代名歌」を紹介している。近現代の主要歌人と話題になった歌はおおむね網羅している。作者と作品は編集部の小林健さんと相談して選んだ。担当の小林さんが現代短歌に通暁していることに驚きと僥倖を感じた。偶然とはいえミステリアスなことであった。引用させていただいた歌人の方々にお礼を申し上げたい。『推理小説集』プラス『現代秀歌集』と二冊分の価値がある。是非とも座右に置いて愛誦してほしい。

詩と死をめぐるロンド

『現代詩殺人事件　ポエジーの誘惑』齋藤愼爾編（光文社）

『俳句殺人事件―巻頭句の女』『短歌殺人事件―31音律のラビリンス』と続いた〈短詩型〉三部作は、この『現代詩殺人事件―ポエジーの誘惑』で完結である。俳句、短歌、詩を素材としたミステリーやファンタジーのアンソロジーの、ひとまずの閉幕である。

『現代詩殺人事件』という書名と収録作品を見て、首を傾《かし》げる人も出てくると思うので、一言お断わりしておきたい。『現代詩』と表記したのは、前二作に揃えるためである。これでセットのシリーズだということが容易にわかる。ついでに作中に引かれる詩が現代詩にとどまらず、近代詩やシャンソン、ポップス等の類いも〈詩的なるもの〉とみなして引くといういささか強引な方針を貫いたことも言い添えておこう。

ミステリーと呼ぶのはどうだろうという意見も出るかもしれない。しかし今日ではミステリーというジャンルは本格推理に始まり、サスペンス篇、冒険篇、スパイ篇、ハードボイルド篇、怪奇幻想篇、パロディー篇、社会派推理篇と多岐にわたっている。久米正雄のように『カラマーゾフの兄弟』を探偵小説と断じたといった話はいくらでもある。船戸与一氏がすでに書いているが、アルベール・カミュの『異邦人』がノーベル賞を受賞したとき、アメリカ人記者たちは記者会見の席でカミュに「これはハードボイルド小説ですか?」と訊《き》いている。カミュは否定したが、アメリカ人記者たちの眼にはその作品はハードボイルドと映っていたのである。

だいたい私は、「純文学」と「大衆文学」の二項対立はおかしいという考え方の持主である。「逍遥・四迷以来の制度化された〝近代〟文学は、学士による学士のための文学という黙契に支配されていて、〈文学＝思想〉たらねばならぬ、といった度し難いオブセッションが根底にあったために、娯楽性、レトリック(＝トリック)、さらには住空間や味覚などの生活美学的なレベルでのこだわりを下位に退けがちな儒教的な尾骶骨が、〝近代〟文学の読みとりというテキストの再生産行為に影を落としてきた」(『「謎」の系譜』高橋世織)が正しい意見として定着される必要がある。

江戸川乱歩は「『紳士諸君』の傑作集」(「宝石」文壇作家推理小説代表作集・秋季増刊、昭和三十四年九月)という全集未収録の掌文で、「戦前の推理小説雑誌「新青年」の創刊以前、大正前半期に、谷崎潤一郎、佐藤春夫、芥川龍之介などの諸家が、多くの推理小説を書いた時期がある」と書いている。谷崎、佐藤、芥川はポオやドイルの影響を受けミステリーの問題作を残している。昭和戦前期から戦後にかけて葉山嘉樹、稲垣足穂、坂口安吾、菊村到、福永武彦、武田泰淳、大岡昇平、石原慎太郎、遠藤周作、梅崎春生、吉行淳之介、中村真一郎、小沼丹らも推理小説を書いている。

ミステリーの『虚無への供物』(中井英夫)はいまや『野火』(大岡昇平)、『死霊』(埴谷雄高)、『金閣寺』

（三島由紀夫）とともに、「戦後文学ベスト5」に入るようになった。とまあこんな言訳けより、何より本書に収録した作品を埋もれさせたくなかったと正直にいえばいいのかもしれない。〈ポエジー〉を内包した小説の珠玉をとにかく読んでほしい、これに尽きる。

そこでさて詩とミステリーの間には如何《いか》なる関係図式が存在するか。詩は刺、死、屍と続けば俄《にわ》かに事件の気配が漂う。それに詩と死はどちらも形而上の解けぬ謎である。

ベンヤミンは詩人ボードレールの「夜歩き」（ノクタンビュリズム）に注目する。夜の街をぶらぶら散歩するボードレールを「遊民」とし、「遊民は自己の社会のなかに安住できない人間」で、その眼差しは「疎外された人間の視線である」と規定する。ここから彼が「都市――遊民――観察する眼――探偵（犯人）」という図式で、探偵小説の発生に言及するのはあと一歩である。「探偵小説の根源的な社会的内容は、大都市の群衆のなかでは個人の痕跡が消えることである」（「ボードレールにおける第二帝政期のパリ」）といったベンヤミンの論旨は、わが国の探偵小説の創始者といわれる江戸川乱歩のエッセイにしばしば出てくる。乱歩が夜歩くことを好んだことはいうまでもない。

「わたしは浅草の映画街の人間の流れの中を歩いていて、それとなくあたりの人の顔を見廻しながら、この多勢の中には、きっと一人や二人の犯罪者がまじっているに違いない。もしかしたら、今人殺しをして来たばかりのラスコーリニコフが何食わぬ顔をして歩いていないとも限らぬ、ということを考えてみて、不思議な興味を感じることがある。彼にとっては、肩をすれすれの前後左右の人間どもが、彼とはまったく違った世界の生きものであり、彼自身は人群れのあいだを一匹の狼が歩いている気持であろう」（乱歩『群衆の中のロビンソン』）。

モダン都市はその華やかな表面の裏に犯罪という病理を生む。詩人たちは直感でその気配を把《と》え詩という美を砥《と》ぎだしたのである。萩原朔太郎の「干からびた犯罪」や「殺人事件」などがその例である。因《ちな》みに朔太郎が心中にいだいた文学的爵位の序列は、詩第一、批評第二、戯曲第三、小説第四というものであった（これは「詩は文学の女神」という倉橋由美子氏も吉本隆明氏も同じだ）。

私にとっても理想像は詩人だ。「僕は詩人になりたいのです。そして見者（ヴォワイヤン）になりたいと努めています」と師のイザンバアルに手紙したのはランボーその人である。「青春の倨傲《きょごう》と無垢、夢の華やぎと儚さ、みずみずしい自然の感受、意思の直截《ちょくせつ》と決断の潔さ、攻撃性と傷つきやすさ、信仰と懐疑、愛と憎悪、怒りと笑い、嘲弄そして悲しみ、ここには私たちの生のいとなみのすべてがある」（宇佐美斉）という『ランボー詩集』と、詩と死の燔祭《はんさい》たる『現代詩殺人事件―ポエジーの誘惑』の中の作品とは激しくスパークするものと信じる。


大岡昇平氏は戦後日本文学を代表する文学者で、代表作に『野火』（読売文学賞）、『武蔵野夫人』、『花影』（毎日出版文化賞）、『レイテ戦記』がある。かつて「群像」誌が多くの文学者に戦後十五年間の小説ベスト5を選ぶアンケートを企てたが、その回答の一位と二位を『野火』と『俘虜記』が占めた。二作を合わせれば殆《ほと》んどの回答者が大岡昇平氏に一票を投じている計算になる。推理小説『事件』で七八年度日本推理作家協会賞を受賞。過去のどんな文学賞より嬉しかったという大岡氏の様子を奥野健男は「いかにも得意気で、ぼくは大岡昇平の中に万年文学少年の無邪気な姿を見た思いであった」と回想している。好きが昂じて、「中央公論」夏季臨時増刊「推理小説特集」(昭和五十五年八月)の監修者にまでなっている。

「オフィーリアの埋葬」はのちに長篇『ハムレット日記』としてまとめられるのに先行して、昭和五十五年、「新潮」二月号に短篇小説として発表された。「オフィーリアの埋葬」が組み入れられて『ハムレット日記』は全体の完成をみたのである。「私はエルシノーアの宮廷の陰謀の中で、世襲王子として、父王を慕う軍人共を後楯として、父の讐を討つと共に、デンマークの王座をねらうマキアベリストのハムレット、その試練と没落を描こうとした」(後書)と語るように、シェイクスピアもびっくりのハムレット像の創出だ。原作(戯曲)は台詞がすべてである。小説は地の文章で人物の心理や背後の事情を自在に自然に描き出すことができる。フランス心理小説の手法を駆使し、作者の面目躍如。

ハムレットに投影して作品を紡ぎ出した作家に志賀直哉(「クローディアスの日記」)と小林秀雄(「おふえりあ遺文」)がある。志賀が国王クローディアスを択び、小林が狂女オフィーリア、そして大岡氏が王子ハムレットと三者三様。ところで『ハムレット』の有名な台詞 To be, or not to be, that is the question. の訳で最も人口に膾炙《かいしゃ》してきた訳は、「生きるべきか、死ぬべきか、それが問題だ」である。ところがこれがミステリーだが、この表現はどの翻訳書でも使われた形跡はないという。新訳『ハムレット』を出した河合祥一郎氏は四十人の訳者(外山正一、坪内逍遙、本多顕彰、福田恆存、木下順二、小田島雄志、高橋康也、松岡和子、等々)の訳を調べ、「こうして本書は初めて、〈生きるべきか、死ぬべきか、それが問題だ〉という訳を採り入れることにした」と宣言している。ちなみに「存《ながら》ふか、存へぬか、それが疑問ぢや」（坪内逍遙）、「生か、死か、それが疑問だ」（福田恆存）、「このままでいいのか、いけないのか、それが問題だ」（小田島雄志）、「生きてとどまるか消えてなくなるか、それが問題だ」（松岡和子）も広く知られている。大岡氏の『ハムレット日記』連載第一回の目次には、標題の脇に次の文がある。「〈永ろうべきか死すべきか〉――こゝに有名なハムレットを筆者五年の構想と滞英半歳の研鑽の後、新しく政治劇として、文学青年の手から奪い返そうとする帰国第一作」と。

　武田泰淳氏はもっとも現代的な作家にして、もっとも超現代的、非現代的な作家といわれた。戦後日本の混沌を描いた『風媒花』、無人島に漂着した船員の人肉喰いという極限状況をとらえ、人間の罪意識の根源を、生と死の根本的な矛盾を追求した『ひかりごけ』、滅びゆくアイヌ民族をテーマにした叙事詩的小説『森と湖のまつり』、二・二六事件をモデルに政治と性を描いた『貴族の階段』、晩年の傑作『富士』などの諸作品は、いつも大きな話題や論争をまき起した。むろんデビュー作にして最高傑作と謳《うた》われた評論『司馬遷―史記の世界』のパセチックな冒頭の書き出しも鮮明に記憶にある。曰く「司馬遷は生き恥さらした男である。士人として普通なら生きながらえる筈のない場合に、この男は生き残った。口惜しい、残念至極、情なや、進退きわまった、と知りながら、おめおめと生きていた。……そして執念深く『史記』を書いた」。

『才子佳人』は「人間」（昭和二十一年七月号）に発表された〈中国もの〉の代表作である。戦後の第一声にあたる小説だが、実際には戦争下に書きためていた旧稿に加筆訂正をほどこしたもの。「人間」

の同年十月号に三島由紀夫が読後の感想を寄稿している。「この小説は三重の額縁をもつ。読みをはると自分のまはりにまだ一つ、読みのこした額縁が感じられる。物語作者は一体震林なのか。否、実は隻卿なのか。かういふ人工と自然との鷹揚な馴れ合ひには一方しづかな諦念がくすんで来て、隻卿が死なずに突如として転華夫人の死ぬすぐれた結末に到達してゐる。『才子佳人』の作者はディレッタンティズムを気にしてゐない。作品の構成は転華夫人登場の前後からゆるみ出すが、物語に入ってゆくのに読者に恰《あた》かも自分が物語をつくつてゆくやうな感興を覚えさせる巧みな冒頭の二、三頁の優婉嫺雅《かんが》な趣や、きはめて乱れない礼節に満ちた筆致は、今は喪はれた佳人の面影を見るやうに、輓近《ばんきん》の小説をよみなれた目には感じられた」（「人間」昭和二十一年十月）

三島由紀夫氏の『中世に於ける一殺人常習者の遺せる哲学的日記の抜萃』は「文芸文化」（昭和十九年八月号）に発表。初出時の題名は「夜の車」であった。三島氏は川端康成宛書簡（昭和二十一年三月三日付）で「奇矯な小説『夜の車』は国学への訣別の書でしたが、それを書いたときは胸のつかへが下りたやうでございました」と述べ、同作品を「文芸文化」のロマンティシズムからの脱却の転換点であったと位置づけている。

自選短編集を出した際、氏は珍しく〈自作解説〉の筆を執っている。この十八歳のときに書かれた「この短かい散文詩風の作品にあらわれた殺人哲学、殺人者（芸術家）と航海者（行動家）との対比、などの主題には、後年の私の幾多の長編小説の主題の萌芽が、ことごとく含まれていると云っても過言ではない。しかもそこには、昭和十八年という戦争の只中に生き、傾きかけた大日本帝国の崩壊の予感の中にいた一少年の、暗澹《あんたん》として又きらびやかな精神世界の寓喩《ぐうゆ》がびっしりと書き込まれている」というものである。室町幕府二十五代将軍足利義鳥の殺害をはじめ、北の方瀧子、乞食百二十六人、能若衆花若、遊女紫野と貴賤、老若、男女を問わず次々と殺しつづける男。「ただ花が久遠《くおん》に花であるための、彼は殺人者になったのだった」（傍点作者）に、三島氏の死の美学、殺人と恐怖の形而上学が光芒を放っている。

三島氏と詩との関係について母・倭文重《しずえ》は、「五歳ぐらいのとき、もうちょっと詩めいたものを、おぼつかない筆で書き、大人を大変驚かせました」（平岡梓『伜・三島由紀夫』）と語る。氏も詩作に熱中していた自分をモデルにした短篇『詩を書く少年』で、「詩はまったく楽に、次から次へ、すらすらと出来た」と書いている。

決定版の『三島由紀夫全集』第37巻に、昭和六年十二月から四十五年十一月までに書かれた詩・訳詩・歌詞など五百十一篇、俳句百一句、短歌四十五首を収めている。三島氏自身が整理した「詩ノート」は、十六冊が確認されている。十五歳のときの詩「凶《まが》ごと」を引く。「わたしは夕な夕な／窓に立ち椿事を待った／凶変のだう悪な砂塵が／夜の虹のやうに町並の／むかふからおしよせてくるのを」。

山口雅也氏の『私が犯人だ』（「ミステリ・マガジン」平成二年四月号）は、E・A・ポオ『お前が犯人だ』とポオの詩『鴉』で枠組みされ華麗な舞台の幕をあげる。アメリカ東部込めた小説や詩を書き、いずれ教職を辞めるという夢の持主だ。だが彼にあるのはポオと同じく凄まじいばかりの飲酒癖。教え子の女子高生レノラ・ヒメネスと関係をもち、免職――失業、離婚――慰謝料という苛酷な現実を突きつけられる。レンタカーを借り、レノラをひろって逃避行。古館で痴話喧嘩のあげく、レノラが護身用に持っていた拳銃を暴発させ、彼女を射ち殺してしまう。警部、刑事、おまけに老探偵まで現れる。現実と非現実が交錯し、読者も幻想領域に呑み込まれた迷子のような気分になる……。

ポオの詩『鴉』の詩句に連動してミステリーは進行する。『鴉』は逝《ゆ》きし佳人レノアへの悲歎の情を歌った詩で、「最早ない！」のリフレインが余りにも有名である。このリフレインこそが、グッドマンを不条理の世界に迷い込ませる発端ともなった呪文であった。すべての謎を解くキイワードは「最早ない！」ということになる。グッドマンが詠じる詩の一節、「語れ、夜の領する冥府の岸にお前の王侯の名を何と言うのか！」

鴉は答えた。「最早《ネヴァーモア》ない！」

山口雅也氏の引用は『鴉』（福永武彦訳）だが、ここは『大鴉』（日夏耿之介《ひなつこうのすけ》訳）でいきたいところだ。「黄泉《よもつぐに》　閻羅《えんら》の王《きみ》の禁領にして　首長《みおや》の本名を何と號《よ》ぶ」

鴉いらへぬ「またとなけめ」

もう一行引こう。訳者によってこうも違うというミステリー。

天使らがレノアと名づけた世に稀な光り輝くその乙女――

その名前も、この世には今はない《ナッシングモア》　（福永武彦訳）

嬋娟《まぐは》しの稀世《きぜい》の姣女《おとめ》　天人は黎梛亞《リノア》とよべど
　とことはに　我世《ここ》の名むなし　（日夏耿之介訳）

夢野久作氏の『髪切虫』（「ぷろふいる」昭和十一年一月号）は『猟奇歌』の世界と重なりあう作品である。作中の長詩は文語による長歌仕立ての形式で氏の詩的世界が展開する。末尾の昆虫学者とその娘の会話に割って入るかのような髪切虫の今を最後の千古の神秘をこめた悲鳴「ギチギチギチギチ。イチイチイチイチ。……」がいつまでも耳朶を離れない。

夢野久作氏は若い時分から短歌の創作に親しみ、大正六年から八年にかけて、浅香会や赤泥社という短歌結社に属してもいる。『猟奇歌』について久作研究の第一人者、西原和海氏は「その一首一首が、久作の小説一篇一篇の胚芽とも見ることができる」と評価する。私見では短歌としての自立性に欠けていると考える。「火の如きカンナの花の／咲き出づる御寺の庭に／地獄を思ふ」といった佳作も散見するが、『ドグラ・マグラ』の巻頭歌「胎児よ胎児よ　なぜ躍る　心がわかって　おそろしいのか」という行分けの呪詞《じゅし》のような衝撃作が少ない。作品を論じた人も少なく、寺山修司の「『猟奇歌』からくり」（「夜想」第三号）が唯一の論考か？　髪切虫は別名テンギュウ（天牛）。「〈髪切虫〉または〈紙切虫〉と書かれるが、ともにその強大な口器の大あごに由来し、なんでも切断してしまうことから名づけられたものであるから、むしろ〈咬切虫〉のほうが適当ではないか」とは『世界大百科事典』（平凡社）の説明だが、『日本大歳時記』（講談社）は、さすがに詳しく、別名として〈桑天牛、白条天牛、虎斑天牛、瑠璃星天牛〉などを挙げている。

きりきりと髪切虫の昼ふかし　加藤楸邨

かこつ夜は髪切虫が髪切りに　稲垣きくの

牧野信一氏は生前のみならず、死後から今日に至るまで不当なまでに不遇である、と慨嘆する三島由紀夫、種村季弘、池内紀、堀切直人ら。昭和初年代から十年代にかけて業半ばにして死んだマイナーポエットの梶井基次郎、中島敦に比べても、さらに異色のマイナーポエットであろう。島崎藤村に認められ「有望なる新進作家」として震災前の大正文壇へデビューした一時期は彼を慕い、畏敬の眼差しを注ぐ年下の友人たち、小林秀雄、河上徹太郎、井伏鱒二、三好達治、坂口安吾らがいた。が、彼らはみな牧野の身辺から離れていった。生計も不如意で小田原に蟄居《ちっきょ》、その挙句、突然、家の納戸で縊死、この世に別れを告げてしまう。

『変装綺譚』(「新潮」昭和五年十月号)は幻想(それも西欧的幻想)と黒いユーモアで装飾して読者を知的感覚的体験へと誘《いざ》なう。作品の舞台は日本の風土でありながら、中世騎士道の作法や古代ギリシアの幻想をまじえ、地上の実在の場所ではない非在の地、ボードレールのいう「ここではない別のどこかの世界」、牧野信一氏にとって、その精神的故郷ともいうべき日本の田舎「鬼涙村」であったり郷里の小田原のようであったりする。いずれの場所でも詩人は異邦人としてさいなまれている。現実にさいなまれた魂は「虚妄と現実の境界線を見失ってまるで化物のやうな歩き振り」を続ける以外にない。仮面舞踏会用の青いマスクで変装して。「詩は、飢餓に面した明朗な野からよりほかに私には生まれぬ」という信条をもった〈日本の私小説のドン・キホーテ〉の異色作である。

〈歌聖〉と呼ばれる人たちがいて、歌人の代名詞のようになっている――と島内景二氏は切り出し、「古代の柿本人麻呂、中世の藤原定家、近代の斎藤茂吉、そして現代の塚本邦雄」を挙げる。私はまったく異議がない。古代の山部赤人、中世の藤原俊成、近代の与謝野晶子現代の啖呵伊彌太は「いや俺こそが」と、ぼやくかもしれないが、言うじゃない。〈歌聖〉というには、ほら、あれとあれとあれが欠けている。残念。

「言語芸術家が、小説、戯曲、評論、随筆、散文詩、韻文詩のいずれも完全にマスターし、いずれをもっても一家をなすくらいのことは当然のことだ」という発言を自ら実証せんとばかりに、塚本邦雄氏は壮年期を過ぎて本格的に小説に手を伸ばしている。「瞬篇小説」と命名された短篇は、いうまでもなく川端康成の「掌の小説＝掌篇小説」を意識していよう。『紺青のわかれ』『藤原定家――火宅玲瓏』『夏至遺文』『雨の四君子』『獅子流離譚――わが心のレオナルド』など、三十冊余に及ぶ単行本がある。長篇ミステリーが十二神将像と阿片の香をめぐる『十二神将変』。だがミステリーとわざわざ断る必要はない。塚本作品はすべてミステリアスでファンタスティックであるから。

『冥府燦爛』は「都市」創刊号（昭和四十四年十二月）に発表された。ここにはあらゆるジャンルにクロスオーヴァーした塚本氏のすべてがあるように思われる。シャンソンその詩と朗誦者と調《しら》べの三位一体、植物学、フランス映画、男優女優、マラルメやコクトー、クラシック、現代音楽（オネゲルから、あろうことか武満徹の『霜月跳梁《ノヴェンバー・ステップ》』）等々、いわば〈塚本ワールド〉の解纜《かいらん》である。もはや酩酊する以外にない。

　人類の夜の思想の博大な探求者、悠然と壮大な夢の宇宙を創る稀有の人、西欧中世魔道の奥義に通暁し、サド侯爵の巨大な哲理に沈潜する真個の魔術師——澁澤龍彦氏に附与された冠である。「この人がいなかったら、日本はどんなに淋しい国になるだろう」といった三島由紀夫は別の所では「澁澤龍彦氏はマルキ・ド・サドの翻訳によって、有罪の人となった。この荊棘《けいきょく》の冠は十八世紀のフランス人サドが、時空の彼方から手をさしのべて、二十世紀の日本の一詩人に贈った最上の贈物である」との見事な頌歌《しょうか》を口遊《くちずさ》んでもいる。澁澤氏を「詩人」と呼んだのは前には三島由紀夫ひとり、後には私めがひとりである。

　澁澤龍彦氏の『エピクロスの肋骨』は、同人誌「未定」（三号、昭和三十一年五月）に発表された。編集はM・ユルスナール『ハドリアヌス帝の回想』を翻訳した多田智満子氏。澁澤氏が二十六、七歳の頃の作らしい。「俺が死んだら、きっと誰かが俺の作品を二つ見つけ出して、本にするよ」と澁澤氏は癌の再発後、病室で龍子夫人に書き示したという。そう、予言どおり、それまでどの書物にも収録されていなかった『撲滅の賦』と『エピクロスの肋骨』が発掘され、昭和六十三年、単行本にまとめられた。

『エピクロスの肋骨』は不思議なポエジーに溢れた作品である。海辺に近いサナトリウムをペン軸一本を胸ポケットにさし込んで脱出した主人公のコマスケ。海水浴場で病院の門衛につかまってしまう。見逃がしてくれることを条件に、コマスケは門衛の飼っている山羊の病気をなおしてあげることにする。山羊に食わせる紙に詩を書いてやろうといい、海の水の碧いろの部分に愛用のペンを差し込み、海水をたっぷり含ませて文字を書こうと詩句に思いを凝らす。青いろの霧のインクでまっしろなパンの切口に詩をしたためもする。何という奇想天外の発想だろう。そしてその詩の何というナンセンス、否、イノセンス。巖谷國士《いわやくにお》氏は先例として、「アンデルセンやコクトーやシュペルヴィエルあたりから、宮澤賢治や稲垣足穂や安部公房あたりにまでつらなる近代のメルヘン作者たちの詩情」を認めているが、私はそれに石川淳の「鷹」を加えたい。ダンディズムと軽さのエレガンスを基調とする澁澤文学の出発を告知する詩的作品の珠玉だ。

皆川博子氏の『あの紫は』(「週刊小説」平成四年二月十四日号)。エピグラフに引用されている泉鏡花の「わらべ唄」からこの稀代の幻視者はどのような物語を紡ぐのか。日本近代文学史の流れのなかで光輝まれな孤帆として、美の水脈を鮮麗に一筋曳いている鏡花を讃仰した幻想文学の驍将《ぎょうしょう》の相貌が思い出される。「あの紫は／お池の杜若／一つ橋渡れ／二つ橋渡れ／三つ四つ五つ／杜若の花も／六つ七つ八つ橋」のわらべ唄の囁きに応えるかのように、まず三島由紀夫が現世の一つ橋(端)を渡っていったのに続き、寺山修司、澁澤龍彥、中井秀夫、種村季弘が二つ橋を渡り、三つ四つと続き、つい最近、塚本邦雄、倉橋由美子が橋を渡って行った。

反時代精神の鑑《かがみ》となり、個我を神化し、貧血した現代文学の砂漠の只中に、牡丹園をひらく醇乎《じゅんこ》たるロマンティケルは、いまや皆川博子氏、久世光彦氏ら数えるほどしかいなくなった。

『あの紫は』の宿命の恋人たちを乗せた飛行機が向うのが鏡花の故郷金沢というのは不思議な暗合である。カタストロフの混乱のなかで暗澹たる結末に向うことが予想されるのである。否、種村季弘氏の『水中花変幻』が指摘する鏡花における水のモチーフを記憶に辿れば、彼らが墜死し、昏《くら》い黄泉《よみ》の水たる海底へメエルシュトロウムの渦《うず》さながらに呑み込まれることは確信と変わるのである。『夜行巡査』の水中に飛び込んで果てた八田義延のように、『外科室』の医学士が伯爵夫人に出会ったのが池の畔《ほとり》であったように、『義血俠血』の滝の白糸のメリユジーヌのように池畔から冥界へ消えていくように、『草迷宮』『高野聖』の里が清冽な川にとり囲まれていたように……。


〈ミステリーのベスト3〉といえば、過去三十年間、夢野久作『ドグラ・マグラ』、小栗虫太郎『黒死館殺人事件』、中井英夫『虚無への供物』であったが、最近のアンケートでは『虚無への供物』は動かず、他の二作に笠井潔『バイバイ、エンジェル』、竹本健治『匣《はこ》の中の失楽』が入るなど若干の様変わりをみせている。笠井、竹本の両人とも狷介孤高の中井氏を敬愛していて、しばしば中井氏を訪ねてはミステリー談議に花を咲かせるなど無聊《ぶりょう》をかこつ晩年の作家を慰藉《いしゃ》したことは美談として記憶に留めたい。

竹本健治氏の『パセリ・セージ・ローズマリーそしてタイム』(「ショートショートランド」昭和六十

年一＋二月号）はブラックユーモアの毒をたっぷり含んだ白昼夢である。奇妙な題のいわれは主人公の少年の母が生前によく口遊んでいた歌の一章句であり、少年が訪ねた小父の薬味草畑を埋め尽している草の名でもある。小父が母と不倫の関係にあったことを少年は知っている。健胃薬や香料、香辛料としても使われる薬草は根の部分に毒性をもつものもある。たとえばマンドレイクがそうだ。「根の部分が人間の形をしているんだよ。昔からの言い伝えによれば、その根を引き抜くと恐ろしい叫びを挙げるそうだ」と説明する畑を経営する小父が不気味でもある。炎天下に燃えあがる少年の殺意。登場人物はその小父と少年だが、紙背《しはい》には不在の父と母がひそんでいる気配がある。そう、薬味草畑の草々の下には屍体が埋まっている。

佐藤弓生氏は歌誌「かばん」（同人に井辻朱美、穂村弘、東直子、高柳蕗子、千葉聡ら各氏がいる）に所属する新鋭で、平成十三年、短歌の芥川賞といわれる角川短歌賞（第四十七回）を受賞した。同賞からは『サラダ記念日』の俵万智氏がデビューしている。歌人としての名が先行したが、詩集『新集月的現象』『アクリリックサマー』をもつ詩人でもある。

『銀河四重奏のための6つのバガテル』で、世俗にかかわらぬ孤高の詩人吉田一穂に挑戦した意気は壮とすべきだろう。何しろ一穂は「私は日本の詩史の上で、セザンヌの位置を要求したら不当であろうか。キュビズムを意識的に詩の表現に操作した私は、最初の幾何学派だ」と広言する人として、あるいはその詩的言語の超絶性によって、当時も今も畏怖されているからである。「在学中から詩、短歌を作った」あたりは、佐藤氏と共通項がある。佐藤氏の「つっぷした緑の大地まばゆくてなんて深いのこのきりぎしは」の一首は『古代緑地』の詩人に捧げた頌歌《しょうか》であろう。

『銀河四重奏のための6つのバガテル』を読み、夢野久作の『瓶詰の地獄』を連想したのは、潮流瓶に封じ込められたこの世の果ての島からの、孤絶した兄妹の手記が逆年順という構成をとっていたことだろう。送信者や受信者が不在であってもパソコンのさまざまな機能を活用することで、現代人は送信日時を自在に操作し、過去からも未来からもメールを送信出来る。ブルトンのナジャを思わせる都という女性を取りまくC、F、G、Aの四人。たいせつな時間を分けあったC。暗い情熱のありかを教えてくれたA。不可能な夢を見せてくれたF。魂の兄だったかもしれないG……四人の視点に照射された都の精神の輪郭が次第に像を結ぶかとみえ……。都が送ったメールの件名「自我系の暗礁めぐる銀河の魚。」は、夢みるべく罰せられている作者佐藤弓生氏にこそふさわしい。

安部公房氏の自筆年譜に、昭和十八年、「ただリルケの『形象詩集』に耽溺《たんでき》した」とあり、二十二年の項には「手垢にまみれたリルケの『形象詩集』がついてまわっていた。いつの間にか、リルケ調の詩を書きはじめていた。それは詩というよりも〝物〟と〝実存〟に関する対話のようなものだった」とある。ガリ版刷りの『無名詩集』を出版。それを売るために、友人や親戚の多い北海道へ出かけたが、五十円の詩集は殆《ほと》んど売れなかった、という話を聞いたことがある（稀覯《きこう》本に属するこの詩集、湮滅《いんめつ》を免れて残存する部数は全国で十冊以内といわれる）。Ａ５判で目次を含め六十四頁《ページ》の本は古書店で六十万円の売価がついたことも。第二十五回芥川賞作品『壁―S・カルマ氏の犯罪』には全篇を覆わんばかりに詩が挿入されている。ミステリーに長篇『石の眼』がある。

『詩人の生涯』(「文藝」昭和二十六年十月号)では糸車を廻わし糸を紡いでいた老婆が糸車の穴に吸い込まれ、自ら糸として紡がれてしまう。糸は売られ、やがて一枚の赤いジャケツに編上げられ売りに出される。老婆の一人息子は詩を書く青年だったが、工場を批判するビラを配布したため馘首。そして雪が降り出す。来る日も来る日も雪は降り止まず、世界は恐慌を来す。だが雪は不意に止む。寒さの限界であったが、雪の落下運動それ自身が凍結して、雪は降ることができなくなったのだ……。

カフカの影響を指摘される作者だが、「肉体を包む皮の袋から、夢も魂も願望も流れだしてしまった」などは、カフカの「人間は血と膿《うみ》と糞のつまった管か皮袋にすぎない」といった台詞を想起させる。さりげないユーモアもある。「鼠《ねずみ》は、素晴らしいそのジャケツを使うのに、なんのちゅうちょもするはずがなかった」などがその一例。青年は雪の言葉を書いていこうと決心する。雪の言葉とは複雑で、美しいその結晶を意味する。貧しいものの忘れていた言葉だ。夢の、魂の、願望の。六角の、八角の、十二角の、花よりも美しい花、物質の構造、貧しい魂の分子の配列。「貧しいものの言葉は、大きく、複雑で、美しく、しかも無機的に簡潔であり、幾何学のように合理的だ。貧しいものの魂だけが、結晶しうるのは当然のことだ」。その言葉を詩に紡いだ青年が自らの詩集の最後の頁《ページ》を閉じ、「すると彼はその頁の中に消えてしまっていた」というラストのシークエンスに、現代における詩人の運命というものが暗示されている。

小沼丹氏の『十二号』は雑誌「新婦人」に昭和三十二年四月から翌年三月まで読切連載という形式で発表したうちの一篇で、単行本『黒いハンカチ』（昭和三十三年八月刊）に収録された。A女学院に勤めるニシ・アズマという若い女性が別荘地で少年カンタの殺人の容疑をはらすべく素人探偵ぶりを発揮するユーモア・ミステリーだ。文章の清潔さと感性の柔軟さ、人生の苦味をふまえたユーモラスな風味、ペーソス、軽妙洒脱な筆致等々、小沼氏独自の文体が心地よい。「あとがき」で、「現実にニシ・アズマ君がいたら、多分僕はそんな探偵の真似はお止《や》めなさいと云うかもしれない。因《ちな》みに、この主人公はときに眼鏡を掛けたりするが、これは一種の照れ隠しの意味だろうと思う」と記すが、小沼氏自身が含羞の人である。鶴見俊輔氏は『二〇〇三年単行本・文庫本ベスト3』というアンケート冊子で、文庫本ベスト1に復刻された『黒いハンカチ』を挙げ、「とてもおもしろく、手に入れてから数週間のうちに、何度も読んだ」とコメントしている。

小沼丹氏は『村のエトランジェ』で第三十一回芥川賞候補となり、受賞を吉行淳之介『驟雨』に譲ったが最後まで受賞対象だった。第三十二回芥川賞でも『白孔雀のゐるホテル』が候補。受賞は小島信夫『アメリカン・スクール』、庄野潤三『プールサイド小景』に決定したが、川端康成は「小沼氏を加へて、三人でも一向差支へはなかつた」といい、佐藤春夫、瀧井孝作も最後まで愛惜している。

「死ぬということ、それはもうモーツアルトを聞けないということだ」といった物理学者がいた。〈戦後六十年〉を迎えた今年の六月十日、倉橋由美子氏が〈永遠の旅人〉として出立したことを知らされ、もう倉橋氏の新作を私たちは読むことができなくなったのだ、という単純な事実に思い到り、心の芯がしんと冷える思いがしたのであった。生き永らえていれば、それだけ多くの人々の死にも立ち合うことになる。しかし自分のこれからの生が半ば萎えるような寂寥感を覚えたことはなかった。倉橋氏は私にとって特別の作家であった。『永遠の旅人』は『夢の通ひ路』(平成元年十一月講談社刊)に収められた連作短篇の中の一篇で、現世と冥界を自在に往来し、冥界の人たちと典雅な交歓を繰《く》りひろげる、いわゆる「桂子さん」を主人公とする作品である。今回、桂子さんの蠱惑《こわく》の香りに引き寄せられて冥界からやってきたのは詩人の西脇順三郎氏だ。小島千加子氏も指摘しているが、倉橋氏は高校時代、詩を書いていて、級友から、将来詩人になる人、と思われていたという。十八歳のころ、『近代の寓話』を知って以来、西脇氏に夢中になる。西脇氏は二十世紀の日本の大詩人であり、「その詩の全体はバッハの全作品群に匹敵する」と最大級のオマージュを捧げている。

バッハが出てきたのは偶然ではない。本物の詩は音楽でなければならないという確固たる考えが倉橋氏にはある。『永遠の旅人』にも「人間の脳髄を愉しませてくれる詩を作ることを止めず、その詩を読むと頭の中に音楽が生じた」「そのような詩人は後にも先にも西脇さんだけだった」と桂子さんの感想が述べられる。西脇氏と交わす会話の面白さ。西脇詩に通暁している読者なら、その出典がわかり読書の喜びが増幅されるであろうことは疑いない。霊魂の実の一つをもぎとり、「永遠の味です」と呟く西脇氏に、「これで永遠に生きられるとしても、エイエンって痒《かゆ》いものですね」と答える桂子さんに思わず吹き出してしまう。亡くなって一年になる西脇氏からの音信に触れ、桂子さんは「いつも旅をしている人で、あちらの世界へ行ったのも旅の続きだろうし、今度も旅の途中で顔を見たくなったのだろう」と思う。私たち読者も倉橋氏の旅立ちをそのようなものとして考えて生きていきたい。

中井英夫氏の『干からびた犯罪』は「瑠珀《ルパン》」（昭和五十五年十月）に発表された。作者の自作解説によると、「古き良き田端への頌歌」ということになる。中井氏は田端に生まれ、幼時、自殺直前の芥川龍之介の家に次男・多加志の遊び友達として出入りしている。標題は大正の末年、田端に住んだことのある萩原朔太郎の詩「干からびた犯罪」から取っている。エピグラフにL・キャロル『不思議の国のアリス』の一節が引かれているように、本篇はアリスのパロディーでもある。

この作品の解読のため、『不思議の国のアリス』をお習《さら》いする。アリスは地底の広場でさまざまな奇怪な動物たちに出会う。解答のない謎々に打ち興じる気狂い帽子屋。いつも眠ってばかりいる眠り鼠。アリスに架空の葡萄酒をすすめる三月兎。身体の好きな箇所を空中で消滅させることのできるチェシャー猫。

さてヒロインの橋口多佳子が田端を訪ねたのは、四十年前に行われた犯罪の証拠を探すためだった。四十年前、彼女は氷室新治と稚い恋愛を続けていた。その氷室が急死。死因を多佳子は薬物学者だった父による毒殺だと疑っている。かつての生家へ向かう途中、三人連れの女に会う。聖学院の同級生で今では婦人帽のデザイナーをしている佐良好子、霊媒師の深見沢香織、宇佐美弥生（まさしく三月兎）。三人に誘われて同行した多佳子は「気違いお茶会」がすでに始まっていることを知る……。

朔太郎の「干からびた犯罪」や「殺人事件」が全篇の通奏低音として響き、アリスの幻想旅行にも似た物語の進行の案内役となる。朔太郎の詩は残酷なラストまで予言している。作者の「私にとっての関心はつねに死と変身と、それをつらぬく時間という点につきる」という信条はこの作品にも十全に貫徹されている。

なだいなだ氏の『海』は、昭和三十四年、第四十二回芥川賞候補作である。受賞作なしに終わったが、翌年、第四十三回芥川賞でも『神話』が候補になった。北杜夫『夜と霧の隅で』や倉橋由美子『パルタイ』と競い、北杜夫氏の受賞をみた。北氏とは「文藝首都」の仲間であった。第五十二回では『トンネル』が、第五十四回では『童話』で川端康成、井上靖の一票を受け、第五十五回では『しおれし花飾りのごとく』、第五十七回では『れとると』と、都合六回も芥川賞候補となっている。『しおれし花飾りのごとく』はアポリネールの詩〈おゝ、うちすてられしわが青春よ　しおれし花飾りのごとく〉より借用したとか。打ち捨てられし青春小説で、『モーヌの大将』の日本版と称された。詩に造詣深く、『なだ・いなだ詩集』『スケルツオ』などの詩集がある。

『海』は石川達三（「汚れた小説が流行しているような今日、こんな綺麗な作品は貴重」）や中村光夫（「爽やかな才能の芽」「我国では伸びにくい性質の才能ですが、もしうまく育てれば、芥川の名にふさわしい作品を生む人かも知れません」）など、選考委員には好評であった。ふとしたときに垣間見せる生と死の深淵をこれほどまでに静謐に描いた作品も稀《ま》れであろう。散文詩のように掬すべき一篇である。父と子の死への道行を翻意させ生への転位をうながしたものが〈ことば〉であったことの重みに留意したい。

それにしても「風はきざみ／光はいろどる」という詩の何という美しさ。風立ちぬ、いざ生きめやものように……。

柘植光彦氏は現代日本文学研究者でこの方面の著述が多い。東京大学仏文科在学中、「駒場文学」に発表した「大きな赤い太陽」が、昭和三十五年「文學界」に同人雑誌優秀作として転載され注目をあびる。昭和三十七年、第一回文藝賞中・短篇部門で「裏切らなかった五人」が佳作入選（長篇で高橋和巳『悲の器』が入選）。選考委員は寺田透、野間宏、福田恆存、中村真一郎、埴谷雄高の五氏。埴谷氏によれば「積極的に推したのは私で、野間宏は半積極的に推し、中村真一郎は半消極的に否定的、寺田透と福田恆存はまったく否定的であった」由。埴谷雄高氏は「大きな赤い太陽」をも念頭におき「一種の挫折感から出発しながら、スペイドの黒ばかり集めてマイナスをプラスに転化しようとするその観念操作が私の興味をひいた（……）現代のアクチュアリティを感じたのであった」と評している。

柘植氏は第十四次「新思潮」（中井英夫、吉行淳之介、椿実らが同人）、第十五次「新思潮」（三浦朱門、曽野綾子、阪田寛夫らが同人）に続く第十六次「新思潮」の編集同人でもあり、創刊号に小説「挫折――一九六〇」を発表。同誌の同人には磯田光一、天沢退二郎、宮川淳、小野二郎、吉田凞生《ひろお》らがいた。『大きな赤い太陽』（深夜叢書社版は昭和五十二年刊）が発表された前後には、大江健三郎『偽証の時』や倉橋由美子『パルタイ』も話題になった。党や政治組織の「病める部分」に対する若い世代からの不信や否定が沸点に達した時代である。そうした政治の季節のあったことを頭の隅に置いて繙読《はんどく》することを勧めたい。被告にはカミュ『異邦人』のムルソーの雰囲気があり、一読忘れがたい印象を残す。彼もまた現代の不条理と闘う人間のひとりである。

山村暮鳥の詩で人口に膾炙《かいしゃ》しているのは、「おうい雲よ／ゆうゆうと／馬鹿にのんきさうぢやないか／どこまでゆくんだ／ずつと磐城平の方までゆくんか」（「雲」）と「風景」（いちめんのなのはな）だろう。それで牧歌的な詩人とのイメージがあるが、実像は大いに異なる。聖公会牧師であったが、上級聖職とは相容れなかった。ボードレール、ランボー、ニーチェ、ドストエフスキーなどに熱中している牧師は、教会からすれば破戒僧に類する厄介者だったのだ。

出久根達郎氏の『いちめんのなのはな』には堪能させられた。『風景』（いちめんのなのはな）を一種の暗黒の恐怖譚に変貌せしめた才に舌を巻いたといおうか。叔母がひとくち噛《か》じった菓子を差し出したり、般若の如く笑う場面、風もないのにふいに詩集の頁が沸騰したような音をたててめくれるシーンなどが怖い。ストーリーも二重三重に奥深い構造をもつ。

作中の語り手＝小生宅の離れには、母の妹（つまり叔母）が肺結核で養生していて、いろいろ少女時代のことを語ってくれる。近所の男の子と自分ともうひとりの女の子と三人で菜の花畑で遊んでいて迷った話、その幼ないラブアフェア。小生は子ども心にその女の子ふたりは母と叔母ではないかと考える……。暮鳥の自伝によれば、「父は婿であった。母は泣いてばかりゐた。自分が姉さんとよんでゐた母の妹は真赤な血嘔吐《へど》をはいて自分の四つの春に悶死《もんし》した」とある。暮鳥自身、宿痾《しゅくあ》の結核で苦しんでいた。出久根作品はこうした背景を知れば、また別の趣きを帯びるだろう。（尚、この作品は平成二年二月新泉社より刊行された『古書法楽』に書下ろしで収録された。）

暮鳥の「風景」は第二詩集『聖三稜玻璃』（大正四年刊）に収録されている。かなりの悪評を受けたが、室生犀星、萩原朔太郎の支持は揺るがなかった。巻頭の詩「囈語」を読まれたし。「竊盗金魚／強盗喇叭／恐喝胡弓／賭博ねこ／詐欺更紗／瀆職天鵞絨《びらうど》／姦淫林檎／傷害雲雀《ひばり》／殺人ちゆりつぷ／堕胎陰影／騒擾ゆき／放火まるめろ／誘拐かすてえら」。言語的な実験の極点であった。

太宰治氏の『犯人』は「中央公論」（昭和二十三年一月号）に発表された。同じ会社に勤め恋仲の若い男と若い女は、一緒に暮らす部屋を探している。「一緒に帰れるお家があったら、幸福ね。帰って、火をおこして、……三畳一間でも……」という女の望みは男のそれでもある。男は姉の嫁ぎ先を訪ね、部屋を貸してほしいと頼むが断わられたため、庖丁で姉を刺してしまう。犯罪はその時代の思想的典型を映す鏡だが、敗戦の混乱の世相を背景に太宰は鋭く実存主義的な犯罪を描く。

文豪ミステリ傑作選『太宰治集』を編集した井上明久氏は、「ある意味で太宰の作品はすべて、〈生れて、すみません〉の一語が投げかける深い謎をめぐるミステリ小説なのかもしれない」と言うが至言であろう。罪と罰の問題に太宰氏ほど生涯、身悶《もだ》えした作家もいない。詩ではプーシキンやレールモントフを愛誦《あいしょう》したことは、この『犯人』でも明らかである。

〈詩〉をモチーフにした作品はほかにも『白い道』（武満徹）、『女人焚死』（佐藤春夫）、『詩人』（大佛次郎）、『かいやぐら物語』（横溝正史）、『糸ノコとジグザグ』（島田荘司）、『殺し蜜狂い蜜』（赤江瀑）、『草のいのちを』（高見順）、『落穂拾い』（小山清）、『この世に招かれてきた客』（耕治人）、『無名詩人』（曽野綾子）、『北の詩人』（松本清張）、『詩人探偵』（黒輪士風）、『童謡』（吉行淳之介）、『空洞の怨恨』（森村誠一）、『詩人の恋　信州殺人事件』（深谷忠記）、『公園の詩人』（椎名麟三）などがあるが、頁数に限りがあり、これらの掲載は断念せざるを得なかった。作品選出への新保博久、小田久郎両氏の助言に感謝したい。

『スポーツ小説名作集　時よとまれ、君は美しい』解説

『スポーツ小説名作集　時よとまれ、君は美しい』齋藤愼爾 編（角川文庫）

「スポーツは論じるものではなく、するものだ」と私などが言ってみても誰も一顧だにしないだろう。ところが（比べるのも空恐ろしいことだが）現代思想の巨人吉本隆明氏がその著書『対幻想』のなかで、「恋愛は論じるものではなく、するものだ」と書くと、もう「名言だ」だの「実践的真理だ」だのと周囲は騒然となる。気鋭の論客たちも浮き足立つことになる（「スポーツ」と「恋愛」は違うということは措《お》いて）。どさくさにまぎれて私も筆をすすめてみよう。

スポーツに関してというか、肉体と精神の相関関係について、「健全なる肉体に健全な精神が宿る」という古典的な格言が知られているが、かつて三人の作家が、この格言に言及している。三島由紀夫、大江健三郎、虫明亜呂無《むしあけあろむ》氏である。

「〈健全な肉体には健全なる精神が宿る〉（略）芸術家としてはむしろ、芸術の創作に必須な不健全な精神を強く深く保持するために、健全な肉体がいるのではないだろうか？　人間性の見るも忌はしい深部へ、深く、より深く井戸を掘り下げるため鞏固な大理石の井戸側がいるのではなからうか」（三

島由紀夫「実感的スポーツ論」読売新聞・昭和三十九年十月五―十二日）

「あの名高い格言〈健康ナ体ニ健全ナ精神ガヤドル〉は、実は古典語の原典では、〈健康ナ体ニ、必ズシモ、健全ナ精神ガヤドルトハカギラナイ〉だということだが、このあいだまで屈伏していたアフリカの若者たちが、いま、その健康な体に、健全な独立者の精神を回復しようとつとめている光景は、感動をあたえないではいない」（大江健三郎「七万三千人の《子供の時間》―オリンピック開会式」『持続する志』昭和四十三年刊）

「〈健全な精神は健全な肉体に宿る〉という有名な言葉のことなんです。実はこれは有名な誤訳であって、〈健全な肉体と健全な精神があれば、あとは富も名誉も地位も今更なにが、必要だろうか〉というのが本来の言葉なんです。それを健全な精神イコール健全な肉体としてしまうと大鵬や北の湖が一番健全な精神の持ち主だと思われるようなことになってしまう」（虫明亜呂無 vs 井上ひさしでの虫明発言「スポーツ・人間・風土」昭和五十四年五月）

三氏のほかに私の記憶にあるのは、雑誌「現代思想」特集「スポーツの人類学」（昭和六十一年五月号）巻末、（Nsd）子による「編集後記」の一節で、私には最も共感する部分が多い。匿名子は件の格言を引いたあと、「まるで肉体さえ健全であればすべて上手くいくとでもいいたげな無責任な文句をそのスローガンにしてしまうこと自体が、近代スポーツの倒錯性を示している」として、「健康に対するこだわりそのものが何やら不健全なのは、おそらく目指す健康が幻想だからなのではなく、そもそもそこに〈肉体〉が介在していないからだ。いくら身体を鍛えたり記録を競ってみたところで、それはあくまでも〈精神としての身体〉の問題でしかなく、そこには〈肉体〉がない。いってみれば、近代スポーツを支えているのは、その失われた〈肉体〉への強烈なノスタルジーなのだ。とすると、近代も〈肉体〉に対するルサンチマンの歴史として考えることが出来るかもしれない」と裁断するのである。

デカルト以来の心身二元論を受け継ぐひとりと自称している私は、「健全な精神は健全な肉体に宿る」式のスポーツ精神主義の虚妄《きょもう》は峻拒《しゅんきょ》しないわけにはいかないのである（「国技」と名乗る相撲界の不祥事、親方や兄弟子たちによる暴行か、十七歳の力士の急死、八百長疑惑、ボクシングの疑惑の判定ｅｔｃ）。そして精神と肉体の啓蒙《けいもう》主義的和合を信じるふりをしてきたのは、進歩的文化人も同じで、彼らは、「若者よ、身体をきたえておけ、美しい心が、たくましい身体にからくもささえられる日がいつかは来る。その日のために、身体をきたえておけ」と合唱し、健康幻想を草の根にまで浸透させるべく励んできたのである。

歴史は繰り返すのか。「二〇一一年から中学で武道必修化へ」――平成十九年九月上旬、そんなニュースが一斉に流れた。毎日新聞によれば、学習指導要領の改定を急ぐ中央教育審議会（文部科学相の諮問機関）が、武道（柔道、剣道、相撲など）とダンスを中学一、二年の男女ともに原則、必修とする案をまとめたという。特に武道は平成十八年改定の教育基本法の教育目標「伝統と文化の尊重」をにらんだ、愛国心養成の一策だという。「武道必修で本当に礼儀や愛国心が身につくのだろうか」「またぞろ健全なる精神は健全なる肉体に宿るの古びた格言の押しつけか、アナクロニズム（時代錯誤）も甚だしい」等々、一時は論壇を賑《にぎ》わしたが、愛国心、道徳心の植えつけを広言していた内閣が退陣してしまったため、いまのところ棚上げ状態とはなった。しかしこれとて何時《いつ》なんどき復活するかはわからない。

おちおちスポーツ小説も読んでいられないという心境にもなりかねないが、「生のなかの生」ともいうべきスポーツを再考する唯一の機会とも思える。読書という行為はスポーツに酷似していて、その喜び、無償性、労力の消費とエネルギー解放の喜びなど、あらゆる点において重複している。そう、この一言を言いたいために少しく（?）迂回《うかい》した次第である。

「剣」　三島由紀夫

物語は剣道の道場から始まる。国分次郎は「清潔な若者の微笑」を持つ若者だ。彼は反抗、軽蔑《けいべつ》、自己嫌悪、うじうじした羞恥《しゅうち》心、「……したい」という心など、並みの少年らしさの一切を捨て、「……すべきだ」ということを自分の基本原理にすべきだと考え、「生活のあらゆるものを剣に集中する」「強く正しい者になることが、少年時代からの彼の大切な課題である」。

敵役の賀川は「次郎の微笑が実に美しく見えるところに嫉妬する」剣士である。美少年の壬生は「幸福なんて男の持つ考えじゃない」というのが次郎の信条だと信じ、次郎と共に、「お洒落、簡単な性欲の満足、生きる目的の喪失、それがいずれは、家庭第一主義と、日曜日の芝刈りへのあこがれと退職金の夢、その他」に変質する現代青年の卑《いや》しさと戦おうと決心して、次郎を崇拝している。

剣道部のOBで実業家で、剣道のパトロンである木内は、「なぜ外部の社会はスポーツのように美しくないのだろう！　なぜそこでは誰の目にも明らかな勝負だけで片がつかないのだろう。スポーツマンのすべてが持つこの〈怨恥〉を、年月をかけて一種の詩にまで育てた男である」。物語はこの四人だけで展開する。終幕は伊豆の漁村の合宿。事件はここで急展開する。

「新潮」（昭和三十八年十月号）に発表。「創作ノート」によると、執筆のために東京学芸大学、国学院大学、学習院大学の剣道部を取材している。三島氏はボデービル、ボクシング、剣道と遍歴し、剣道でやっと最も自分に適したスポーツを見出《みいだ》したとし、「ここに私の故郷があり、肉体と精神の調和の理想があり、スポーツに対する私のながい郷愁が癒《い》やされた思ひがしてゐる」と書く。昭和三十九年三月、市川雷蔵主演により大映で映画化。三隅研次監督、舟橋和郎脚本。石原慎太郎氏に「〈反俗〉への志向——三島由紀夫著『剣』について」（「朝日ジャーナル」昭和三十九年二月九日号）という書評がある。

「『剣』の主人公の国分次郎は三島氏自身を思わせる。〈剣〉という道の中に十全に自分をあらしめることを知り、その一人の世界を安定して形づくりあらしめることで、他者をみな覆い、自分の内に吸込むことができると信じている剣士は、少なくとも、三島氏の、文学における自身への願望にほかなるまい。／『剣』の発想はその願望から始ってい、作者は美の造形者として稀《まれ》なる才の腕によりをかけてその剣士の像を刻んでいく。『剣』の冒頭の、大学の剣道場でのけいこの描写は傑出してい、白熱し閃光の速さで打合わされる竹刀のひらめきが、そのひらめきの万分の一の瞬間に美しくスタティックに描きつけられている。／白熱と静寂、高速と静止、人間がつくり出し得る動作の世界の美しさについての、この見事な描写を読んで、私が連想したのはドガの絵であった（後略）」といい、「剣」の主人公にもましてストイックな修道者である三島氏の〈反俗〉という理念への複雑な心象が、これほど覗《のぞ》けて見えた作品はほかにないと評している。

「時の崖」　安部公房

試合中のボクサーの意識の流れを、映画的手法で描いた作品で、「文學界」（昭和三十九年三月号）に発表された。再び石原慎太郎氏のエッセイ「孤独なる戴冠」（昭和四十一年七月）から、あるエピソードを孫引きさせてもらう。「世界で同月同日に、プロのボクサーが三人も打たれて死亡した時、その内の二人のエピソードが新聞に出ていた。それは互いによく似ていた。いや、殆ど全く同じだった。前の試合のダメージが直り切らぬ内試合に出ようとする彼らへ、周囲が医者に精密な検査を受けるようにと忠告した。『俺には目的がある。廻り道は出来ない。チャンピオンになったら、その時ゆっくり医者にかかろうよ』と彼らは答えてリングに登り、結局は打たれ過ぎて死んだ。死に至るまでの昏睡に彼らが見ていたものは何であったろうか」。
「時の崖」は「4ラウンド・二分十六秒」でノックアウトされるまで、孤独なランキング・ボクサーが見ていたもの、感じていたものが何であったかを意識のモノローグで逐一語ったものである。

「球の行方」　安岡章太郎

「私」が十歳になった時、一家は朝鮮から引き揚げ、東北の突端の弘前《ひろさき》の町で暮らした。ひと月ぐらいのうちに「私」は津軽弁で話が出来るようになった。二学期の終りに東京の叔母《おば》から野球のグローブとバットが送られてきた。初夏、弘前高校のグラウンドでは弘高生が練習を始めた。「ぼくたちも野球がやりたいな」と呟《つぶや》くと、Fという子が、すぐ同意した。約束の場所に行くと、すでに十五、六人もの子供が練習をしている。Fもいた。すんなり仲間入りが出来ると思ったが、「私」はうまく適応していくことが出来なかった…

この短篇にも、〈落第生的劣等意識〉〈母と子〉〈「私」性に固執する発想〉といった安岡文学の持つ主要なテーマはすべて含まれている。母から隠れるように、近くにあった松の木に登りはじめた「私」。母は木の直ぐ下まできて、見詰めている。「私は、いたたまれず眼をあらぬ方にそらした。すると、Fやその仲間の私の知らない外の世界の子供たちが、球の行方を追って右往左往している姿が、松の梢ごしに信じられないぐらい小さく遠のいてチラチラと眼にうつった」という終結部が、「私」と世界との距離を暗示している。「私」の異質性がきわだち、「成熟するということは何かを獲得することではなく、喪失を確認することだ」というこの世代特有の心情を惻々《そくそく》と伝える。信ずるに足るものを外部にも内部にも持たず、己れの自我が平凡卑小であることを認識し、従来の私小説作家のように深刻ぶらない。自虐的ではあるが、どこか明るいペーソスがある。

「昼の花火」　山川方夫

〈夭折《ようせつ》した未完のマイナー・ポエット〉――山川方夫の惹句《じゃっく》には、「非運」の冠が三つ（夭折・マイナー・未完）もつく。ただし「非運」は「悲運」を意味しない。いまなお人気は衰えることがなく、全集が二度、それも別々の出版社から刊行されている。「山川方夫は梶井基次郎や中島敦のような永遠に敬愛され繰返し読まれるマイナー・ポエットの位置を未来に得るのではないか」という奥野健男氏の予想（昭和四十四年）は適中したことになる。

「昼の花火」は年上の女性と青年との切ない訣別《けつべつ》の小説である。〈青春の光と影〉を束の間生きた作家の境涯をも暗示するその表題。十九歳の「僕」は四つ年上の女とある距離を縮めることなく交際してきたが、久しぶりに会い一緒に見物に行った野球試合のスタンドで、秋に結婚すると打ち明けられる。「僕」は虚《うつ》ろな孤独に浸りながらも、「奇妙な安らぎと充実」を覚える。「女といっしょにいることの幸福を、彼は、かつてこんなに深く、たしかなものとして感じたことはなかった」と思う。そしてはじめて二人だけで両国の川開きに花火を見物に行った記憶をたどりながら、二人の愛とは煎《せん》じ詰めれば、「地上をはなれた虚空の中でのみ花をひらく、美化された一つの空費」であったのであろうかと考える。

亡くなる前年の秋、山川方夫は「最初の秋」（「新潮」十一月号）を書いている。冒頭は「秋の朝だ。私はいま二宮の町を歩いている。私は、まず郵便物を局に持って行き、それから妻の好きな無花果をいくつか八百屋で買い（略）昨夜は徹夜をした。妻はまだ睡っている」と平和で静かな朝が描かれている。翌昭和四十年の二月十九日、早春の朝、まだ妻が起きないうちに山川はいつもの習慣で、二宮駅の鉄道便受付に郵便を出しに行き、新聞や漫画の本を買い、戻ってくる……いや戻ることはなかった。二宮駅前の国道横断歩道で輪禍に遭い頭蓋骨《ずがい》折、意識は戻らなかったのである。文学の一つの可能性が潰《つい》えた瞬間であった。

「チャンピオン」　井上靖

「チャンピオン」が描くのは「時の崖」と同じくボクシングの世界である。主人公は「鋼鉄の心臓」「無敵の拳闘王」を謳《うた》われる八甲田次郎。彼のモノローグにより物語は進行する。線路上での死の寸前まで。次郎は小さいころ心嚢炎《しんのうえん》という病気にかかり、母親の三十三回もの輸血のすえに奇蹟《きせき》的に一命をとりとめる。そんな身体の人間がプロのボクサーを目指す。主治医の大須賀博士らの反対を押しきって河又義章の指導を受ける。河又は日本の拳闘《けんとう》界の草分けといわれた男だ。次郎は二十一歳でプロデビュー、それを皮切りに幾つかの試合に出て、いつも楽勝する。戦争が激化し、彼も大陸へ召集される。終戦とともにカムバック。しかし彼にも衰弱の兆候があらわれる。試合で敗北を喫することが重なる。河又が引退を口にする。心臓にもどうやら異変が起こっている。「川辺伸五からタイトルを奪い返したら引退しなくてもよい」という条件でリングに上った次郎は、惨めな敗北に追いこまれ、故意に「反則による敗北」を選ぶ。慰労会で泥酔した翌日の深夜、線路の上をもう二時間近く歩きづめに歩いているのだ。前方から近付いてくるものがある。轟音《ごうおん》の巨大なかたまり。「おれはあのとき相手から逃げた。しかしこんどはもうおれはだれからも逃げはしない。……おれがここで死んだら、人はなんと思うだろう。絶望のあまり自殺したと見るだろうか。あるいは体の障害のために列車をよけそこなったと解釈するだろうか。……違う。おれは今夜このときのために、ここまで生きてきたような気がする」——次郎の最後のモノローグである。

吉村昭氏の「鉄橋」（「文学者」昭和三十三年七月号）を読んだことのある読者は、「チャンピオン」の後日譚《たん》と思うのではないだろうか。書き出しが、「長い鉄橋のたもとの線路の近くで、焚火が赤々と焚かれた（略）すでに検死は済んでいた」。轢《れき》死《し》者は富岡ジム所属の北尾与一郎。東洋フライ級のチャンピオンだ。彼の死についての新聞記者たちが一致して下した見解は、事故死ではなく自殺。原因は桑島一郎とのノンタイトルマッチだ。北尾は桑島のパンチを受けて、初のダウンを喫して負けた。それで自信を喪失し、神経も大分弱っていたのではないか、というものであった。

井上靖は金沢の第四高等学校で柔道部に二年間在籍したが、先輩と衝突して退部している。柔道の稽古に明け暮れた青春の日々は『あすなろ物語』『幼き日のこと・青春放浪』『北の海』『夏草冬濤』といった自伝的長編に愛惜の念をこめて描かれている。

「一〇〇メートル」　**倉橋由美子**

軽井沢の山荘を訪ねた奥野健男氏に死期の迫った老大家、七十二歳の室生犀星氏は悪化した肺癌に咳《せ》き込みながら、「君、倉橋君というのは大変な作家じゃよ。ぼくは残らず読んでいるがね、あんな文章めったな才能じゃ書けるもんじゃない。あれは二十年か三十年に一人という天才だ」と語ったという。「百年に一人と言える天才」と微修整する以外は私は全面的に犀星氏の意見に賛同する。従来の日本の文学風土から自由な倉橋氏の文学世界（奔放大胆な想像力、豊饒《ほうじょう》なイメージ、鋭い感覚と形而上《けいいじょう》学《がく》的思考、内的観念や思想をメタファーによって表現）のいまも変らぬ虜囚である。

「一〇〇メートル」（「風景」昭和三十七年六月号）には、作者による〈自作解説〉がある。「この短篇の主人公は、一九六〇年のローマ・オリンピックの一〇〇メートルで優勝した西ドイツのハリー選手である。オリンピックの映画を見ているうちに、この人物に興味を抱いたので、いろいろと想像を逞しゅうして、彼の言動や考えそうなことを勝手に考え、それを彼が決勝で走った一〇秒二の間に詰めこんでみてはどうだろうと思った。それだけの小説である」（『倉橋由美子全作品3』「作品ノート」昭和五十年九月二十三日）

ハリー選手の一〇秒二は驚異的なタイムだった。だが平成十九年九月、イタリアのリエティで行われた陸上のリエティ・グランプリで、ジャマイカのアサファ・パウエル選手は一〇〇メートル予選で九秒七四の世界新記録をマークした。自身の記録九秒七七を〇秒〇三も縮めたのである。決勝でも九秒七八のタイムで優勝。かねてから、「目指すは九秒七四」と口にし、有言実行した同選手はこの日、新たな目標として壮大な数字を示した。「次は九秒六八を出したい」と。

吉本隆明氏は中沢新一氏との対談「超人間、超言語」（「群像」平成十八年九月号）で、「百メートルを十秒切るというのはちょっと考えられないと若いころには思ったけど、今ちゃんと切っている。それは不思議だけど、じゃ、今度は九秒を切って八秒台にならないかといったら、僕はなりそうに思うんです。早晩そういうふうになるだろうということを否定する根拠がないですね」と発言している。

倉橋氏の初期作品の文体は、しばしば「カフカ、カミュ、サルトルの三位一体」といわれてきたが、「一〇〇メートル」ではランボオが濃く影をおとしているように思われる。走者はここでは「途轍もなき歩行者」ならぬ「途轍《とてつ》もなき疾走者」である。

「ナイン」　井上ひさし

「私」は懐しい町の匂いを求めて、ときどき駅を降りてみる。四谷しんみち通り——二十年前、町の野球少年たちによって結成された「新道少年野球団」は新宿区の少年野球大会で準優勝したのであった。あの少年たちはいまどうしているだろうか。ナインのその後の消息が知りたいばかりに駅を降りるのである。ナインの殆《ほとん》どは町を離ればらばらになっている。チームのキャプテンで四番打者・捕手の正太郎が寸借詐欺をして歩いているとの噂も耳にする。だが何故か町の人々は彼にやさしい……。変貌《へんぼう》する東京の町の片隅で演じられる胸を熱くする小さなドラマ。これはヒットした映画『ＡＬＷＡＹＳ　三丁目の夕日』の野球版小説といえよう。井上ひさし氏には、アン大島という「まるで絶好調時のカネやんの再来だ。いやそれ以上だ」といわれる美少女投手がプロ野球で活躍する短篇「突撃する女」や野球ボールを追い求める少年たちの冒険を描いた『下駄の上の卵』というタマゲタ題名を持つ長編小説もある。

「いわゆるひとつのトータル的な長嶋節」清水義範

丸谷才一氏はある文庫の解説で江戸の蜀山人、明治中期の斎藤緑雨ら、世の喝采《かっさい》を浴びたパロディストを挙げながら、「明治の後期、自然主義が日本文学を制覇してからは、パロディの芸は評価されず、読むに価するパロディストは現れなかつた」と嘆息する。その理由を問い自ら答えて、「深刻と写実と告白を尊び、遊戯を敵視し、笑ひを忘れた自然派の文学的主張が、社会に滲透した結果である」という。ここまでがいわば前口上、あることを言わんがための助走という丸谷氏の文章術を熟知している読者は次なる一行を息を呑《の》んで待つ。

「しかしごく最近、注目すべきパロディストがつひに出現した。清水義範である」——これで読者は清水という作家が蜀山人以来の、江戸時代から明治、大正、昭和、平成にわたって彗星《すいせい》の如く出現した希代のパロディストであることを納得させられることになる。丸谷氏の大上段の構えが気にならないほど、それほどにも清水氏の登場は衝撃的だったのである。それを強調するのに引いた丸谷解説は『国語入試問題必勝法』の文庫解説である（作者の清水氏は「あとがき」で同書は多くの書店で受験参考書のコーナーに置かれたと報告している）。

パロディストとしての清水氏の好餌《こうじ》たらざるものはない。英語教科書の登場人物たちの後日譚を語る『永遠のジャック&ベティ』、永井荷風の春本『四畳半調理の拘泥』（四畳半襖の下張）など、とどまるところがない。「いわゆるひとつのトータル的な長嶋節」（初出『定本・長嶋茂雄』平成十年十二月刊）も、丸谷説を借りれば、「まことに楽しい長嶋茂雄論（野球論および日本語論のパロディと見立てることができる)」ということになる。

長嶋茂雄は昭和十一年二月二十日、千葉県臼井町(現佐倉市)生まれ。プロ野球監督。日本のプロ野球が生んだ不世出の人気選手、いわゆる日本の野球そのものの象徴。巨人入団は昭和三十三年。本塁打王、打点王と活躍。三十四年六月、対阪神戦の天覧試合で劇的なサヨナラ・ホームラン。「ミスター・ジャイアンツ」「燃える男」の異名をとり、王貞治と共に巨人九連覇の立役者となる。四十九年十月、引退し、川上哲治の後を継いで巨人軍監督。現役時代に放った安打は二千四百七十一本。

「一刀斎は背番号6」　五味康祐

奈良の山中から武者修行の旅に出た一刀流始祖・伊藤景久十七代目の末裔《まつえい》伊藤一刀斎。彼が後楽園に現われ、素人打撃自慢コンクールに出場したことから大騒動は始まった。やがて巨人軍に入団するが……奇想とユーモア溢《あふ》れる快作として普段小説などを読まないスポーツ愛好者たちが競って読んだという伝説がある。長編の『一刀斎は背番号6——色道修業の巻』は未完に終った。

時代小説がらみでいうと、野球は「野原」の「球」、原っぱで白球を追うゲームにふさわしい。この卓抜な訳語を考えたのは、明治二十七年前後で第一高等中学校野球部の中馬庚《ちゅうまかのえ》ということになっている。同時期、正岡子規はこのスポーツに熱中、本名「升《のぼる》」をもじって「野《の》ボール」即ち〈正岡野《の》球《ぼる》〉をペンネームにしている。「久方のアメリカ人のはじめにしベースボールは見れど飽かぬかも」の短歌がある。

「一刀斎は背番号6」は、「小説公園」（昭和三十年六月号）が初出。橋川文三氏は五味氏を優美・純潔・放埓《ほうらつ》・生命の流露感といった美学を持つ〈日本浪曼派〉の無意識の継承者とみている。

「北壁」　石原慎太郎

文壇随一のスポーツマンとして知られる。文学を成り立たせている〈行動の哲学〉がスポーツマンとして顕現する。スキー、ヨット、ボクシング、南米横断のスクーター旅行、南シナ海ヨットレースへの参加、等々、比較されるヘミングウェーより奔放、広範囲にわたる。スポーツという行為の世界に取材した作品も『太陽の季節』（ボクシング）、『それだけの世界』（登山）、『奪われぬもの』（サッカー）、『若い獣』（ボクシング）、『透きとおった時間』（ラグビー）、『ヨットと少年』（ヨット）と数多い。そのなかで「北壁」を選んだのは、小説「北壁」に添えられた「追記」と、単行本『若い獣』の「あとがき」に、

「『北壁』は私の好きな作品である。と言うより私は未だに尚、アイガーヴァントで起ったこの苛酷な事件に気おされ、うなされつづけている。この事件が象徴するものは何であるのか。そして私の感慨が何を意味するのか。それを自身に判ずる前に私は先ずこの事件を、彼等遭難者と同様に私自身のものにしたいと願った」

と録しているのを知ったからである。「北壁」を読むとき、私は「何故に山に登るか」の問いに「山がそこにあるから」と答えたアルピニストと、「われ、山にむかひて目を挙ぐ」という聖書の言葉を

愛した太宰治を想起する（このごろ、これらの言葉の意味が少しわかるようになった）。ポール・クローデルはアンドレ・ジイドに、「山は遠くにある時、人はおのれと同じ高さだと思うが、山に近づくにしたがって、おのれがいかに低い、小さな存在であるかを知ることができる」と述べ、神と人間の関係を比喩《ひゆ》したという。山に近づいてゆくことは、聖なるものに向い、おのれを低める求心状態がつくられてゆく過程といおうか。

「北壁」について石原文学のよき理解者であった故日沼倫太郎氏は、「山岳小説の圧巻で、自然を克服するという無償の情熱に憑かれた西洋人登山家のシジフォスの勇気が、ヒロイックにうたわれている」と評し、登山家の冒険を描いた北杜夫『白きたおやかな峰』、井上靖『氷壁』、新田次郎の作品より上位に置いた。石原氏が芥川賞受賞に先立つことわずかに二旬、形而上学的批評で文壇に颯爽《さっそう》とデビューした服部達が雪の八ヶ岳に跡を絶っている。失踪《しっそう》の真因は、石原氏の出現に純粋の戦後文学を感じ、出る幕の喪失を意識したことにあると伝えられている。

なお頁数の都合で以下の作品の収録を断念せざるをえなかった。『ベースボール』（河東碧梧桐）、『競漕』（久米正雄）、『スポーツの都市にて』（阿部知二）、『草野球の球審』（井伏鱒二）、『オリンポスの果実』（田中英光）、『競馬場で会おう』（寺山修司）、『帰郷』（海老沢泰久）、『水の壁』（北川荘平）、『ブラック・ジャパン』（赤瀬川隼）、『刀花の鏡』（赤江瀑）、『オーバー・フェンス』（佐藤泰志）、『監督売ります』（阿久悠）、『鉄橋』（吉村昭）、『ウイニングボール』（高橋三千綱）

解説　作家たちと根源的《ラディカル》な対話を試みる人　鈴木比佐雄
齋藤愼爾『逸脱する批評《クリティーク》―寺山修司・埴谷雄高・中井英夫・吉本隆明たちの傍らで』に寄せて

1

齋藤愼爾氏は、本書の冒頭のエッセイ『寺山節考』の最後の連の中で「私は或いは〈解説〉を逸脱したかもしれない。寺山に倣って（「自叙伝らしくなく」）敢えて、解説らしくなく叙述を進めた。」と記している。齋藤氏の解説文は、なぜ単なる解説を越境していく魅力的な批評文になりうるか、その秘密がこの「逸脱」という言葉に現れているように思われる。

齋藤氏はすでに二〇〇〇年に『齋藤愼爾全句集』を持つ高名な俳人で、評論家、作家であると同時に、寺山修司の句集など数多くの歴史的な書籍を世に出している深夜叢書社の代表者として認識していた。また「二十世紀名句手帖」（全8巻）、「武満徹の世界」、『埴谷雄高・吉本隆明の世界』などを責任編集した優れた企画・編集実務者としてその仕事は高く評価されている。齋藤氏はこの何役もの立場を自在に逸脱していき、多くの作家や表現者たちの存在を内側からまた外側から、同時代を生きた姿やその試みの本質を描出していく。その文体は体温があり強烈な個性を抱えた作家たちを包み込んでしまうかのようだ。そんな作家たちの歴史的事実や宿命を傍らで見てしまい、そこに越境し垣間見てしまった哀感を、齋藤氏は「逸脱」としか言えなかったのかも知れない。けれどもこの現実や領域を「逸脱する」ことは、文学や芸術活動にとって最も大切な創造的な働きに違いない。

私が親しかった詩人の出版では、二〇一〇年に恩師とも言える『炎える母』を書いた宗左近の初期小説『高尾懺悔』を刊行された。宗左近が亡くなって五回忌の頃に宗左近の再評価を願って出版したことに対して私は深く畏敬の念を抱いた。齋藤氏とは直接お会いしたことはなかったが、二〇一三年に福島県いわき市に住む評論家の新藤謙の『人間愛に生きた人びと——横山正松・渡辺一夫・吉野源三郎・丸山眞男・野間宏・若松丈太郎・石垣りん・茨木のり子』をコールサック社が刊行した際に、齋藤氏から電話があり「尊敬する新藤謙さんの評論集をよく刊行してくれた」と感謝の言葉を語られ、また「コールサック社の出版活動には注目してきた」という励ましの言葉まで頂いた。出版社の枠を超えて出版文化を担ってきたからこそ言える率直で温かい言葉は、私の心に沁みた。新藤氏は、私が敬愛する南相馬市の詩人若松丈太郎氏が、最も尊敬する福島県の評論家であり、二〇一一年五月に刊行した若松氏の『福島原発難民』の帯文を依頼した縁で交流させて頂いた。新藤氏は戦争責任を問い続け、戦中の国家主義の中でも個人の尊厳を貫こうとした人びとたち、戦後においても権力に抗して闘った表現者や思想家たちのことなどを四十冊近くの書籍にまとめた。その書籍の中には戦後の大衆文化を論じた先駆的な仕事も数多くある。例えば代表的な著書『サザエさんとその時代』や『美空ひばりとニッポン人』などだ。齋藤氏は戦後の大衆社会がスターに押し上げた最大の人物である美空ひばりを誰よりも早くその価値に気付き「美空ひばり論」を書いた新藤氏に対して、深い敬意を抱いていたことが理解できた。齋藤氏は二〇〇九年に刊行した四六〇頁もの労作『ひばり伝　蒼穹《そうきゅう》流謫《るたく》』を執筆する際に新藤さんの『美空ひばりとニッポン人』を参考文献にしていたのだ。その齋藤氏の『ひばり伝』の前半の『讃歌と呪禁』の中で、新藤氏が美空ひばりの『ひばり自伝』で書かれていた六歳の時に父が出征する壮行会に「九段の母」を歌ったところ、多くの人びとは、「子どものようにボロボロと涙した」という。そんな「歌い手と聴き手との純粋無垢な関係」を見出したことが「新藤謙の発見した〈美空ひばり〉」だとその見解を高く評価している。美空ひばりの歌唱力を天才と絶賛する文化人は多いが、このような新藤氏の先駆的な評論を踏まえて戦中戦後の大衆文化の本質を明るみに出して、さらに美空ひばりの全体像を展開する試みが齋藤氏の独特な評伝なのであり、それは、美空ひばりのような大衆に支持された表現者の深層に迫っていき、知識人的な解説や評伝を超えて、大衆の哀感を描こうとする「逸脱する批評《クリティーク》」なのだろう。

齋藤氏は東北の山形県出身であり、縄文文化の愛の精神を詩作した宗左近や福島から戦後民主主義の根幹を問うていた評論家新藤謙の真価を共有し、私は何か不思議な縁を感じた。齋藤氏は創作と批評と編集というういくつもの境界線を自由に行き来する。温かくも時に冷酷に作家の真実や宿命を読み取っていく魅力的な文体で、本書には俳人・批評家・出版人の相貌が随所に現れる。また作家に対する他者の評言も絶妙に紹介されている。

齋藤氏は、一貫して多様な表現者たちの創作現場からその作家たちの血みどろの内面の闘いを垣間見て、伴走するように作家たちの試みの特徴を鷲づかみにして読者に届けてきた。今回刊行した『逸脱する批評《クリティーク》――寺山修司・埴谷雄高・中井英夫・吉本隆明たちの傍らで』は、もともとは作家の著書の解説文として執筆されたものだ。けれども齋藤氏の解説は表層の解説に止まらない。時代の中でその作家を生み出した時代的なエネルギーやそれをいかに作家や表現者たちが受け止めて、時代を先導し突破していこうとしたかを突き止めようとしている。齋藤氏のその逸脱せざるを得ない批評の在りかを紹介していきたい。

2

本書は四章に分かれていて、I章「寺山修司・埴谷雄高・中井英夫」六編の中で四編は寺山修司の書籍の解説である。斎藤氏は、冒頭の「寺山節考」で〈寺山の文学の出発点となった俳句、短歌の世界で、当時、すでに「短歌を私性から解放すべきだ」主張していることを忘れてはならない〉と寺山の表現思想の核心を指し示す。それ故に「〈私〉性からの脱出」が「歴史の呪縛から解放」や「この記憶からの自由」になるために寺山の表現活動は繰り広げられたという。そしてついには自己の年譜まで虚構化していったことに寺山の宿命を見ているかのようだ。寺山が子供時代に受けた母からのトラウマが生涯消えることなく、娼婦に近いような過去を持ち、支配欲の強い母親の呪縛から逃れられない「不条理な子供」の悲しみと、それを逆手にとって自己を虚構化し作品に転化していく寺山の創作の秘密に斎藤氏は肉薄していく。寺山が漫画や映画のキャラクターをエッセイに書いたこと、例えば「サザエさんの性生活」などが、稀有な大衆文化論にまでなっていったことを指摘する。そんな寺山の俳句、短歌、詩、エッセイ、競馬評論、戯曲、演劇、映画などの多彩な表現力が、大衆の夢の在りかを齋藤氏は寺山の傍らにいた視線で語り出すのだ。そのような齋藤氏の四編の「寺山節考」、「寺山節考――入門から出門へ」、「途轍もない歩行者」、「涙を馬のたてがみに」などのその寺山修司論は、修司を論ずる際に重要な論考となるに違いない。

埴谷雄高についての「〈存在〉顚覆の詩想」では、「埴谷自ら認めるように、『不合理ゆえに吾信ず』には、『死霊』に展開される諸観念の原型が、殆ど、体系化以前の、想念の山脈その頂点描写というかたちで含まれている。『不合理ゆえに吾信ず』を詩集とするのは、牽強付会ではない。」という、埴谷が文学の根幹に詩を位置付けていたとの見解を伝えている。埴谷が小説『死霊』の原型としてアフォリズムの書と言われていた『不合理ゆえに吾信ず』が実は詩集だと認識していたことは、詩と小説の重構造が優れた文学の根幹に存在していることを明らかにしている。

中井英夫についての「虚無への〈流鼠の天使〉」では、塔晶夫という名で書いた『虚無への供物』が推理小説や幻想文学において最高傑作であり、中井英夫の見る風景は「流刑者の末期の眼がとらえたはかない彼岸の残像ではないのか」とその真価を伝えてくれている。

Ⅱ章は「吉本隆明・大岡昇平・谷川雁・金田一京助・手塚治虫」でその一人ひとりの書物や作品が生み出された独自な観点やその作家との関わりの深さが紹介されている。

吉本隆明の『読書の方法』については「逸脱する読書法の現象学」となるだろうとその読書遍歴を辿る。大岡昇平の『わが美的洗脳』では、未刊に終わった「大司氏が作曲した中原中也詩『夕照』『雪の宵』のレコード化」への無念さを告げる。

谷川雁の『汝、尾をふらざるか　詩人とは何か』では、『大正炭坑闘争後、〈沈黙した〉谷川雁――「ひとすじの苦しい光のように」立つ形姿には、さながらデューラーの銅版画「メレンコリア」の印象がある。』と谷川雁の沈黙の重さを伝える。

金田一京助の『新編　石川啄木』では、「啄木が金田一に物心両面で支えられたこと。京助なくしてアイヌ研究の今日がなかったこと、いずれもまぎれもない事実である」と金田一の功績を再確認する。「『ぜんぶ手塚治虫！』解説」では、手塚治虫が生涯に描いた十五万頁、四〇〇巻は、「未来から現在への最大の贈物である」とその文化的価値を褒め称える。

その後はⅢ章の「山本周五郎・五木寛之・横尾忠則・渡辺京二・宮城谷昌光」では、例えば山本周五郎論で時代小説が「庶民哀歓派」と「剣豪派」という二つの系譜に分かれると言う。ところが山本の初期作品はこの「二つの系譜が未分化のまま混在している」中に「人間らしく生きる」ことの意味が問いかけられていることを評価する。Ⅳ章の「瀬戸内寂聴・菅原千恵子・北村薫・加納朋子・皆川博子」では、例えば瀬戸内寂聴の『まだもっと、もっと晴美と寂聴のすべて・続』で『寂聴さんは、さしずめ「追悼文の名人」』とその散文が時代の証言になっていることを語る。Ⅴ章の『「殺人事件」シリーズ解説』では推理小説の多彩な魅力を分析している。

斎藤氏の「逸脱する」解説は、いつのまにか『逸脱する批評《クリティーク》』となって、言葉を駆使する作家たちの人間存在の在りかを深く詰問してくる。そして言葉に囚われた作家たちが逸脱する宿命や、人間への哀感を見詰めて新しい言葉の可能性に読者を誘ってくれる。齋藤氏はその意味で時代の中でも次の時代を透視しようとする作家たちと言葉の関係を根源的《ラディカル》に対話し続けている。その熱量の強さがこの『逸脱する批評《クリティーク》に』に宿っていて稀有な批評の地平を創り上げている。

後記にかえて　苦艾《にがよもぎ》の世　常世に生きて

齋藤愼爾

幾つかの中央紙の文化欄で、コールサック社という出版社の名前を見かけるようになったのは、いつ頃のことであったろうか。そんなに古いことではないと思う。「見かけるようになった」というのも、その名が載っていないかと目を凝らして探すといった習慣がいつしか身についたといった方が正確である。

最初気になったのはコールサック社の社名である。何故このような名をつけたのかという疑問、関心。コールサック社の名が出るときは、新聞社が委嘱する書評委員の御歴々の執筆する書評欄とは別枠、欄の片隅の五～十行くらいの書評欄担当（多分）の記者が書く無署名の紹介コラムに登場することが多かった。ときに各紙第一面の名物コラム「天声人語」「筆洗」といった所にも出ることがあった。

大小五千余もある出版社で、このような扱いをされる出版社はそれほどない。これは単純にいえば、大書評家が選ばなくても、コールサック社の刊行物は紹介に値すると思う記者が存在しているということである。この方が著者や刊行者にとっては栄誉というものであろう。

次に気になったことは、〈現在〉を生き苦悶する無名の人々の指針となるような〈出現する書物〉が、何故にかくも廉価販売が可能なのか。独りで出版を半世紀も続けている私には大いなる謎だ。話は前後するが、コールサック社の書籍を注文することで社主ともお会いすることが出来た。胸裡には「そんなことが出来る安い印刷・製本所・紙屋を紹介してほしい」という思いもあった。

私の場合、こんな事に直面した。上京してから印刷・製本所を知人の紹介で契約することが出来た。数年後、その工場が急に多忙を極めることになり、私のような極小出版社の仕事は次第に後廻しになる。理由は判明した。都内の小出版社が小社の書籍の奥付を見て、印刷・製本所の名を知り、「あんな資力もない社の仕事をしているなら、安値で引き受けてくれるだろう」と判断したらしいのだ。

それは無理もないことだろう。わが国を代表するような良心的出版社の雄たる某社も一時、韓国や中国で仕事を委託したという。それは大いに結構。ならば定価も廉くなる筈である。それが全く変わらない。制作費用は現地で、定価付けは日本相場。むろん奥付に印刷・製本所は録されなかった。海外の労働者も日本の印刷工も苛酷な労働条件を強いられているという情況への配慮は一切ない。

「コールサックとは石炭袋である」と鈴木比佐雄社主に教示されたのは、お会いしてうかがった。私の当初の推測、ドストエフスキーの作品からヒントを得たのではないかは否定されたわけだが、イメージは沸騰した。

葉山嘉樹の『セメント樽の中の手紙』（大正十五年）は、四百字原稿用紙七枚の小品だが、重厚な一篇だ。セメント会社の現場で働く主人公が一つのセメント樽の中から小さな木の箱をみつける。中から紙切れが出てきた。セメント袋を縫っている女子工員の書いた手紙だ。彼女の恋人は破砕器へ石を入れる作業中に誤って石といっしょに破砕器に嵌まりこんでしまう。骨も、肉も、魂も、粉々に砕け合い、セメントとなってしまう。女子工員は恋人がどの樽のセメントになり、それは何処で使われたか知りたいという。劇場の廊下になったり、塀になったりするのを見るのは忍びない。「このセメントを使った月日、場所を知らせて下さい」――女子工員の嘆きが過去のものとは思えない。

深沢七郎の『南京小僧』（昭和四十三年）は『日本残酷物語』（平凡社）に収録された「飛鳥」の南京小僧をモデル化した小説だ。私たち一家が戦後、満州から引き揚げて帰省したのが、父の故郷、日本海の孤島飛島である。遥けくも遠い昔、貧しい島の労働を支えるため、本土の農家から次男・三男が養子（この場合は一種の棄民）縁組という形式をとって、南京袋に入れられ、海を渡った。南京袋は仕立て直され、彼らの日頃の衣服となった。南京小僧と島の人々から呼ばれたのである。南京袋とセメント袋では着服するには、南京袋がいいという話ではない。

夢野久作の『瓶詰の地獄』（昭和三年）は、この世の果ての島からの、孤死した兄妹の手記である。子供の頃、私はサイダー瓶やラムネ瓶に救抜の願いを籠めた手紙を入れ、海上で放ったことが何度かある。今もどこかの海で漂っているかもしれない。

コールサック社から、文庫本に書いた私の「解説」を集成した書が刊行をされることになった。校正刷りが手元に届けられてから半年が経過したというのに、ゲラを返送することが未だに出来ない。体調の悪化は理由にもならないであろう。コールサック社の来歴を知れば知るほど、私の書いたものなど価値がないように思われてきたのだ。これだけの頁数なら、世界を衝撃させるような作者の書を二冊は出版出来る。人々は出版に値する文学者、思想家は不在だと思っているかもしれないが、そんなことはないのだ。コールサック社の鈴木比佐雄氏のような伯楽がいないというだけの話だ。

書名（副題も含め）から構成、要するにこの書はコールサック社の鈴木比佐雄氏の〈編集〉による。「逸脱する批評」——それは〈いま〉、〈これから〉の私の生涯をかけての目標である。「寺山修司、埴谷雄高、中井英夫、吉本隆明たちの傍らで」——みんな鬼籍に入られた。その精神の継走者たらんとした私は、その志のいくばくをも満たすことなく生きている。みな「不世出の天才」と謳われた人々だが、無名・非才の私とはいえ、束の間の生を生きとし生けるもの、すべて不世出の人間ではある。

私のように束の間、偶々、傍にいようが、いまいが、影響を受けたと思う人もいるだろう。そんな記憶の確認の一助に、束の間、この一書も役立つかもしれない。そうあってくれれば救われる。「解説」執筆を指名してくれた作家、編集者の方々に心からの謝意を表わしたい。

齋藤愼爾　さいとう・しんじ

1939年生まれ。俳人・出版社「深夜叢書社」主宰。酒田東高校時代より秋元不死男に師事し「氷海」に投句。1958年、山形大学入学。翌年、第八回氷海賞を受賞し「学生俳人登場」と話題になる。1963年、深夜叢書社を設立。文芸評論・詩・短歌・俳句などの出版活動に傾注し句作から一時遠ざかる。1979年に第一句集『夏への扉』上梓のころから二十年ぶりに句作を再開。1983年、寺山修司らと俳誌「雷帝」を創刊（寺山の死により発行一号で休刊）。句集に、『夏への扉』（蒼土舎）、『秋庭歌』（三一書房）、『冬の智慧』（東京四季出版）、『春の羇旅』（思潮社）、『齋藤愼爾全句集』（河出書房新社）、『齋藤愼爾句集』（芸林書房文庫）、『永遠と一日』（思潮社）、『陸沈』（東京四季出版）。句集以外の著書に、『寂聴伝－良夜玲瓏』（白水社）、『ひばり伝－蒼穹流謫』（講談社、芸術選奨文部科学大臣賞受賞）、『周五郎伝－虚空巡礼』（白水社、樋口一葉記念やまなし文学賞受賞）、『続・寂聴伝:拈華微笑』（白水社）など多数。共著に『季語秀句用字用例辞典』『生と死の歳時記』ほか。編集に『現代短歌大系』（三一書房、全十二巻）、『現代俳句の世界』（朝日文庫、全十六巻）、ビデオ『映像による現代俳句の世界』（ビクター音楽産業、全二十巻）、『二十世紀名句手帖』（河出書房新社、全八巻）ほか多数。現在、山形新聞の「俳壇」欄、「てんとう虫」の「俳句倶楽部」欄の選者をはじめ、芝不器男俳句新人賞、俳句四季大賞の選考委員。

石炭袋

逸脱する批評《クリティーク》
――寺山修司・埴谷雄高・中井英夫・吉本隆明たちの傍らで

2019年2月27日初版発行
著　者　齋藤　愼爾
発行者　鈴木比佐雄
発行所　株式会社コールサック社
〒173-0004　東京都板橋区板橋2-63-4-209号室
電話　03-5944-3258　FAX　03-5944-3238
suzuki@coal-sack.com　http://www.coal-sack.com
郵便振替　　00180-4-741802
印刷管理　株式会社コールサック社　製作部

＊装幀＝奥川はるみ

ISBN978-4-86435-326-7　C1095　￥1500E
落丁本・乱丁本はお取り替えいたします。